普通高等教育"十一五"国家级规划教材

北京高等教育精品教材
BEIJING GAODENG JIAOYU JINGPIN JIAOCAI

新编21世纪财务管理系列教材

计算机财务管理

财务建模方法与技术

第5版

Financial Modelling with Excel

张瑞君　殷建红　编著

中国人民大学出版社
·北京·

图书在版编目（CIP）数据

计算机财务管理：财务建模方法与技术（第5版）/张瑞君，殷建红编著．—北京：中国人民大学出版社，2019.1
新编21世纪财务管理系列教材
ISBN 978-7-300-26476-9

Ⅰ.①计… Ⅱ.①张…②殷… Ⅲ.①计算机应用-财务管理-高等学校-教材 Ⅳ.①F275-39

中国版本图书馆CIP数据核字（2018）第284243号

普通高等教育“十一五”国家级规划教材
北京高等教育精品教材
新编21世纪财务管理系列教材
计算机财务管理——财务建模方法与技术（第5版）
张瑞君　殷建红　编著
Jisuanji Caiwu Guanli

出版发行	中国人民大学出版社		
社　　址	北京中关村大街31号	**邮政编码**	100080
电　　话	010－62511242（总编室）		010－62511770（质管部）
	010－82501766（邮购部）		010－62514148（门市部）
	010－62515195（发行公司）		010－62515275（盗版举报）
网　　址	http://www.crup.com.cn		
经　　销	新华书店		
印　　刷	涿州市星河印刷有限公司	**版　　次**	2001年3月第1版
规　　格	185 mm×260 mm　16开本		2019年1月第5版
印　　张	18.75	**印　　次**	2023年1月第10次印刷
字　　数	365 000	**定　　价**	39.00元

前　言

大数据时代，信息成为企业管理中不可或缺的战略资源。如何透过数据看本质，将数据转化为信息，将信息变现为企业价值，是财务管理人员在日常经营和战略决策中需要思考的问题。“计算机财务管理”就是为培养财务管理人员利用数据进行决策分析的能力而设置的课程。微软公司推出的 Excel，VBA 等软件，已被国内外财务管理人员公认为强有力的数据分析与决策支持软件工具。《计算机财务管理》一书将财务管理案例、财务管理理论模型以及 Excel 工具的应用融为一体，引导学生将所学理论知识转化为解决实际问题的能力。

本书全面系统地介绍了在计算机环境下建立财务管理模型的一般方法、技术和动态决策的思路。通过大量财务管理实例，阐述了筹资决策、投资决策、流动资金管理、销售预测及利润预测管理、财务计划、财务分析等财务管理模型的设计方法，并研究了运用财务管理模型和分析工具（如单变量求解工具、规划求解工具、方案管理器等）进行定量分析和图表分析的方法及技术。

近年来，“计算机财务管理”课程的建模方法、技术和动态决策思路在中国人民大学、北京大学、国家会计学院等学校的本科，MBA（工商管理硕士），CFO（首席财务官）的教学过程中得到了广泛好评，也收获了许多好的建议。第 5 版基于 Excel 2010 对第 4 版的内容进行了如下修订：

（1）修订第 1 章第 1 节和第 2 节的内容；

（2）合并第 2 章和第 3 章，在第 2 章中介绍 Excel 工作表、数据、公式及图形等基本功能；

（3）依据 Excel 2010 对全书界面、功能介绍等内容进行梳理和调整。

本书内容丰富，结构合理，具有可操作性和实用性。书中通过大量实例阐述了计算机财务管理模型的设计方法和技术、运用财务管理模型和 Excel 分析工具（单变量求解工具、规划求解工具）进行定量分析的方法。书中的大量模型可登录中国人民大学出版社网站（ www. crup. com. cn）下载，供教学和上机实习使用。教师可利用计算机财务管理模型，介绍在计算机环境中，获取会计核算信息和所需的外部信息（如分析与决策所需的金融信息、同行业企业会计信息）的方法，建立会计管理模型的方法，利用模型进行分析、预测和决策的方法，还可以根据模型产生的结果进行分析，评价企业的财务状况和经营成果，提出最优的决策方案。学生也可以利用计算机财务管理模型进行反复学习，模拟现实的管理环境和管理问题，提高创造性思维能力、建模能力、定量分析能力、综合分析问题和解决问题的能力。

本书可作为高等院校经济管理类专业“计算机财务管理”“财务金融建模”“财务分析与决策”等课程的教材，也可作为各类经济管理人员的相关培训教材。

本书第1章第1节和第2章由殷建红老师改写，其他章节由张瑞君老师编写。本书在编写的过程中，得到了中国人民大学商学院王庆成教授、王化成教授等的大力支持和帮助，得到了赵金梅、荆慧等同学的大力协助，在此深表感谢！对于书中的不足和错误，恳请广大读者批评指正。

张瑞君

中国人民大学商学院

目 录

第 1 章

计算机财务管理概述

学习目标

财务管理活动可以分为操作层、控制层和决策层三个层级，企业实践中，需要通过实施与应用企业资源计划（ERP）系统解决操作层和控制层的财务管理问题。然而，决策层的财务管理问题因企业、环境、发展时期而异，需要就所面临的具体问题寻求有针对性的解决方案。如何根据投资人、债权人、内部管理者的需求分析和评价企业的绩效，如何根据企业经营环境的变化建立各种决策模型支持动态决策，是当今财务管理理论工作者和实务工作者面临的迫切任务。本章阐述了信息时代培养财务管理人员财务建模能力以支持财务决策的重要性，介绍了财务建模方法和建模工具。学完本章后应该掌握：

- 财务建模的必要性
- 财务建模与决策方法
- Excel 的函数
- Excel 的工具

1.1 财务决策与财务建模

自 20 世纪中叶以来，信息技术已经成为促进经济发展和社会进步的主导技术。近年来，互联网、电子商务的迅猛发展和广泛应用，使人类进入了以互联网为重要特征的大数据时代。数据作为重要的生产要素，已经渗透到各行各业，影响着各大职能领域。企业开始探索如何快速获取数据，如何透过数据看本质，将数据转化为信息，将信息变现为企业价值。信息成为企业管理中不可或缺的战略资源，有效使用信息是形成企业竞争优势的重要因素。

在企业财务管理领域，每天都在收集、加工与利用数据，信息技术已经广泛且深入应用于财务管理实践中。基于外部利益相关者的信息需求，企业财务管理团队需要利用信息技术优化财务核算流程，及时披露财务会计报告，确保会计信息的公允性和合规性。基于企业内部管理需求，财务管理团队需要利用信息技术对日常营运资金进行有效运作，提高资金周转效率与效果；利用信息技术进行融资与投资管理，以支持公司战略的实现；利用信息技术对分公司、子公司进行实时控制，以保证整体利益与战略目标一致；利用信息技术从不同层级、不同业务板块、不同期间提供多维价值分析报告，正确评价各责任主体的绩效，挖掘业务及财务领域存在的管理问题，支持不同层面的管理决策需求。

企业的财务管理活动可以分为操作层、控制层和决策层三个层级，如图1-1所示。

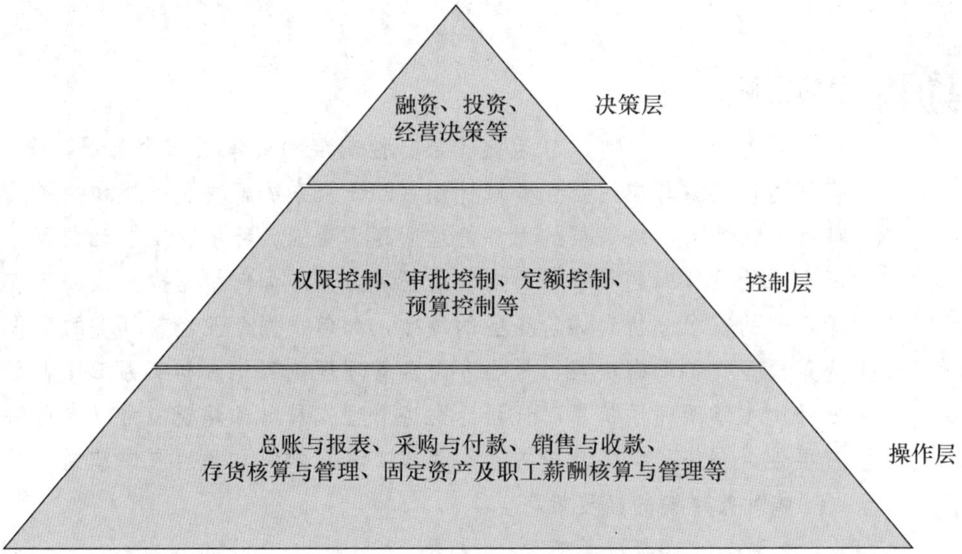

图1-1　企业财务管理活动的三个层级

操作层主要包括财务反映与监督层面的财务管理活动，控制层主要包括采用不同方法控制成本、费用、资金等控制层面的财务管理活动，决策层主要包括融资、投资及经营决策等决策层面的财务管理活动。信息技术环境下，不同层级的财务管理活动有不同的解决方案。

操作层。企业通过构建ERP系统，力求实现总账与报表、采购与付款、销售与收款、存货核算与管理、固定资产及职工薪酬核算与管理，实现财务与业务信息的集成，保证信息真实、准确、有效，支持财务"管家"职能的实现。

控制层。企业通过构建ERP系统，将权限控制、审批控制、定额控制及预算控制等财务控制方法集成于业务流程中，实现对采购与付款、销售与收款、生产运营等经营活动的有效控制，降低财务风险和经营风险，支持财务"管家"和"战略家"职能的实现。

决策层。财务管理者应该将信息技术与各种决策模型有机融合起来，在信息化财务会计与管理会计的平台上根据决策需求和经济环境的变迁建立决策模型，实时从数据库中获取决策所需的信息，并通过决策模型支持、融资决策、投资决策、经营决策等，支持“战略家”职能的实现。

除了财务核算与控制外，财务决策也是企业财务管理的工作重点。保本点与目标利润的设定、赊销政策的制定、租赁与借款的选择、投资项目及投资组合的选择等，都是财务管理实践中经常面临的决策问题。然而，这些类型的决策问题在不同企业、不同时期呈现出不同的具体场景，ERP 系统无法提供统一的解决不同具体问题的方案。

针对差异化的财务决策问题，科学的管理与决策方法至关重要。财务建模为财务管理人员提供了一套可以遵循的思维模式和实现机制。首先，要分析哪些信息对解决所面临的财务问题有价值，要寻求合适的工具收集所需信息；其次，基于财务管理理论知识，寻找适合解决问题的理论模型；再次，基于收集的信息和适用的理论模型，利用 Excel 工具，建立财务管理模型；最后，将定量分析结果与无法量化的环境、行业等信息相结合，进行有效决策。

“计算机财务管理”课程就是为培养财务管理人员的决策能力而设置的，将财务管理案例、财务模型的构建以及 Excel 工具的应用融为一体，将所学理论知识转化为解决实际问题的能力。本书从财务理论方法与建模工具相融合的视角出发，讨论财务分析模型、投资决策模型、营运资本最优规划管理模型、筹资决策模型、销售与利润管理模型、财务计划编制模型等的设计和动态决策的方法，帮助财务管理人员将定量分析与定性分析有机结合，支持各类财务决策，具体如图 1－2 所示。

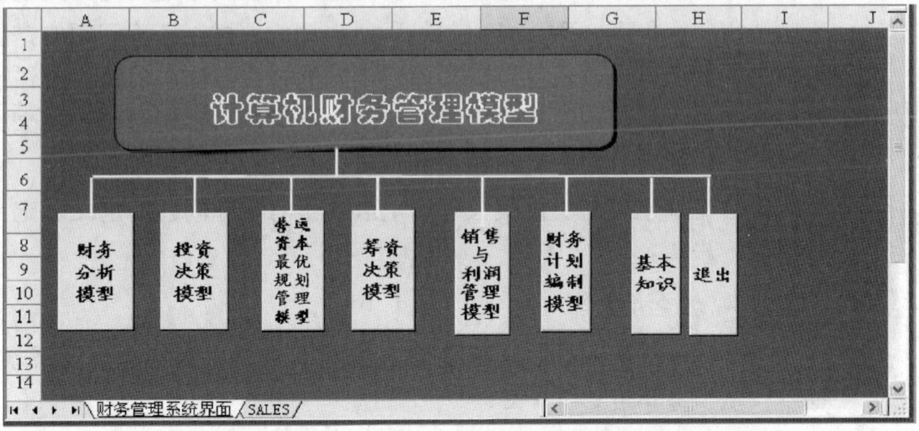

图 1－2　计算机财务管理模型框架

1.2　财务建模与决策方法

企业面对的竞争日趋激烈，财务管理需要解决的问题越来越复杂。虽然

ERP系统的应用能够解决操作层和控制层的很多问题，但是，还有很多评价和决策方面的问题需要通过建立针对性财务模型进行解决，如：

- 数据库里存放多年的数据如何提取？
- 如何根据各种需求提供财务状况和经营成果的分析？
- 企业的赊销政策如何确定？
- 根据企业现有资金状况，决定是购买还是租赁设备。
- 最优订货批量为多少？
- 如何改变单价、单位变动成本、销量等以实现目标利润？
- 是否投资新产品、新的生产线以提升竞争力？
- 如何制定合理的个人理财规划？
- 如何预测下一个会计年度的资金需求？

…………

事实上，财务决策方面的问题远远超出了我们提及的内容，财务管理人员需要从科学管理的视角出发，将信息技术与定量模型有机结合，提出科学的解决方案，支持决策。今天，在很多企业管理实践中，财务管理定量模型已经得到了广泛的应用，在提高决策能力和运营能力等方面取得了巨大成功。在信息技术支撑下，财务管理人员需要思考的是，究竟应该如何构建财务模型并进行科学决策。

1.2.1 定义问题

财务建模与决策中最重要的一步就是在深思熟虑之后提出问题。正如管理大师彼得·德鲁克（Peter Drucker）所强调的那样，正确问题的错误答案不是致命的，我们可以改正也可以去探索不同的替代方法。但是，对错误问题的正确解答却是一场灾难。在将大量的时间和精力投入到研究和解决毫无意义的模型之前，恰如其分地定义问题至关重要。

能否正确建模与决策很大程度上取决于对实际问题的定义。定义问题一般包括以下步骤：

1. 观察经济业务

为了全面了解问题，财务管理人员应该尽全力从各个角度观察经济业务，而不仅从财务角度。

2. 简化复杂性

由于实际的经济问题非常复杂，财务管理人员在与业务经理沟通后，应该简化问题，在建立定量模型的简洁性与指导决策的科学性之间找到平衡。

3. 找出限制条件

企业在一个充满限制条件的环境中经营和发展，例如：资本供给有限、市场需求有限，在多种运营水平下找到自由变量从而定义各种限制和约束条件十分重要。可能影响企业运营的限制条件在模型中都要得以体现，而那些在任何正常情况下都可能被满足的条件，则应予以忽略。

4. 持续寻求反馈

为了让管理团队解决正确的问题，在构建问题时，财务管理人员需要在管理中寻找持续的反馈，以随时修正模型。

1.2.2　建立定量模型（数学模型）

对财务管理人员来讲，解决一个财务决策问题就是将零散的想法和观点、相互冲突的目标和限制条件汇集整理为一个更富有逻辑连贯性的决策模型——数学模型。数学模型的建立是一个从认识和描述问题，到用数学表达方式代替言语使之量化的过程。建立模型需要大量的基础知识，在某些情况下，建立数学模型还需要有丰富的实践经验。建立模型的步骤如下：

1. 确定决策变量

建立数学模型的关键是在决策过程中找出决策者可以控制的范围。那些可控部分即为该问题的可控初始变量或决策变量。在大多数情况下，确定合适的决策变量是建立数学模型中最困难的部分。通常情况下，在恰当地选定决策变量之后，接下来的建模过程就会比较顺利。确定数学模型决策变量的快捷方法是了解决策者通过解决问题想了解什么。

2. 建立目标函数和找出限制条件

建立目标函数就是建立目标和决策变量之间的函数关系，很多最优化模型都是为了找出以现有的有限资源做到最好的方法。因此，对此类问题还需要找出相应的约束条件。例如，总利润最大（总利润＝总收入－总成本）是数学模型最常见的目标之一。企业的资源有限，保证利润最大化的有限资源就是相应的约束条件。

3. 选取模型

所有的数学模型都是为了简单地模拟现实。同一种情况往往可以用多种模型表示，在这些表达方式中，有的简单，有的复杂。建模者经常要考虑这样一个问题，“是用一个复杂的模型求出准确的结果更有效，还是用一个简单的模型求出不太精确的结果更理想?”答案取决于时间和成本的考虑。

1.2.3　建立 Excel 模型

在手工条件下财务决策中的大量数学模型非常难求解。20 世纪 90 年代微软推出的 Excel 成为强有力的数据管理与分析软件工具。Excel 凭借丰富的计算工具、精密的分析工具以及灵活多样的表达方式，使企业财务管理工作更加有效。财务管理人员能够根据企业多变的经济环境，建立各种管理分析模型，高效、准确地从事财务管理分析工作；能够将数学模型与Excel函数、工具有机地融合，建立财务管理模型，做到输入数据后自动给出结果，更好地支持动态决策。

1.2.4 求解模型与决策

财务管理人员借助Excel工具，在业务经理的支持下，提出影响目标函数的关键因素值，选择适当的解决方法，找到模型的解，检验并确认模型的解，最终得出科学的决策方案，在定量与定性分析相结合的基础上，进行科学决策。

1.3 建模工具——Excel

1.3.1 Excel的基本特点

1. 表格处理功能

Excel是一个用表格处理数据的软件，又称电子表。对于表格的建立、编辑、访问、检索非常简便。它还具有“智能感知”技术，能感知你想干什么，生成你想要的结果，使日常工作自动化，复杂工作简单化。

2. 函数

Excel提供了大量函数，涵盖了统计、财务、工程和数学等诸多领域，可用于复杂的数学计算、统计、财务分析等，而这是类似于Dbase等数据管理能力强、数据处理能力差的软件所欠缺的。利用表格中的公式和函数可以确定一组单元格之间的逻辑关系，根据数据之间的逻辑关系可以进行数据跟踪，有利于对数据进行分解分析，也有利于发现数据异常的根源。

3. 制图功能

Excel具有强大的制图功能，实现了表、图、文三者的完美结合，并且制图过程非常简单，只需点击几下鼠标即可完成全部操作。Excel提供了多类图表，用户可以选择常用的柱形图、折线图、条形图、饼图以及股价图，也可以选择不常用的气泡图或同心图，还可以使用锥形图、圆柱图和棱锥图。将数据以图表的形式呈现，更为直观，有利于扩展管理者的思维空间。

4. 分析工具

Excel为财务管理提供了丰富的分析工具，有助于企业制定最佳决策。在将所有数据输入工作表、创建公式并设置格式之后，可以使用Excel附带的高级分析工具，如可以提出各种假设条件，通过利用方案、单变量求解或规划求解等工具来执行假设分析；可以通过数据透视表从各种数据源中提取数据，并将其组合成新结果。

5. 宏功能

Excel 可以利用宏来自动执行日常任务，可以按需要加入某些自定义的操作和功能，建立完整的财务管理应用程序，还可以通过记录宏及编辑和书写宏这两种方式来实现宏功能。

记录宏可用来记录并存储 Excel 命令组。利用录制新宏功能记录所有鼠标操作和键盘输入内容，通过按键、选择自定义菜单项或单击工具栏中的自定义按钮激活宏。

在 Excel 中可以使用 VBA 开发系统进行编程，建立新宏或者修改原有宏所对应记录器创建的代码。

6. 外部数据功能

Excel 具有强大的数据处理功能，其数据源可由用户亲自输入完成。Excel 还提供了从其他数据源引入数据的功能，以节省获取基础数据的时间，减少存储数据的空间。用户可以采用多种途径同微软 Access 数据库共享数据，可以从微软 SQL Server 数据库获取数据，可以从大型机的企业数据库中获取数据，甚至从公司网站获取数据。数据源的多样性扩大了 Excel 在财务管理中的使用范围，增强了其使用的便利性。

1.3.2　Excel 的用途

Excel 的用途十分明确，就是管理数据。通过有效控制数据，使管理工作更为方便、科学。

1. 创建数据间的逻辑关系

将看似离散的时间逻辑抽象为一个由“字段”列与“记录”行构成的二维数据组，并通过公式和函数在数据与数据之间建立逻辑关系。

2. 进行试算分析

利用数据间的逻辑关系，将许多理论模型计算机化，再将原始数据和理论模型相结合，将原始数据加工成对决策有价值的信息。

3. 重组数据间的逻辑关系

在对数据的灵活运用中，不断从不同角度按不同管理目标深入剖析，就可以从数据的细微处提炼出信息并加以升华。

Excel 与数据库用途不同。数据库主要用于收集和存储数据；而 Excel 是在数据库的基础上，对数据进行提取、处理和分析，生成可以用于进行辅助决策的信息。例如，会计信息系统是对采购、销售、生产、财务等各类信息进行收集，并将其存于数据库中；而Excel则是基于会计信息系统的数据库，建立投资决策、筹资决策、流动资金管理、财务分析等模型，为企业管理提供决策支持。

1.3.3 Excel的窗口界面

进入Excel后，屏幕上显示的主窗口如图1-3所示。

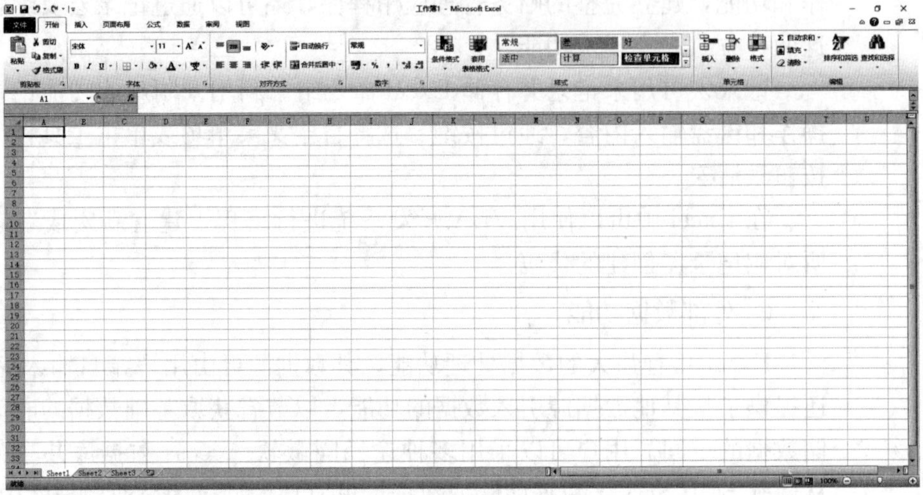

图1-3 Excel主窗口

（1）标题栏（见图1-3第一行）。在窗口的最顶端是标题栏，显示工作簿名字和应用程序名Microsoft Excel，如工作簿1-Microsoft Excel。工作簿1是它打开的一个空白工作簿文档的名字，Microsoft Excel是所属程序的名字。该工作簿实际是一个独立的窗口，由于工作簿窗口最大化，因此将工作簿标题栏合并入Excel的标题栏中。

在标题栏的右端有三个按钮：最小化按钮、还原按钮（或最大化按钮）和关闭按钮，这三个按钮作用于Microsoft Excel程序。

（2）功能区（见图1-3第二、三、四、五行）。在标题栏的下方是功能区以及作用于当前工作簿的最小化、还原、关闭按钮。

功能区位于标题栏的下方，是一个由多个选项卡组成的区域，主要包括文件、开始、插入、页面布局、公式、数据、审阅、视图等选项卡。Excel 2010将用于处理数据的所有命令组织在不同的选项卡中。单击不同的选项卡标签，可切换功能区中显示的工具命令。在每一个选项卡中，命令又被分类放置在不同的组中。组的右下角通常会有一个对话框启动器按钮，用于打开与该组命令相关的对话框，进行更进一步的设置和操作。

（3）编辑栏（见图1-3第六行）。编辑栏主要用于输入、修改和显示活动单元中的数据。在工作表的某个单元中输入数据时，编辑栏会同步显示输入的内容。

编辑栏的左边为名称框，用来定义或显示单元（或单元区域）的名称，或在名称框输入单元（或单元区域）名称，回车后根据名称跳转至该单元或单元区域。单元名称框旁的小箭头，可引出一个下拉式名称列表，给出所有已定义的名称。

编辑栏的右边为公式栏，显示当前活动单元的值或者公式，可作为当前活动单元编辑的工作区。

（4）工作区（工作簿窗口）。在公式栏下面是 Excel 工作区。现在已经打开了一个文档文件工作簿 1，该文档是一个独立的窗口——工作簿窗口，窗口中显示出一张电子表格，最基本的单位是单元（cell），由行（row）和列（column）组成。工作簿窗口是我们工作的最主要窗口，在下一小节中将详细介绍工作簿窗口。

（5）工作表标签。位于工作簿窗口的左下角，默认名称为 Sheet1，Sheet2，Sheet3，…，单击不同的工作表标签可在工作表间进行切换。

（6）滚动条与滚动框。工作表很大，在窗口中放不下，但又要在窗口中查看表中的全部内容，就可以利用滚动条，在整个表上移动查看。方法如下：

用鼠标指向垂直滚动条上/下箭头，单击鼠标，则窗口向前/后滚动一行，用鼠标指向水平滚动条的左/右箭头，单击鼠标，则窗口向左/右滚动一列；利用滚动条的滚动框，加速滚动。用鼠标指向垂直滚动条中滚动框的上方/下方单击，屏幕上滚/下滚一屏，用鼠标指向水平滚动条的左方/右方单击，屏幕左滚/右滚一屏。

拖动滚动框，在滚动条中移动，当松开鼠标时，滚动框在滚动条中的位置，即是当前显示屏在整个表中的位置。

以上滚动，都不会改变当前活动单元的位置。

（7）分割框。工作表水平分割或垂直分割对于查看一张庞大的表十分有用。

- 水平分割。将鼠标移动到垂直滚动条的顶部，当鼠标指针变成形状时，拖动水平分割框到表中任一行，将表分成上下两部分，同时垂直滚动条分为上下两个，可以在上半部保持不动的情况下，滚动下半部。

- 垂直分割。将鼠标移动到水平滚动条的右部，当鼠标指针变成形状时，拖动垂直分割框到表中任一列，将表分成左右两部分，同时水平滚动条分为左右两个，可以在分割框左边部分保持不动的情况下，滚动右边部分。

1.3.4　Excel 的工作簿

在财务管理过程中，我们需要应用各种表格，并将经济意义相同的表格放在同一文件夹中，进行分类管理。

例如，某公司财务分析人员需要对公司损益情况进行分析，获取了 1—12 月损益分析表；需要对投资项目进行分析，制定了 5 个投资项目的决策分析报告等。为了方便管理，他将经济意义相同的表格保存在不同的文件夹中，即将12张损益分析表放在一个名为损益分析表的文件夹中，将5个投资项目的决策分析报告放在另一个名为投资项目的文件夹中，这就形成了一个个有特定意义的文件夹。在Excel中，通常所讲的文件夹对应着工作簿，它是Excel管理的基本文件，每个工作簿又包含若干张工作表，每张工作表由若干个单元格组成。

1. 工作簿

当运行Excel时，系统自动打开一个包含若干空表的工作簿，它被Excel暂时命名为Book1，在存储文件时，用户可改用自己定义的文件名。再次打开时，工作簿窗口以该文件名命名。

当需要新建立一个工作簿时，选择【文件】菜单中的【新建】命令，便会创建一个新的工作簿；当完成工作簿的内容填制和修改后，选择【文件】菜单中的【保存】命令，将文件以你自己命名的文件名保存在指定的目录中。

2. 工作表

一个工作簿Book1窗口包含了多个工作表。这样可将相关的表存在同一个工作簿文件中，以避免多次存取的麻烦，并且为相关的工作表间数据的交换与格式的一致性提供方便。在工作簿窗口的底部，有一个工作表队列，它由代表各工作表的工作表标签组成，即sheet1，sheet2，sheet3，…，当前工作表只有一个，它的标签为白色，其他的为灰色。开始时窗口中的第一个工作表为当前工作表，即sheet1为当前工作表，以后可改变当前工作表为其他工作表。

(1) 从工作表队列中选择当前工作表。单击任一个显示在队列中的工作表标签，相应工作表变为当前工作表，该表显示在屏幕上。对于没有出现在屏幕队列中的工作表，可利用选择按钮，使其中任意一个出现在屏幕上，然后选择。选择按钮如下所示：

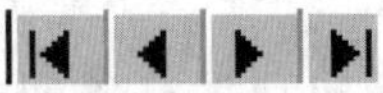

单击第一个按钮，使队列列表从第一个工作表开始显示。

单击第二个按钮，使队列列表向前移动一个。

单击第三个按钮，使队列列表向后移动一个。

单击第四个按钮，使队列列表显示到最后一个工作表。

要选择的工作表出现在屏幕上，用鼠标单击该工作表，使其成为当前工作表。

(2) 改变工作簿中工作表的个数。一个工作簿最多包含255个工作表。改变工作簿中工作表个数的方法是：

- 选择【文件】菜单中的【选项】命令；
- 选择【常规】标签；
- 在“新建工作簿时”“包含的工作表数：”框中，输入或通过按钮选择所需的工作表个数。

3. 单元格

每个工作表都是由列和行构成，每个行列交叉点处的小格称为一个单元或单元格。每个单元用它们的行和列作为地址名称。所有单元中只有一个活动单元，打开时 A1 单元为当前活动单元。随时可改变活动单元为其他单元。我们只能在当前活动工作表的当前单元按键输入或修改数据。

（1）单元地址。单元地址（cell address）主要指在 Excel 工作表中，一个单元或一组单元的位置，以便 Excel 可以参考（reference）辨识目标单元，以进行数据分析处理。在工作表格中所使用的“地址”有相对地址与绝对地址两种形式。

● 相对地址（relative address）以某一特定单元为基准对其他单元进行定位。例如，告诉别人中国人民大学的地址时，可以说在友谊宾馆的北面，这就是以相对概念来说明地址。相对地址的表示形式为 A1，B1 等，即用行、列地址作为它的名字。

图 1－4 中：

第 3 行、第 3 列一个单元的相对地址为 C3。

第 6 行、第 1 列到第 9 行、第 2 列单元区域的相对地址为 A6：B9。

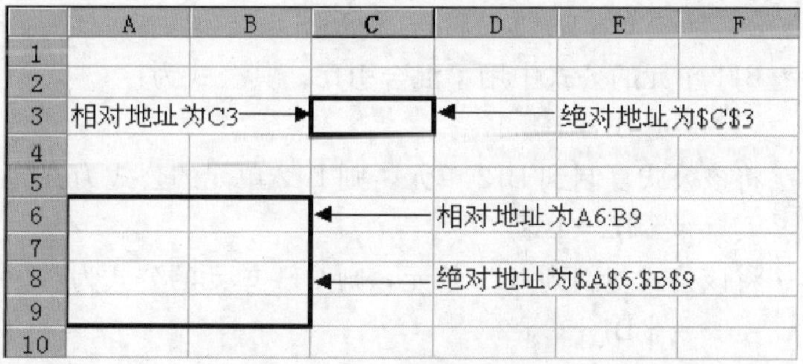

图 1－4　单元地址的表示形式

● 绝对地址（absolute address）则直接告诉 Excel 某些单元在工作表格中的确切位置。例如，我们告诉别人中国人民大学在北京海淀区中关村大街 59 号，这就是以绝对概念来说明地址。绝对地址的表示形式为＄A＄1，＄B＄1 等，即用行、列地址加＄作为名字。

第 3 行、第 3 列一个单元的绝对地址为＄C＄3。

第 6 行、第 1 列到第 9 行、第 2 列单元区域的绝对地址为＄A＄6：＄B＄9。

（2）单元引用。相对地址与绝对地址之间的最主要差异在于函数或公式中对单元的引用。

● 单元的相对引用是指公式中参数以单元的相对地址表示。当因插入、拷贝等原因引起行、列地址的变化时，公式中的相对引用随公式的移动而修改。修改参数的原则是：原公式与原参数的位移和移动后的公式与新参数的位移保持不变。

● 单元的绝对引用是指公式中参数以单元的绝对地址表示。当因插入、拷贝等原因引起行、列地址的变化时，公式中的绝对引用不会随公式的地址变化而变化。

● 单元的混合引用是指公式中参数的行用相对地址、列用绝对地址，或行用绝对地址、列用相对地址，如＄A1，A＄1。当因插入、拷贝等原因引起行、列地址的变化时，公式中的相对地址部分随公式地址的变化而变化，绝对地址部分不随公式地址变化而变化。

下面通过图1-5的例子说明单元的相对引用、绝对引用、混合引用之间的差别。

在图1-5中：

B4单元的公式中用了相对引用，其公式为：

＝B1＋B2＋B3

将该公式复制到B5单元，其单元值发生变化，则B5单元的公式为：

＝B2＋B3＋B4

C4单元的公式中用了绝对引用，其公式为：

＝＄C＄1＋＄C＄2＋＄C＄3

将该公式复制到C5单元，其值没有发生变化，则C5单元的公式为：

＝＄C＄1＋＄C＄2＋＄C＄3

B11单元的公式中用了混合引用，其公式为：

＝＄B1＋B＄2

将该公式复制到B12单元，则B12单元的公式为：

＝＄B2＋B＄2

将该公式复制到C11单元，则C11单元的公式为：

＝＄B1＋C＄2

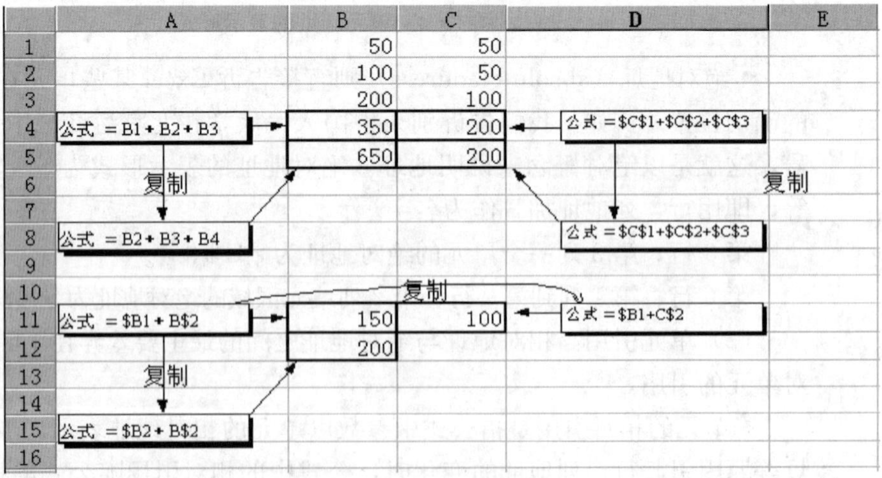

图1-5 单元引用

4. 单元区域

单元区域是指由若干个单元组成的区域。

（1）单元区域的表示方法。单元区域的表示方法有三种：

● 连续区域（：冒号）。第一个和最后一个单元引用中间用冒号“：”连接，表示由若干个连续单元组成的区域。例如，“B1：C2”是指 B1 到 C2 这样一个矩形区域，它包括 4 个单元（B1，B2，C1，C2）。

● 合集区域（，逗号）。单元引用间用逗号“，”连接，表示互不相连的单元组成的区域。例如，“B5，D6，B7，D8”指 4 个互不相连的单元区域。

● 交集区域（空格）。两个单元引用间用空格连接，表示两个单元引用的公共单元区域。例如，“B1：C3　C2：D5”是指两个单元引用的公共单元区域 C2：C3。

（2）选择单元区域。在很多情况下，操作不是对一个单元进行，而是对一个单元区域进行，如删除、复制、粘贴等操作都可针对一个单元区域进行。选择单元区域是一种常见的操作。

● 选择包含若干个连续单元的矩形小区域。单击单元区域的左上角单元，按住鼠标左键拖动鼠标至右下单元，松开鼠标，该区域被选中。

● 选择包含若干连续单元的矩形大区域。单击单元区域的左上角单元，然后按 Shift 键的同时，再单击区域右下角单元，该区域被选中。

● 选择一行或一列。单击列头（即工作表中最上边标有 A，B，…的单元）或行头（即工作表中最左边标有 1，2，…的单元），则选择一列或一行为区域。

● 选择若干行或列。在行头或列头拖动选择若干行或列。

● 选择整个工作表。在表的左上角的 A 与 1 交界处，有一个全表选择框，单击该框选择全表。

● 选择合集区域。先选择第一个连续的区域，将鼠标移到第二个单元区域的左上角，按下 Ctrl 键再选第二个区域，原选中区域不被释放。

1.3.5　Excel 的函数

在财务管理中，需要应用大量的模型和科学运算，如在投资决策中，财务管理人员要花费大量时间计算投资方案的内含报酬率和净现值，并以此作为投资决策方案是否可行的判断依据。当投资项目的某些因素，如资金成本、现金流量发生变化时，财务管理人员就需要进行一次次的测算。事实上，在决策过程中，各种因素是随着经济环境变化而动态变化的，财务管理过程也是动态的，因此，在财务管理过程中进行动态分析和决策，才能满足管理的需要。Excel 提供了大量的财务函数和相关函数，如内含报酬率、净现值、逻辑函数等，以帮助财务管理人员构建模型，支持动态分析与决策。

那么什么是函数呢？函数是一个预先写好的特殊公式，根据一个或多个参数执行操作，并返回一个值。函数可以单独使用，也可以作为较大公式的一部分使用。使用函数可以简化或缩短工作表中的公式，使数据处理简单方便。下面对函数的基本概念和应用进行讨论。

1. 函数的基本语法

Excel 函数由三部分组成，即函数名称、括号和参数。

函数的语法：函数名称（参数 1，参数 2，…，参数 n）

函数名称：指出函数的含义，如 SUM 为求和，AVERAGE 为求平均值。

括号：括住参数的符号，即括号中包含所有参数。

参数：告诉 Excel 所欲执行的目标单元或数值，参数用逗号隔开。

[例 1-1]

＝SUM(C2：C11)

SUM 为函数名；C2：C11 为函数的一个参数，即一个单元区域。它是对 C2 到 C11 十个单元进行求和。

＝SUM(C1，B1，C5)

SUM 为函数名；C1，B1，C5 为函数的三个参数。它是对 C1，B1，C5 三个单元进行求和。

2. 参数的类型

参数有多种类型，常用类型包括数值、单元引用、正文、逻辑值和错误值名称、其他函数或公式等。

● 数值。在一些函数中，需要数值型参数进行运算。这些数值参数可以包含正、负符号并可有小数。例如，＝SUM（10，20，30，－40)，其返回值为 20。

● 单元引用。函数中的参数可以是单元引用。例如，A1，$B$2，$E2，E$2，C1：C5 等都是合法的参数。

● 正文（文字）。函数中的参数可以是正文。在函数中使用正文时需要用双引号括住。如果忽略双引号，则 Excel 便当成名称来处理；如果用户没有事先利用【公式】中的【定义名称】命令定义该名称，将出现错误值（#NAME?）。

● 逻辑值。逻辑值本身只有“真”和“假”两种。使用逻辑值参数时，可以直接键入 true 或 false，也可以用一个表达式来取代其中的参数。

● 错误值。在 Excel 中共有七种错误值：#DIV/O!，#N/A，#NAME?，#NULL!，#NUM!，#REF! 与 #VALUE!。当错误值作为参数时，可以直接键入上述七种之一。

● 名称。为了使所使用的函数更容易理解和维护，可以用名称作为函数的参数。

例如，在资产负债表中，假设 B2，B3，B4，B5 单元分别为货币资金、短期投资、应收票据、应收账款。

B6 单元为这些流动资产的合计数，其公式为：

=SUM(B2：B5)

或

=SUM(B2，B3，B4，B5)

如果把 B2 到 B5 单元定义为流动资产，则用名称代替求和参数，其公式为：

=SUM(“流动资产”)

其结果与前两个公式一样。

● 其他函数或公式。函数的参数可以是其他函数或公式。如果函数的参数本身就是函数或公式，则称其为嵌套函数。在 Excel 中最多可以使用 64 层嵌套。

[例 1-2]

在 B3 单元输入公式：

=LEN(“SALES”)

该函数是求字符串的长度，其返回值为 5。

=LEN(SALES)

如果事先利用【公式】中的【定义名称】命令将某单元定义为“SALES”，则返回值为 SALES 单元中值的长度；否则，返回 #NAME?。

[例 1-3]

设 IF 函数中的条件参数始终为“真”：

=IF(true，“开始”，“结束”)

↑　　↑　　↑

条件　条件为真　条件为假

执行该参数　执行该参数

由于条件为真“true”，其返回值为“开始”。

[例 1-4]

IF 函数条件参数的“真”与“假”取决于表达式：

=IF(H1>=60，“及格”，“不及格”)

如果 H1 单元的值大于或等于 60，则表达式 H1>=60 的值为 true，返回值为“及格”；

如果 H1 单元的值小于 60，则表达式 H1＞＝60 的值为 false，返回值为“不及格”。

● 数组。数组可以作为函数的参数。数组公式可以看成是有多重数值的公式。其与单值公式的不同之处在于它可以产生一个以上的结果。有些函数需要使用数组作为参数。例如，计算回归的 TREND 函数、计算逆矩阵的 MINVERSE 函数等都用到数组类型的参数。

[例 1-5]

假设 H1 单元是学生的成绩，如果成绩大于等于 85 为“A 级”，小于 85 但大于等于 70 为“B 级”，否则为“C 级”。

用嵌套函数定义该公式为：

＝IF(H1＞＝85，“A 级”，IF(H1＞＝70，“B 级”，“C 级”))

3. 函数的使用

函数的使用有两种方式：

(1) 直接在公式中输入函数。这种方法是选择单元格，输入“＝”，然后按照函数的语法直接键入。例如，在 B2 单元输入求和函数：

● 选择 B2 单元；

● 输入公式：＝SUM(10，20，30)。

直接在公式中输入函数。例如，VLOOKUP 函数是一个应用非常广泛的查找与引用函数，可以迅捷地从复杂的数据堆中找出所需要的信息。大型公司的存货量大，要想管理得有条不紊有相当的难度，使用 VLOOKUP 函数则可以得心应手。另外，公司的人事管理、应收账款等多项日常管理都可以应用 VLOOKUP 函数。

[例 1-6]

广东某集团股份有限公司成品库房里有空调、电扇、冰箱等，产品种类和数量均较多，管理难度较大。不同品种的产品每天都有大量的成品入库和发出，还有退货，公司的库存状况如图 1-6 所示。

该公司仓库管理员想知道各种产品的具体情况，只需要输入产品名称便可轻松实现。做到这一点可以通过使用 VLOOKUP 函数来实现。

VLOOKUP 函数用于搜索表区域首列满足条件的元素，确定待检索单元格在区域中的行列号，再进一步返回选定单元格的值。

VLOOKUP 函数所含参数如下：

VLOOKUP(lookup_value，table_array，col_index_num，range_lookup)

lookup_value 为需要在数据表第一列中查找的数值；

table_array 为需要在其中查找数据的数据表；

col _ index _ num 为 table _ array 中待返回的匹配值的列序号；

range _ lookup 为一逻辑值，指明函数 VLOOKUP 返回时是精确匹配还是近似匹配。

在 C12 单元输入要查询的产品名称。

在 F11 单元输入公式：＝VLOOKUP(C12，A3：F8，6，false)，回车即可得出 C12 单元对应产品的库存量。

在 F12 单元输入公式：＝VLOOKUP(C12，A3：F8，4，false)，回车即可得出 C12 单元对应产品本月退货数量。

在 F13 单元输入公式：＝VLOOKUP(C12，A3：F8，5，false)，回车即可得出 C12 单元对应产品本期盘盈/盘亏数量。

改变 C12 单元产品名称，对应产品的库存量、退货数量、盘盈/盘亏数也会随之发生变化。

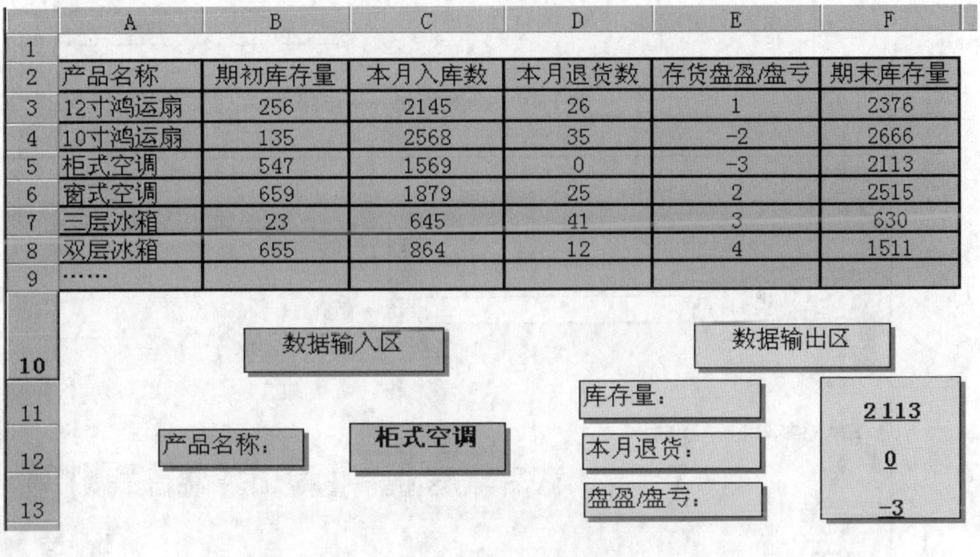

	A	B	C	D	E	F
1						
2	产品名称	期初库存量	本月入库数	本月退货数	存货盘盈/盘亏	期末库存量
3	12寸鸿运扇	256	2145	26	1	2376
4	10寸鸿运扇	135	2568	35	-2	2666
5	柜式空调	547	1569	0	-3	2113
6	窗式空调	659	1879	25	2	2515
7	三层冰箱	23	645	41	3	630
8	双层冰箱	655	864	12	4	1511
9	……					
10		数据输入区			数据输出区	
11					库存量：	2 113
12		产品名称：	柜式空调		本月退货：	0
13					盘盈/盘亏：	-3

图 1－6　VLOOKUP 函数的使用

(2) 使用【公式】-【插入函数】命令。这种方法是通过函数指南完成函数的输入。例如，在 H9 单元输入求和函数：

- 选择 H9 单元；
- 选择【公式】-【插入函数】命令后，就会出现如图 1－7 所示的函数指南；
- 在函数指南步骤 1，选择所需的函数，如 SUM；
- 单击【确定】按钮，出现函数指南步骤 2，如图 1－8 所示。此时可以根据函数指南输入各个参数。

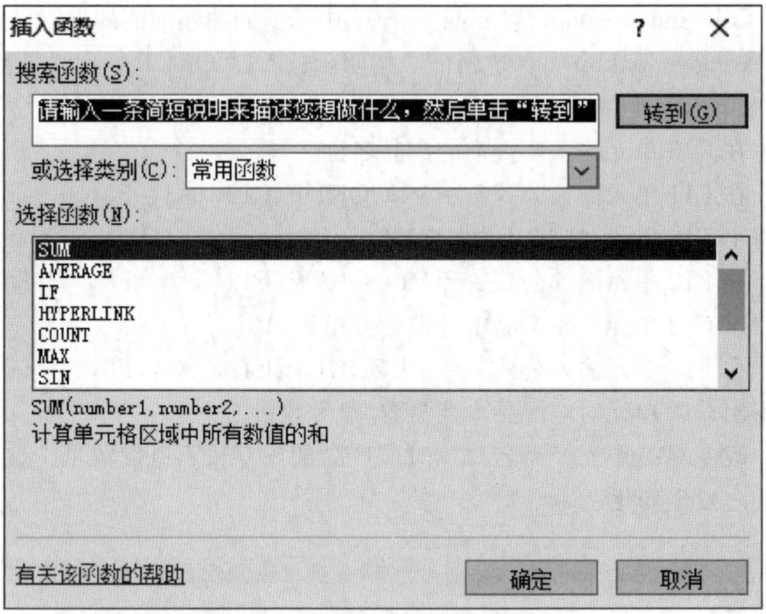

图 1－7　函数指南——步骤 1

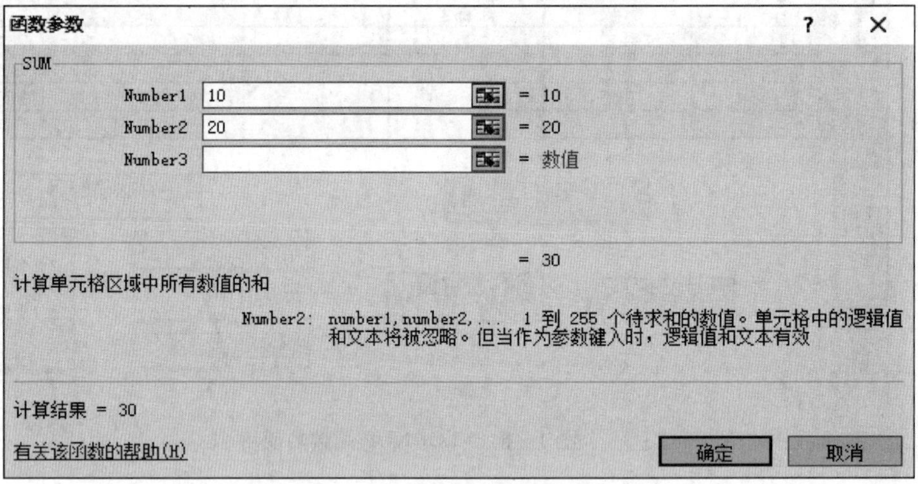

图 1－8　函数指南——步骤 2

某企业客户较多，已知其应收账款明细表（部分数据见图 1－9），从该表中可查找某客户所欠款项。可以通过数据库函数 DGET 实现。

DGET 函数：从数据清单或数据库中提取符合给定条件且唯一存在的值。

DGET 函数所含参数如下：

DGET(database，field，criteria)

database 为构成数据清单或数据库的单元格区域；

field 为指定函数所使用的数据列；

criteria 为一组包含给定条件的单元格区域。

使用函数指南操作步骤如下：

- 选中单元格 D14，点击【公式】-【插入函数】；
- 在“或选择类别”对话框中选择“数据库”中的 DGET，并点击【确定】按钮；
- Excel 显示如图 1-10 所示的对话框；

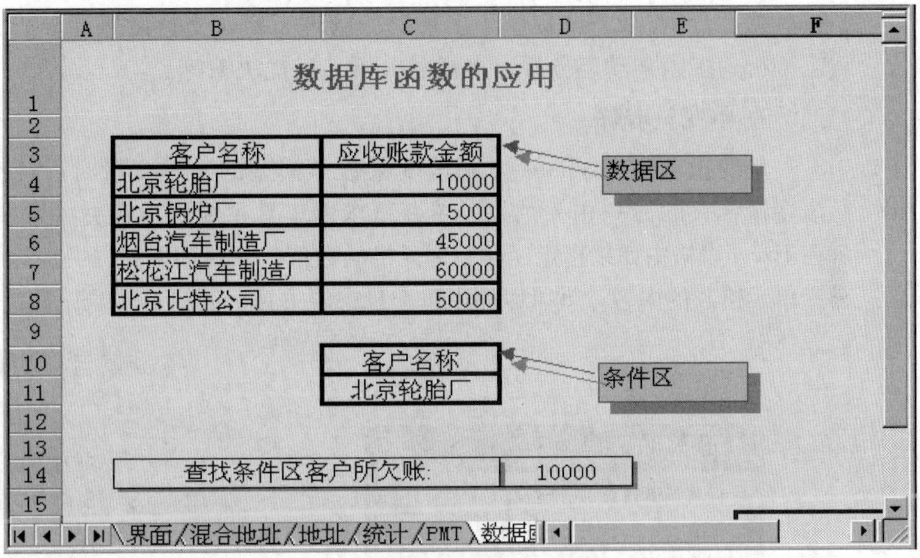

图 1-9　数据库函数的应用举例

- 将各参数所对应的单元格地址或者参数值输入各空格中，点击【确定】按钮。

至此，D14 中将显示 C11 对应客户所欠款项。

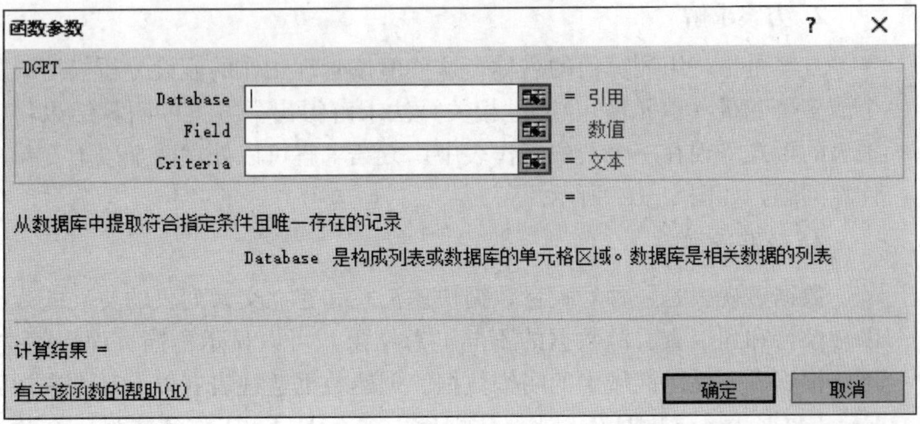

图 1-10　插入 DGET 函数

1.3.6　Excel 的工具

在财务管理过程中，财务管理人员将分析和决策结果提交给管理者后，管理者常常会提出大量问题。例如，财务管理人员将一季度的盈利分析报告提交给首席执行官（CEO），他可能会问：如果将二季度的目标利润从 1 000 万元提高到 1 500 万元，那么 10 种关键可控成本应该分别降低多少？这就需要进行敏感性分析。Excel 提供了多种财务管理工具，支持敏感性分析、单因素动态分析、多因素动态分析、多视角分析、最优决策等。

1. 单变量求解

单变量求解（What-if）指改变某数学模型的某一变量时，自动计算出与该变量相关的另一相关结果。单变量求解工具主要用于解决由果求因的问题，在 Excel 表格中如果指定一目标单元格的数值，只希望调整另一原因单元格（可变单元格）的内容，就可以使用单变量求解工具，如图 1－11 所示。

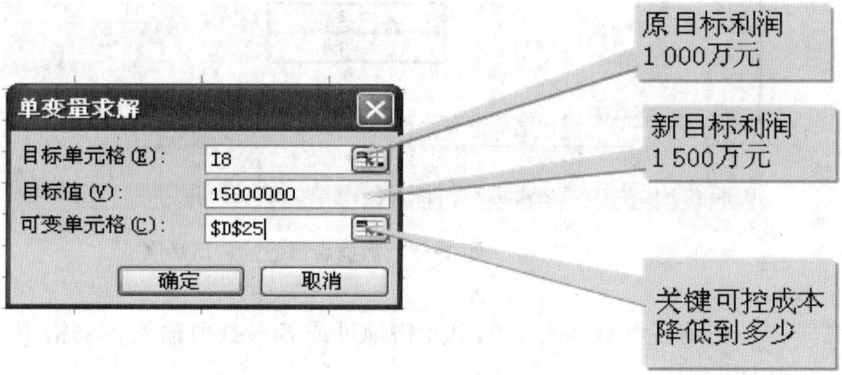

图 1－11　单变量求解工具

2. 方案求解

方案是指一组测算值的名称，这些值按管理工作的假设分析模型，依据一个或多个变量（单元格），通过相关算法求解得出。方案的测算结果将以单独报表的形式呈现在一个新的工作表中。方案求解可以处理两个以上变量的复杂计算问题，如图 1－12 所示。

3. 数据透视表

数据透视表是一种对大量数据快速汇总和建立交叉列表的交互式表格。可以转换行和列以查看源数据的不同汇总结果，可以显示不同页面以筛选数据，可以根据需要显示区域中的明细数据。创建数据透视表有以下几个来源：微软 Excel 数据清单或数据库、外部数据库、多个 Excel 工作表或另一个数据透视表，如图 1－13 所示。

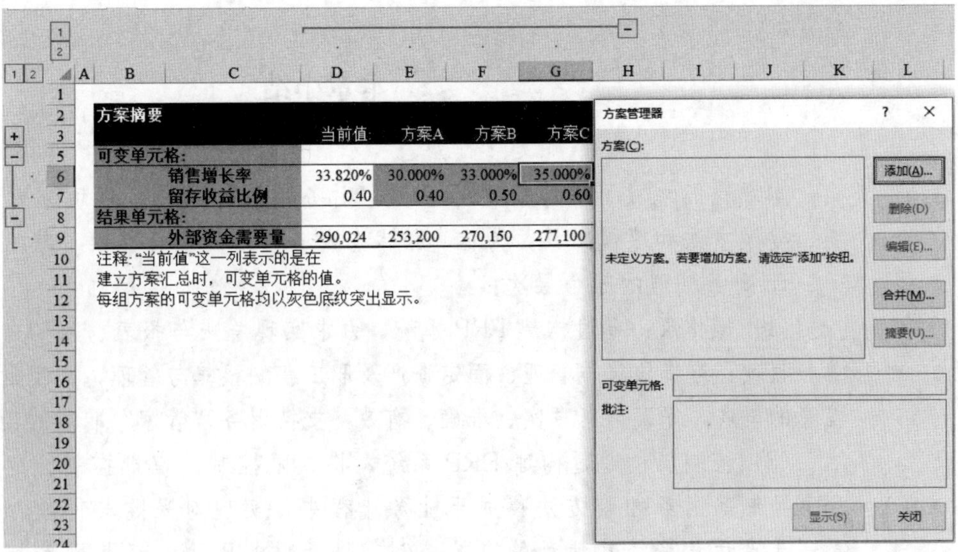

图1-12　方案求解

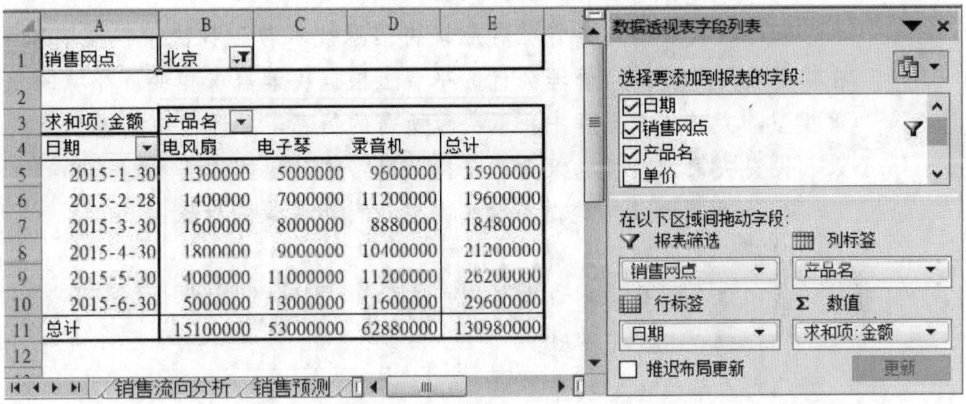

图1-13　数据透视表

4. 宏

Excel除了其本身具有的强大的信息分析与处理工具外，还有功能强、易使用的宏语言（visual basic for applications，VBA）。使用VBA编写应用程序，可以建立一个完整的财务管理应用系统，有效地控制Excel，使不懂Excel的财务管理人员也能方便地使用该系统，进行管理、分析和决策。宏语言和其他高级语言如Basic，Foxpro等有相似之处，它提供了大量的函数和语句。但VBA是通过使用Excel中的对象（工作簿、工作表、单元、菜单、文字框等）对Excel进行控制的，因此还提供了对象的方法和属性。

本章小结

本章我们学习了计算机财务管理即财务建模的概述、环境、财务职能转变、建模方法和建模工具，为信息技术与财务管理的融合提供了基础。

1. 财务管理的三个层次：

（1）操作层：通过构建 ERP 系统，力求实现总账与报表、采购与付款、销售与收款、存货核算与管理、固定资产及职工薪酬核算与管理，实现财务与业务信息的集成，保证信息真实、准确、有效，支持财务“管家”职能的实现。

（2）控制层：通过构建 ERP 系统，将权限控制、审批控制、定额控制及预算控制等财务控制方法集成于业务流程中，实现对采购与付款、销售与收款、生产运营等经营活动的有效控制，降低财务风险和经营风险，支持财务“管家”和“战略家”职能的实现。

（3）决策层：财务管理者应该将信息技术与各种决策模型有机融合起来，在信息化财务会计与管理会计的平台上根据决策需求和经济环境的变迁建立决策模型，实时从数据库中获取决策所需的信息，并通过决策模型支持、融资决策、投资决策、经营决策等，支持“战略家”职能的实现。

2. 利用 Excel 构建财务模型并进行科学决策的步骤：

（1）定义问题；

（2）建立定量模型（数学模型）；

（3）建立 Excel 模型；

（4）求解模型与决策。

3. Excel 的工作簿

当运行 Excel 时，系统自动打开一个包含若干空表的工作簿，它被 Excel 暂时命名为工作簿 1，在存储文件时，用户可改用自己定义的文件名。

4. Excel 的函数

在财务管理过程中，只有通过动态分析和决策，才能满足管理的需要。Excel提供了大量的财务函数和相关函数，如内含报酬率、净现值、逻辑函数等，以帮助财务管理人员构建模型、支持动态分析与决策。

（1）函数是一个预先写好的特殊公式，根据一个或多个参数执行操作，并返回一个值。函数可以单独使用，也可以作为较大公式的一部分。使用函数可以简化或缩短工作表中的公式，使数据处理更简单和方便。

（2）函数的基本语法。Excel 函数基本上由三部分组成，即函数名称、括号和参数。函数的语法为函数名称（参数 1，参数 2，…，参数 n）。

（3）函数使用的两种方式：直接在公式中输入函数；使用【公式】-【插入

函数】命令。

5. Excel 的工具

Excel 提供了多种财务管理工具，支持敏感性分析、单要素动态分析、多因素动态分析、多视角分析、最优决策等。

(1) 单变量求解指改变某数学模型的某一变量时，自动计算出与该变量相关的另一相关结果。

(2) 方案求解。方案是指一组测算值的名称，这些值按管理工作的假设分析模型，依据一个或多个变量（单元格），通过相关算法求解得出。方案的测算结果将以单独报表的形式呈现在一个新的工作表中。

(3) 数据透视表是一种对大量数据快速汇总和建立交叉列表的交互式表格。可以转换行和列以查看源数据的不同汇总结果，可以显示不同页面以筛选数据，可以根据需要显示区域中的明细数据。

(4) 宏。使用 VBA 编写应用程序，可以建立一个完整的财务管理应用系统，有效地控制 Excel，使不懂 Excel 的财务管理人员也能方便地使用该系统，进行管理、分析和决策。

习　题

1. 练习进入和退出 Excel。
2. 通过上机，掌握鼠标操作。
3. 通过上机，熟悉和掌握 Excel 主窗口。
4. 通过上机，理解 Excel 工作簿中下列操作的方法和结果：
   - 从工作表队列中选择工作表
   - 选择当前单元
   - 选中连续单元区域
   - 选中合集、交集单元区域
   - 驱动滚动条
   - 拖动滚动框
   - 建立水平分割
   - 建立垂直分割
5. 单元的地址有几种表示方法？
6. 单元区域有几种表示方法？
7. 通过使用【公式】-【插入函数】命令，观察各种函数的语法、功能和返回值。
8. 怎样改变工作簿中工作表的个数？上机练习，将工作簿中工作表的个数改为 5 个。

第 2 章

Excel 基本操作方法

学习目标

财务管理工作中，常常需要借助表格完成各种分析、预测和决策工作。如财务报表分析需要以各种财务报表为基础，将其中的有关项目进行对比，以揭示企业财务状况等。编制各种财务管理工作表在财务管理中是不可缺少的工作。

本章主要介绍 Excel 的基本操作方法，为借助 Excel 建立财务模型打下良好基础。学完本章后应该掌握：

- 财务管理工作表格式设计
- 输入数据及建立公式
- 修改工作表
- 编排工作表
- 绘制图表

2.1 建立工作表

在开始菜单项程序中点击 Microsoft Excel，进入 Excel 工作状态。进入 Excel 时，总是打开一个新的工作簿，工作簿上的第一张工作表（空表）显示在屏幕上，此时可以建立各种财务管理工作表。

2.1.1 建立和保存新的工作簿

1. 建立新的工作簿

启动 Excel 后，系统会自动建立一个新的工作簿，名为工作簿 1。另外也可以通过菜单条上的命令建立一个新的工作簿：

选择【文件】菜单的【新建】命令。该命令执行后另一个新的工作簿被打开，工作簿上的第一张工作表（空表）显示在屏幕上。

2. 保存新的工作簿

我们对打开的新工作簿进行编辑后，希望将该工作簿以“cwgl 02. xlsm”文件名保存在 C 盘的 \ cwgl 目录中，以备今后使用。保存工作簿文件的方法是：

● 选择【文件】菜单的【保存】命令，出现如图 2－1 所示的对话框；

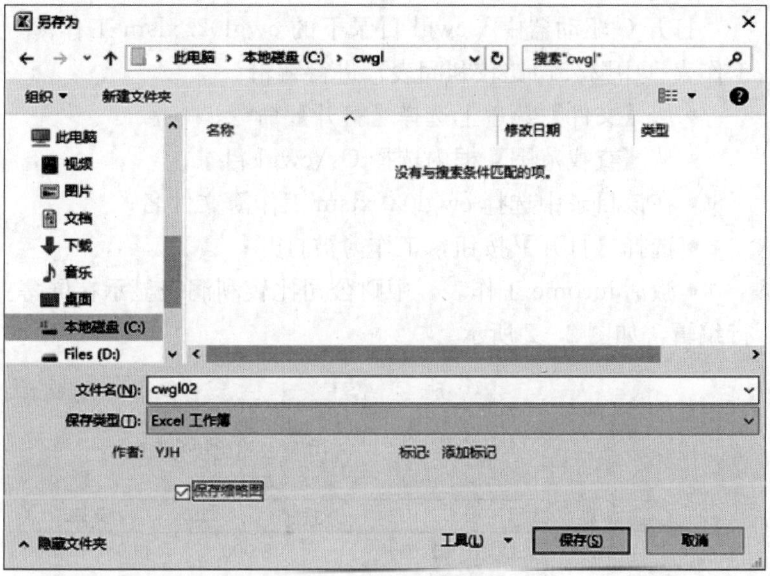

图 2－1　保存文件对话框

●【保存位置】框：从该框中选择将被保存的工作簿文件所在的目录，本例选择 C:\cwgl 目录；

●【文件名】框：输入将被保存的工作簿的文件名，本例为 cwgl02；

●【保存类型】框：选择 Excel 工作簿；

● 选择【保存】按钮，包含若干张工作表的工作簿就以 cwgl02. xlsm 文件名保存在磁盘上。

Excel 的存储单位是工作簿，即把包含若干个工作表的工作簿作为一个文件存储，其扩展名为 . xlsm。

2.1.2　打开已有的工作簿

如果有一个已经建立好的财务管理工作表保存在磁盘上，需要再次使用（如查看、修改等），就必须先打开包含该财务管理工作表的工作簿。打开工作簿的方法是：

● 选择【文件】菜单的【打开】命令，当命令执行时，出现“打开”对话框；

●【查找范围】框：从该框中选择将被打开的工作簿文件所在的目录；

●从该目录下选择将被打开的工作簿文件；

●选择【打开】按钮，工作簿被打开。

此外，【打开】命令也可以通过对【文件类型】框的选择，打开不同格式的文件。

[例2-1]

打开C驱动器中\cwgl目录下的cwgl02.xlsm工作簿，并对其中income工作表（中财公司比较利润表）进行编辑。

●从【文件】菜单上选择【打开】命令；

●从【查找范围】框内选择C:\cwgl目录；

●在该目录中选择cwgl02.xlsm工作簿文件名；

●选择【打开】按钮，工作簿被打开；

●激活income工作表，中财公司比较利润表显示在屏幕上，此时可对其进行编辑，如图2-2所示。

	A	B	C	D	E
1					
2			中财公司比较利润表		
3			20xx年2月		
4		项目	理想	实际	差异
5		营业收入（100%）	3 000	4 000	1 000
6		减：营业成本（75%）	2 250	2 445	195
7		销售毛利	750	1 555	805
8		减：期间费用（13%）	390	206	-184
9		其中：销售费用	290	156	-134
10		管理及财务费用	100	50	-50
11		利润总额（12%）	360	1349	989

图2-2 中财公司比较利润表

2.1.3 保存已有的工作簿

保存已有的工作簿有两种方法。

(1)【另存为】命令。当需要将编辑完成的工作簿文件用新的名字保存时，选择【文件】菜单的【另存为】命令，就会出现如图2-1的【另存为】对话框。在【目录】框、【文件名】框选择或输入相应的内容，最后按【保存】按钮，该工作簿就按键入的新名字保存在磁盘上，原工作簿文件的内容保持不变。

[例2-2]

承例2-1，把当前编辑的cwgl02.xlsm工作簿文件以新的文件名

“work. xlsm” 保存在 C:\cwgl 目录中。

- 从【文件】菜单中选择【另存为】命令；
- 从【目录】框内选择 C:\cwgl 目录；
- 在【文件名】框输入 work；
- 在【保存类型】中选择 Excel 工作簿；
- 选择【保存】按钮。

(2)【保存】命令。从【文件】菜单中选择【保存】命令，或者在快捷方式中选择保存命令。

对于磁盘中已有的文件，【保存】命令直接按原文件名保存，以新的内容代替旧的内容。

2.2 财务管理工作表格式设计

财务管理工作表的格式设计应包括表标题、表日期、表头、表尾和表体固定栏目等的设计。用 Excel 设计财务管理工作表时，如同在一张网格纸上画表一样简单。标题、表头、表体等按照需要安排在相应的网格（单元）中。下面以图 2－2 所示的利润表为例，说明财务管理工作表的格式设计。

2.2.1 输入标题信息（文字）

标题是文字数据类型，输入前首先选择标题所在的单元位置，然后输入标题信息。

[例 2－3]

承例 2－1，打开 cwglo2. xlsm 工作簿，在其工作表的 C2 单元输入标题“中财公司比较利润表”。

- 选择 C2 单元；
- 输入“中财公司比较利润表”；
- 按 Enter 键。

2.2.2 输入日期

在该工作表中输入日期。Excel 中提供了定义单元格式的功能，对于需要输入日期数据的单元格，先将其定义成日期数据类型，然后按所需的日期格式输入日期数据。定义单元格式为日期类型是通过【设置单元格格式】菜单的【数字】命令，在【分类】框中选择日期项，便可以在类型选项框中选择所需的格式。也可通过【分类】框中的自定义功能自定义日期格式。

[例 2-4]

承例 2-1，将工作表的 C3 单元定义为“××××年×月”的日期格式，输入日期 20××年 2 月。

- 选择 C3 单元；
- 从【开始】选项卡下选择【单元格】-【格式】下的【设置单元格格式】命令；
- 在【数字】标签下的【分类】框中选择日期项；
- 在【类型】框中选择“××××年×月”的格式；
- 在 C3 单元输入日期 20××-2。

2.2.3 输入表头

表头信息也是文本型数据，其输入方法有两种：一是在每个单元输入正文后都按 Enter 键，再将光标移到下一单元，输入正文。二是选择单元区域，在一个单元中输入正文后，按 Enter 键，便可在该区域中的下个单元输入正文。

下面讨论第二种选择区域的输入方法。

[例 2-5]

承例 2-1，在 B4 到 E4 单元区域输入表头“项目、理想、实际、差异”。

- 选中 B4 到 E4 单元区域（单击区域的首单元 B4，拖动鼠标至区域的末单元 E4，松开鼠标，该区域变为逆显示）；
- B4 单元为激活单元，在其中输入“项目”；
- 按 Enter 键；
- C4 单元为激活单元，在其中输入“理想”；
- 按 Enter 键；
- D4 单元为激活单元，在其中输入“实际”；
- 按 Enter 键；
- E4 单元为激活单元，在其中输入“差异”；
- 输入完最后单元按 Enter 键时，第一个选中单元又成为活动单元。

用鼠标单击任意单元，便可结束区域输入。

2.2.4 输入表体固定栏目

表体固定栏目（如营业收入、营业成本等）也是文本型数据，其输入可采用上述两种方法。

通过上述步骤，我们已经定义好了财务管理工作表的格式。下面将讨论财务管理工作表中有关数据的输入和公式的建立。

2.3　输入数据及建立公式

当工作表的格式建立好之后，便可以输入数据。在财务管理工作表中有些数据是要输入的，如理想与实际营业收入、营业成本、管理及财务费用；有些数据如销售毛利、利润总额等则不需要输入，可以根据数据间的勾稽关系，通过建立公式自动计算得出。

2.3.1　输入（数值型）数据

在输入数值型数据前，先了解其表示形式，然后讨论输入方法。

1. 数值型数据的表示形式

在 Excel 中数值型数据是由 0～9，小数点，+，-，%，$ 等字符组成。它的表示形式有以下几种：

负数　　　　-189.34 或（189.34）

加美元符号　$10 000.00

加百分号　　50%

科学记数　　1.34E+6

分数　　　　$20\frac{2}{5}$（表示 20.4）

2. 数值型数据的输入方法

- 选择一个单元或单元区域；
- 直接输入数据；
- 按 Enter 键。

[例 2-6]

承例 2-1，输入理想和实际营业收入、营业成本。

- 选择 C5：D6 单元区域；
- 输入 3 000；
- 按 Enter 键；
- 输入 2 250；
- 按 Enter 键；
- 输入 4 000；
- 按 Enter 键；
- 输入 2 445。

同理，选择 C9：D10 依次输入 290，100，156，50。

2.3.2 建立公式

任何一张工作表表内数据之间都存在一定的勾稽关系，即工作表项目之间的核对关系，如毛利等于营业收入减营业成本，差异等于实际数减理想数等。在 Excel 中，表内数据之间的勾稽关系可以用公式表示。公式的定义非常简单，一次定义可以多次使用，而且数据间的勾稽关系采用自动链接方式，当源数据发生变化时，目标数据自动改变。

1. 公式的概念

单元中允许输入公式，结束输入后，单元中显示的是公式计算的结果，而存储的是公式。

(1) 公式的含义。公式以等号（“＝”）开始，后面跟一个包含数字、运算符、单元引用和函数的表达式。

(2) 公式中的运算符。公式中可以使用的运算符有：

四则运算符：＋（加），－（减），* 或×（乘），/（除），%（百分比），^（指数）。它们获得数值结果。

比较运算符：＝（等于），＞（大于），＜（小于），＞＝（大于等于），＜＝（小于等于），＜＞（不等于）。它们获得逻辑值结果，值只能为 true 或 false。

文字运算符：&（连接），它用于两个文本值的连接。数值型数值如果用于文本运算符，也将按文本型数据对待。

允许使用多层小括号，顺序为先算内层再算外层。

2. 公式的输入方法

公式的输入方法有直接键入、输入和粘贴函数相结合、输入与复制相结合等。

图 2－3 给出了公式的示例。

	A	B	C	D	E
1					
2			中财公司比较利润表		
3			20xx年2月		
4		项目	理想	实际	差异
5		营业收入（100%）	3 000	4 000	=D5-C5
6		减：营业成本（75%）	2 250	2 445	=D6-C6
7		销售毛利	=C5-C6	=D5-D6	=D7-C7
8		减：期间费用（13%）	=SUM(C9:C10)	=SUM(D9:D10)	=D8-C8
9		其中：销售费用	290	156	=D9-C9
10		管理及财务费用	100	50	=D10-C10
11		利润总额（12%）	=C7-C8	=D7-D8	=D11-C11

图 2－3 输入公式

（1）直接键入公式。选择单元或单元区域，直接输入公式。

[例 2-7]

理想销售毛利=理想营业收入－理想营业成本

在 C7 单元输入公式：=C5－C6。

按 Enter 键，计算结果显示在 C7 单元。

理想期间费用=理想销售费用＋理想管理及财务费用

在 C8 单元输入公式：C9＋C10；

或者用 SUM 函数对单元区域求和：=SUM(C9：C10)。

理想利润总额=理想销售毛利－理想期间费用

在 C11 单元输入公式：=C7－C8。

（2）输入与复制相结合。在图 2-3 中，“理想数据”间存在勾稽关系，通过一系列公式建立了这种关系。对于“实际数据”来说同样存在相同的勾稽关系。例如，销售毛利=营业收入－营业成本，但是，在工作表中由于“理想毛利”和“实际毛利”所处的单元地址不同，即列坐标不同，因此其公式是不一样的。前面讨论过，对于“实际数据”间的勾稽关系可以按直接输入和输入与粘贴函数的方法建立相应的公式，但是用此方法建立公式相对来说比较烦琐。采用输入与复制公式相结合的方法就可以轻松地解决上述问题。

输入与复制公式的方法如下：

- 选择单元或单元区域；
- 输入公式；
- 选择公式所在的单元或单元区域；
- 选择【开始】选项卡下的【复制】命令，Excel 自动把公式放在剪切板上；
- 选择要粘贴公式的单元或单元区域；
- 选择【开始】选项卡下的【粘贴】命令，Excel 根据目标单元的位置自动进行调整剪切板上的公式的单元引用后，将公式粘贴在目标单元或单元区域。

[例 2-8]

将一个单元的公式复制到另一个单元。在 C7 单元输入销售毛利的计算公式，然后将 C7 单元的公式复制到 D7 单元。

- 选择 C7 单元；
- 输入公式：=C5－C6；
- 选择 C7 单元；
- 选择【开始】选项卡下的【复制】命令；

● 选择 D7 单元；

● 选择【开始】选项卡下的【粘贴】命令，则自动调整公式中相对引用的列坐标，将公式"＝D5－D6"粘贴在 D7 单元。

将一个单元区域的公式复制到另一个单元区域。在 C8 输入计算期间费用公式、C11 单元输入计算利润总额公式，将两个公式复制到 D8，D11 单元。

● 选择 C8 单元；

● 输入公式：＝SUM(C9：C10)；

● 选择 C11 单元；

● 输入公式：＝C7－C8；

● 选择单元 C8 和 C11，即选择 C8 单元，按住 Ctrl 键，选择 C11 单元；

● 选择【开始】选项卡下的【复制】命令；

● 选择 D9 单元和 D10 单元；

● 选择【开始】选项卡下的【粘贴】命令，将公式＝SUM(D9：D10) 和公式＝D7－D8分别粘贴在 D8，D11 单元。

将一个单元的公式复制到一个单元区域。在 E5 单元输入计算营业收入差异的公式，然后将该公式复制到 E6：E11 单元区域。

差异＝实际－理想

● 选择 E5 单元；

● 输入公式：＝D5－C5；

● 选择【开始】选项卡下的【复制】命令；

● 选择 E6：E11 单元区域，即选择 E6 单元，按住鼠标左键拖动鼠标至 E11 单元；

● 选择【开始】选项卡下的【粘贴】命令，则自动调整公式中相对引用的行坐标，将 6 个公式分别粘贴在 E6：E11 单元区域。或者

● 选择 E5 单元；

● 输入公式：＝D5－C5；

● 选择 E5 单元；

● 拖动 E5 单元的拖动柄到 E11 单元，自动调整公式中相对引用的行坐标，将 6 个公式分别粘贴在 E6：E11 单元区域。

在 Excel 单元中一旦建立了公式，便建立了数据间的勾稽关系，而且这种勾稽关系采用自动链接方式。在上述实例中我们建立了一系列公式，其中"利润总额差异"E11 单元与其他单元数据间存在着如下的勾稽关系：D5，D6，D9，D10，C5，C6，C9，C10 单元的数据为源数据，C11，D11，E11 单元的数据是目标数据，当任意源数据改变时，目标单元数据将自动改变。如图 2－4 所示。

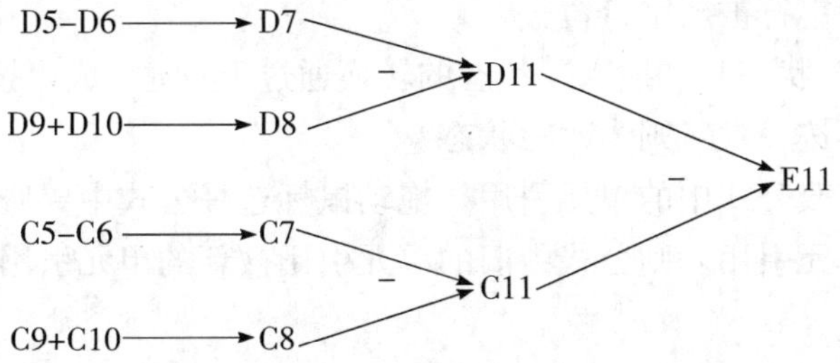

图 2－4　数据间的勾稽关系

2.4　修改工作表

一张财务管理工作表建立之后，其格式一般不变，当基本数据变化时，只需修改数据，一张新表就编制完成，即一次定义可以多次使用。但是，随着经济环境和管理要求的改变，财务管理工作表的格式、内容都可能发生变化。因此，还需要掌握如何对工作表进行修改。

2.4.1　修改某一单元内容

修改某一单元内容有两种方法。

1. 直接输入新的内容，以新代旧

对单元进行修改最简单的方法是选择要修改的单元，输入新的内容，原有的内容就会被删除，按 Enter 键后，新内容被放入该单元。

2. 对某一单元内容进行编辑

对某一单元内容进行编辑的方法是，双击某单元或按 F2 键，进入编辑状态。此时可以对单元中的内容（公式、文字、数字、引用）进行增、删、改。

进入编辑状态可以使用以下编辑键：

→←　移动一个字符

End　移到单元尾

Home　移到单元头

Esc　取消操作

进入编辑状态可以进行以下操作：

（1）插入字符。在插入状态，将光标移到需插入字符的位置，输入字符，原字符向后移。

（2）删除字符。将光标移到需删除的字符位置，用 Backspace 键删除光标前面的字符，用 Del 键删除光标之后的字符。

（3）改写（覆盖）字符。在改写状态，将光标移到需修改字符的位置，输入字符，原字符被新字符覆盖。

“改写”状态与“插入”状态的转换通过 Ins 键完成，按一次 Ins 键，为插入状态，再按一次，则为改写状态。

（4）修改公式中的单元引用。拖动鼠标选择公式中要修改的单元引用，再选择新的单元引用，则公式中旧的单元引用被新的单元引用代替，按回车键结束操作。

2.4.2 复制、粘贴、剪切、填充

1. 复制、粘贴、剪切和填充的含义

（1）复制。复制是将一单元或单元区域的全部内容（包括数值、格式、公式等）放入剪切板中，原单元或单元区域的内容保持不变。

（2）粘贴。粘贴是将剪切板上的内容粘贴在选定的单元或单元区域。粘贴又分为两种：粘贴（全部粘贴）、选择性粘贴。

粘贴（全部粘贴）是将剪切板上的全部内容粘贴到选定的单元或单元区域。

选择性粘贴是将剪切板上的内容有选择地（选择公式、值、格式等）粘贴到选定的单元或单元区域。

（3）剪切。将一选定单元或单元区域的全部内容（包括数值、格式、公式等）放入剪切板中，再将其粘贴到一新的单元或单元区域时，原单元或单元区域的内容将被放入新的单元或单元区域。

（4）填充。将单元格的内容复制到其他单元或单元区域。但是这种复制具有智能感知效果，即可以把活动单元中的数值、日期等按一定规律复制到指定单元或单元区域。

2. 复制、粘贴、剪切和填充的一般方法

Excel 提供复制、粘贴、剪切和填充的方法，主要有【开始】选项卡下的相关命令和鼠标拖动等。

（1）复制的方法。

1）拖动复制。选择某一单元或单元区域的框的一边，当鼠标指针由空心十字变为实心箭头时，说明鼠标已接触边框，拖动至一新的位置，该位置用虚线框起来，按下 Ctrl 键，此时鼠标指针变为空心箭头带一个小加号，松开鼠标，最后松开 Ctrl 键，则原单元或单元区域内容不变，并且在新位置复制了一份内容。注意当原单元或单元区域的内容为公式时，新位置也被复制了公式，但是公式中的参数将根据新位置相对于原位置的移动进行修改。

如果不同时按下 Ctrl 键，选择复制的是一个单元格而不是单元区域时，Excel 选择复制的是原单元格的内容。如果同时按下 Ctrl 键，选择复制的单元格是数值型时，Excel 复制的是原单元格的数值加 1。

2）【开始】选项卡下的【复制】命令。使用【开始】选项卡下的【复制】命令实现将一个单元或单元区域的内容复制到另一个单元或单元区域的方法是：

- 选择要复制的原单元或单元区域；
- 选择【开始】选项卡下的【复制】命令；
- 选择要复制的目标单元或单元区域的首单元；
- 按回车键或选择【开始】选项卡下的【粘贴】命令。

（2）粘贴的方法。

1）【开始】选项卡下的【粘贴】命令。使用【开始】选项卡下的【粘贴】命令将剪切板上的全部内容粘贴在选定的单元或单元区域。

2）【开始】选项卡下的【粘贴】-【选择性粘贴】命令。选择性粘贴是将剪切板上的内容有选择地（选择公式、值、格式等）粘贴到选定的单元或单元区域。

（3）剪切的方法。

1）拖动剪切（移到）。选择某一单元或单元区域的框的一边，当鼠标指针由空心十字变为实心箭头时，说明鼠标已接触边框，拖动至一新的位置，松开鼠标，则原单元或单元区域的内容被剪切下来，并移到新的位置。

2）【开始】选项卡下的【剪切】命令。使用【开始】选项卡下的【剪切】命令实现将一个单元或单元区域的内容剪切下来的方法是：

- 选择要剪切的单元或单元区域；
- 选择【开始】选项卡下的【剪切】命令，该单元或单元区域的内容被剪切到剪切板上。

若需将剪切的内容粘贴到目标单元：

- 选择目标单元或单元区域的首单元；
- 按回车键或选择【开始】选项卡下的【粘贴】命令。

（4）填充的方法。

1）拖动填充。在任一单元或单元区域的右下角都有一很小的方块，称为填充柄。用鼠标选中填充柄时，鼠标指针变为十字形状。此时开始拖动，拖动的方向只能为上、下、左、右方向上相邻的连续单元。在拖动过程中，可能选中的单元被框起来，随着拖动的进行，逐渐加长。当抬起鼠标时，确认选中的单元变为逆显示。此时被框起来的单元区域复制了若干份原内容。

Excel 的填充功能具有智能感知技术，对于单元中包含数值或日期等类型的数据，填充到其他单元或单元区域会自动递增。

[例 2-9]

如图 2-5 所示。

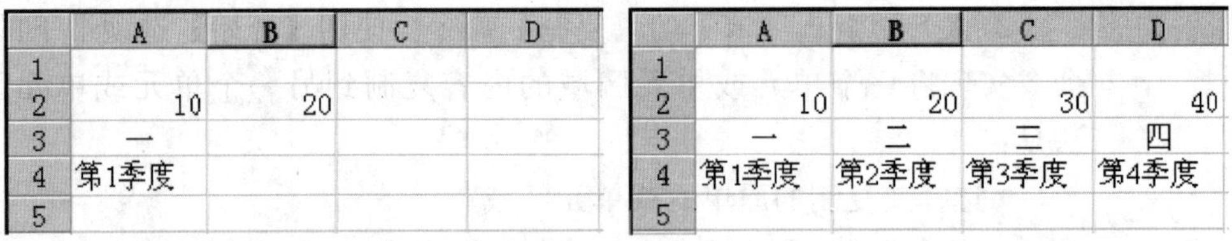

填充前　　　　填充后

图 2-5　填充实例

数字：

A2，B2单元的值分别为10，20，选中A2：B2单元区域的填充柄，拖动到C2，D2单元，其结果为30，40。

序列：

A3单元的值为一，选中A3单元的填充柄，拖动到B3，C3，D3单元区域，其结果为二、三、四。

A4单元的值为第1季度，选中A4单元的填充柄，拖动到B4，C4，D4单元区域，其结果为第2季度、第3季度、第4季度。

2)【开始】选项卡下的【填充】命令。也可以通过使用【开始】选项卡下的【填充】命令进行填充。选择【开始】选项卡下的【填充】命令，出现如图2-6所示的子菜单。

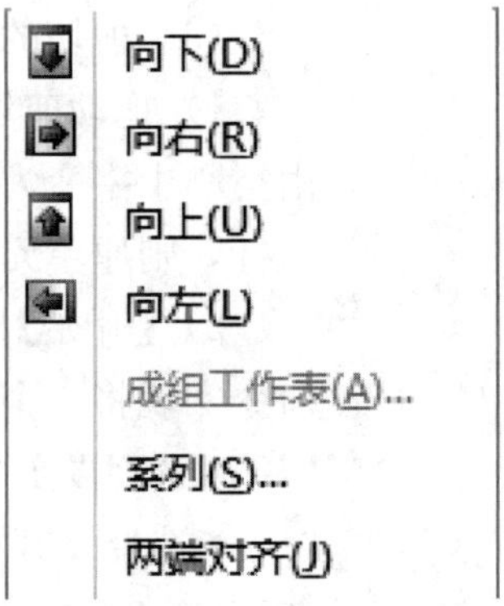

图 2-6　填充子菜单

通过选择菜单中的命令进行向下、向上、向左、向右的填充。

选择【系列】命令，出现如图2-7所示的对话框。

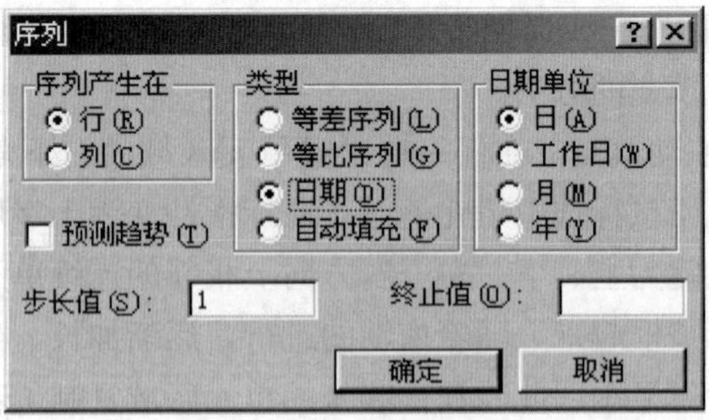

图 2-7　填充序列对话框

在【序列】对话框中选择序列产生的行、列、类型、日期单位、步长值等选项完成不同的填充。

2.4.3　插入与删除

无论在纸上做表格还是在 Excel 电子表工具上做表格，都会进行增加或删除单元、行、列等工作。但是在纸上和在 Excel 电子表上进行增、删单元或行列却有很大的差别。在 Excel 中，增加（插入）或删除一个单元、行、列后，表中已有数据要按照命令自动迁移，同时单元格公式中的引用也自动进行相应的调整和修改。插入和删除有两种方法：菜单条上的命令和快捷菜单。

1. 菜单条上的命令

（1）【开始】选项卡下的【插入】-【插入单元格】命令。用【开始】选项卡下的【插入】-【插入单元格】命令在工作表中能够插入一个单元格一行或一列，如图 2-8 所示。

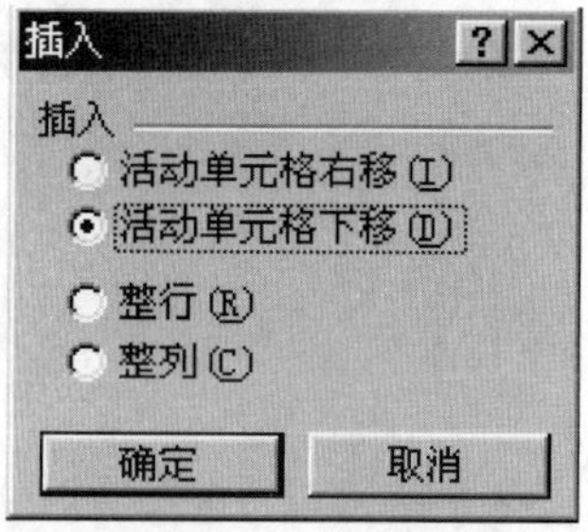

图 2-8　插入对话框

（2）【开始】选项卡下的【清除】命令。用【开始】选项卡下的【清除】命令可以按指定方式清除单元或单元区域，其子菜单如图 2-9 所示。

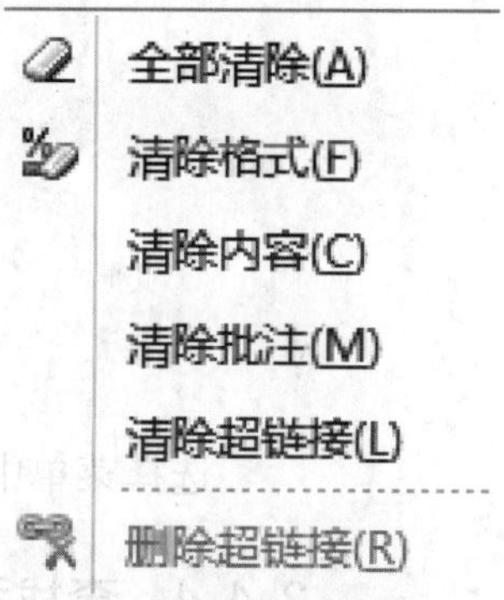

图 2-9　清除子菜单

当选择【全部清除】命令时，清除选定单元或单元区域的有关格式、内容、批注等。

当选择【清除格式】命令时，只清除选定单元或单元区域的数据格式，而保留数据。

当选择【清除内容】命令时，只清除选定单元或单元区域的内容，即使其为空白。但在输入新数据时，仍按原来格式存放。

当选择【清除批注】命令时，只清除由【审阅】菜单【新建批注】命令建立的批注。

（3）【开始】选项卡下的【删除】命令。用【开始】选项卡下的【删除】命令可以删除单元或单元区域。选择【开始】选项卡下的【删除】-【删除单元格】命令出现如图 2-10 所示的删除对话框。

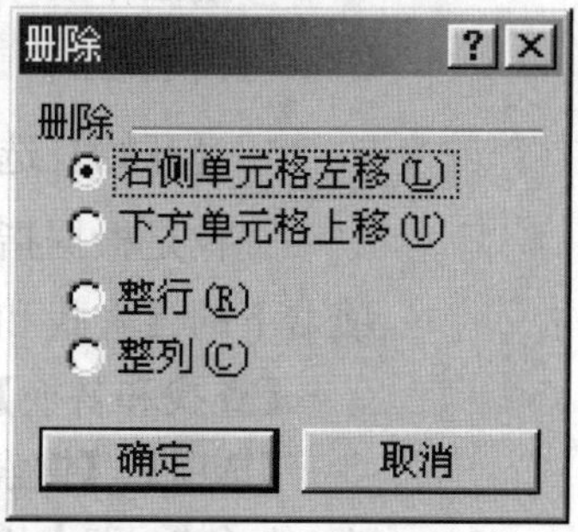

图 2-10　删除对话框

当选择【整行】时，选定单元所在的行被删除。

当选择【整列】时，选定单元所在的列被删除。

当选择【右侧单元格左移】时，选定单元或单元区域被删除，其右侧的内容填充到该区域。

当选择【下方单元格上移】时，选定单元或单元区域被删除，其下方的内容填充到该区域。

2. 快捷菜单

选择要插入、删除、清除的单元、行、列等，单击鼠标右键，出现快捷菜单，如图 2－11 所示。

图 2－11　快捷菜单

选择菜单中的命令，完成插入、删除、清除操作。

2.4.4　查找和替换

修改工作表单元的内容首先要查到该单元所在的位置，然后进行修改。Excel 提供在工作表中查找和替换单元或单元区域内容的命令。

1. 【开始】选项卡下的【查找和选择】命令

查找是根据指定内容，快速找到该内容所在单元的方法。选择【开始】选项卡下的【查找和选择】命令，出现查找对话框，如图 2－12 所示。

【查找和替换】内容框：输入要查找的内容。

【选项】-【搜索】方式框：单击箭头框出现一个下拉列表，表中有两项，一项为“按行”，即查找按一行一行进行；一项为“按列”，即查找按一列一列进行。

【选项】-【查找范围】框：单击箭头框出现一个下拉列表，表中有三项：

“公式”：对于数字、文字内容都可查找，对于公式单元，只能查公式不能查结果。

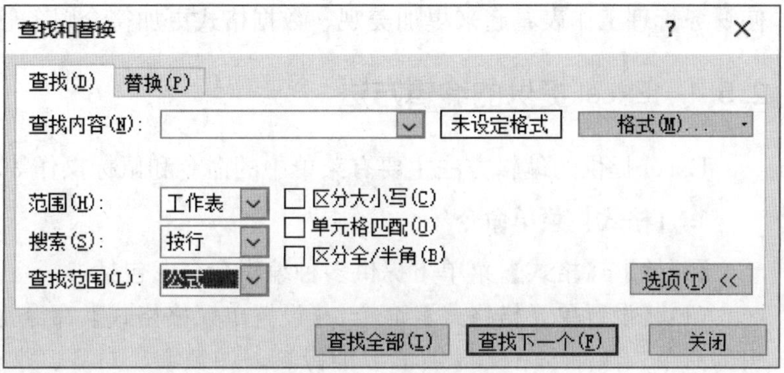

图 2-12　查找对话框

"值"：对于公式单元只能查结果不能查公式。

"批注"：查找含有批注的单元。

【查找下一个】按钮：开始查找。

2.【开始】选项卡下的【替换】命令

替换是一种快速、成批自动修改单元或单元区域内容的方法。选择【开始】选项卡下的【替换】命令，出现替换对话框，如图 2-13 所示。

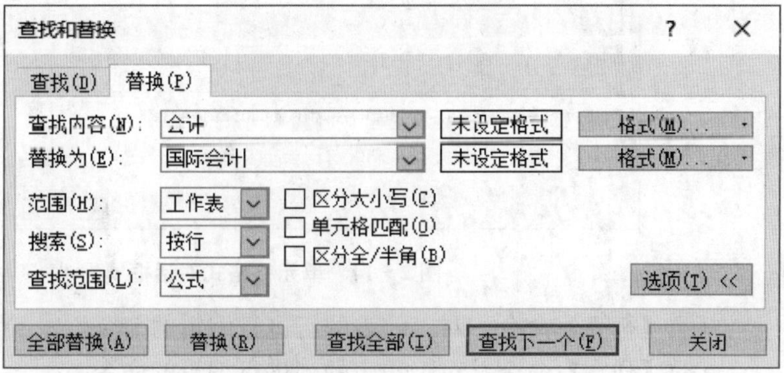

图 2-13　替换对话框

【查找内容】框：输入将被替换的旧内容。

【替换为】框：输入将替换旧内容的新内容。

【查找下一个】与【替换】按钮：两个按钮配合查一个替换一个。

【全部替换】按钮：把所有与查找内容相符的单元替换成新的内容。

2.5　编排工作表

一张工作表编制完后，还应该加以编排，调整列宽、行高、数字格式等，使财务管理工作表看起来更加美观，数据格式更加符合财务管理人员的习惯。

2.5.1 Excel 提供的编辑方法

Excel 提供的编辑方法主要有菜单中的命令和鼠标操作等。

1. 【格式】菜单命令

【开始】-【格式】菜单下提供多种编辑命令，包括：

(1)【设置单元格格式】命令。【设置单元格格式】命令是对单元格进行编辑的命令。该命令下又提供了多种标签，如数字、对齐、字体、边框、填充、保护等。财务管理人员可以使用这些标签完成报表的编辑。【格式】菜单下【设置单元格格式】命令的标签如图 2-14 所示。

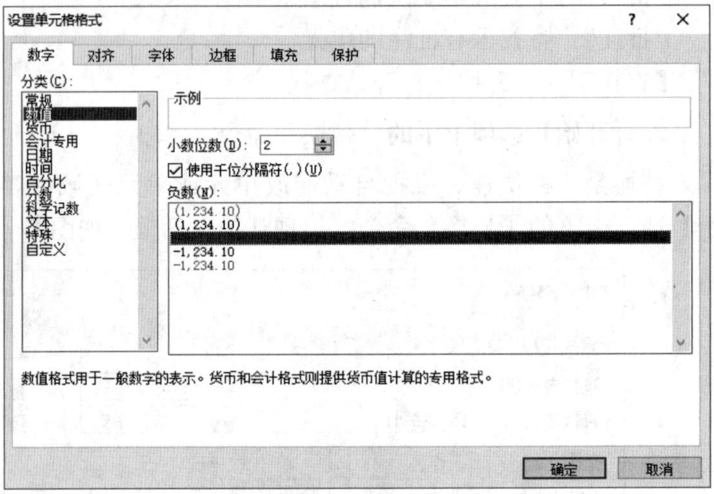

图 2-14　单元格格式对话框

(2)【行高】命令。对工作表的行进行编辑的命令。

(3)【列宽】命令。对工作表的列进行编辑的命令。

(4)【组织工作表】命令。完成对工作表重新命名、移动或者复制工作表的命令。

2. 鼠标

Excel 提供用鼠标对工作表进行编辑的功能。使用鼠标时不需要选择命令，只是用鼠标指向要编辑的对象，然后拖动鼠标完成调整行高、列宽等编辑工作。

2.5.2 对齐单元输入项

Excel 自动把正文排成左对齐，把数字排成右对齐。

改变对齐单元输入项的方法有两种：

1. 【开始】-【格式】菜单中的【设置单元格格式】命令①

【开始】-【格式】菜单中【设置单元格格式】命令下【对齐】标签中的水平对齐、垂直对齐、方向和自动换行等选择，可以改变选中单元中的数字、正文和日期的对齐状态。

2. 对齐工具

用【开始】选项卡下的【对齐方式】命令可以快速改变一个单元或单元区域的数字、正文和日期的排列。方法是先选中该单元或单元区域，然后单击左对齐工具、右对齐工具、置中对齐工具等。

2.5.3　编辑数字

Excel 提供多种数字格式，编辑数字有两种方式。

1. 【开始】-【格式】菜单中的【设置单元格格式】命令

【开始】-【格式】菜单中【设置单元格格式】命令下的【数字】标签，能够按照内部数字格式或自己的习惯格式编排数字。

内部数字格式的分类包括以下几种：

（1）数值。可以选择小数位数、是否使用千位分隔符和负数的表示方法。

（2）货币。在数值前加美元或人民币符号，如＄123。

（3）会计专用。可以选择小数位数和货币符号。

（4）日期。可以选择各种类型的日期格式，如 1997 年 3 月 4 日、1997 年 3 月、1997-3-4 等。

（5）时间。可以选择各种类型的时间格式，如 3：20，3 时 20 分。

（6）百分比。

（7）分数。如 145.5 表示为 $145\frac{1}{2}$。

（8）科学记数。

2. 数字工具

用【开始】-【数字】的格式工具可以快速改变一个单元或单元区域的数字格式。方法是先选中该单元或单元区域，然后单击美元工具、百分比工具、千位分隔工具等。

[例 2-10]

给数字单元区域编排分隔千位的逗号（,）。

选择图 2-2 的 C5 到 D15 单元区域，将理想和实际数据设置为分隔千位的

---

① 【开始】-【格式】准确的表述是：【开始】-【单元格】-【格式】，由于以下两方面原因，省略了【单元格】：一是【格式】命令在【开始】选项卡下能直接看见；二是本书大多数能直接看见的三级命令在描述时都省去了二级名称。

逗号（,）格式。

- 选择 C5：D15 单元区域；
- 单击分隔千位工具。

或者

- 选择【格式】菜单中【单元格】命令下的【数字】标签；
- 选择使用千位分隔符。

2.5.4 改变字体

字体是指在屏幕上和打印机上打印的字符样式。每种字体都有一个名称（如宋体），大小（如 12 Point）和格式（如粗体、斜体）。

1.【开始】-【格式】菜单中的【设置单元格格式】命令

【开始】-【格式】菜单中【设置单元格格式】命令下的【字体】标签，可以实现需要改变单元的字体、字形和大小。

2. 字体工具

用【开始】-【字体】的字体工具（字体字号尺寸、粗体、斜体等），可以快速改变一个单元或单元区域的字体。方法是先选中该单元或单元区域，然后单击字体工具。

2.5.5 改变单元或单元区域的颜色

Excel 提供多种颜色供单元或单元区域设置背景使用。

1.【开始】-【格式】菜单中的【设置单元格格式】命令

【开始】-【格式】菜单中【设置单元格格式】命令下的【填充】标签，可以实现需要设置单元或单元区域的颜色。

2. 颜色工具

用【开始】-【字体】的填充颜色工具可以快速改变一个单元或单元区域的颜色。方法是先选中该单元或单元区域，然后单击填充颜色工具。

2.5.6 改变字体颜色

Excel 提供多种字体颜色，使用改变字体颜色的命令或工具可以改变单元或单元区域字体的颜色。

1.【开始】-【格式】菜单中的【设置单元格格式】命令

【开始】-【格式】菜单中【设置单元格格式】命令下的【字体】标签，可以实现需要改变单元或单元区域字体的颜色。

2. 字体颜色工具

用【开始】-【字体】的字体颜色工具可以快速改变一个单元或单元区域的文字的颜色。方法是先选中该单元或单元区域，然后单击文字颜色工具。

2.5.7　重新命名工作表

一个工作簿中包含若干张工作表，每一张工作表都有一个名字，如 sheet1 就是系统给工作表赋予的名字。当工作表有了新的内容并具有特定含义时，可以对该工作表重新命名，使表的名字与内容相匹配。重新命名工作表的方法有两种。

1.【开始】-【格式】菜单中【组织工作表】命令下的【重新命名工作表】命令

该命令允许对选定的工作表重新命名，合法的名字最多由 31 个字符（包含空格）组成。

2. 双击鼠标左按钮重新命名工作表

选定需要重新命名的工作表并将鼠标指针指在该工作表名称上，双击鼠标左按钮，可以对该工作表重新命名。

2.6　绘制图表

Excel 提供了十几种不同类型的平面图和立体图，如饼图、直方图、折线图、混合图等。每种类型的图表又包含若干子类型图表以及简单的绘图方法，给财务管理人员绘制各种图表带来了极大的便利。

2.6.1　绘制图表的基本原则

绘制图表时应遵循以下原则：

1. 数据源取值原则

绘制图表前必须选择一个有效的表格数据区域。

2. 含头取值原则

在选择表格数据区域的过程中，必须遵循含头取值原则，即必须包括“上表头”“左表头”（或者其中一组表头）的信息。舍弃表头信息后的绘图结果，将无法有效地表现数据之间的关系。

3. 取值目标性原则

取值目标性原则是指根据管理目标合理地选择数据区域。因为表格数据区域存放的数据并不一定完全用于绘图分析，随意在表格中抓取数据区域绘制图表，将不能达到预期的效果。

［例 2-11］

已知中财集团销售情况分析表如表 2-1 所示。

表 2-1　　　　中财集团销售情况分析表

20××年度　　　　单位：万元

销售网点	一季度	二季度	三季度	四季度	合计
东北	2 000	1 200	1 400	1 600	6 200
西北	200	400	500	200	1 300
华东	1 500	2 000	2 100	2 600	8 200
西南	800	1 100	1 000	800	3 700
合计	4 500	4 700	5 000	5 200	19 400

管理目标：根据中财集团各销售网点、各季度销售额情况绘制分析图表。

图 2-15 根据管理目标合理地选择了数据区域，能够清楚地将管理目标表示出来。从图 2-15 中可以看出：一季度东北销售网点销售额最高，但华东销售网点除了一季度外，各季度销售额都最高。

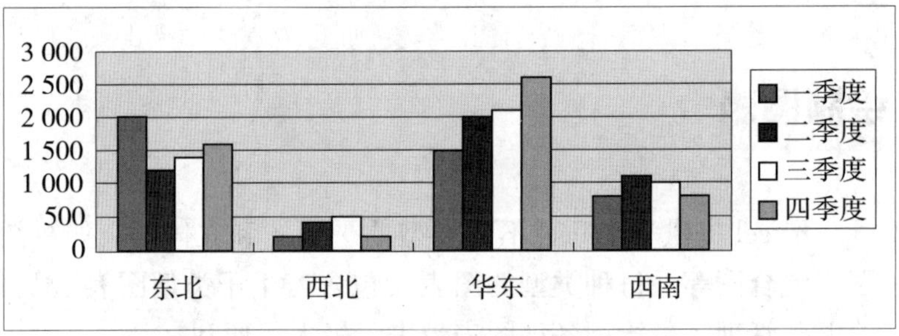

图 2-15　合理的取值范围有利于目标分析

图 2-16 没有根据管理目标合理地选择数据区域（包含合计项目），出现了一些问题：

（1）图中出现多余内容，即“合计”值远远大于各销售网点值。

（2）悬殊的数据在一张图表中同时出现，使得有些值太小而不能显示，从而不能清晰和正确地反映管理目标。

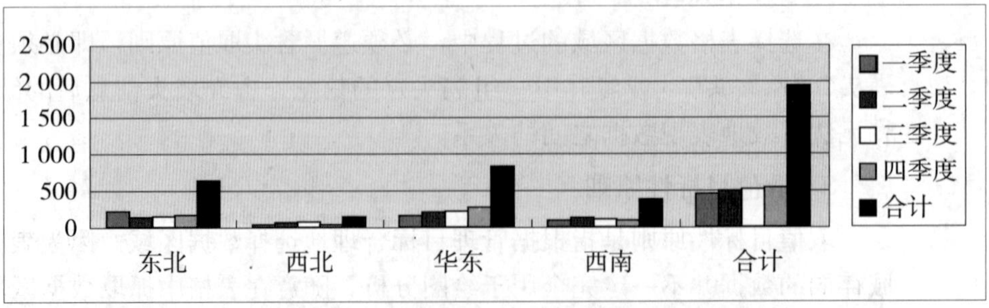

图 2-16　不合理的取值绘图不利于目标分析

图 2-17 没有根据管理目标合理地选择数据区域（包含合计项目），如果按照图中的结果，得出合计销售额占企业销售额的 50%，东北占 16%，西北占 3%，华东占 21%，西南占 10%的错误结果。

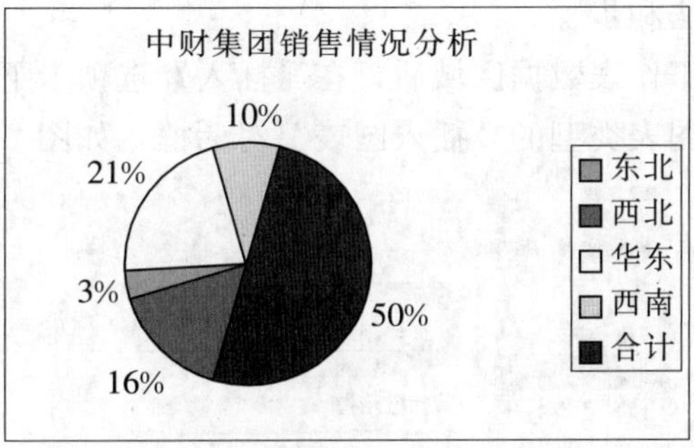

图 2-17　不合理的取值绘图得出错误的分析结果

2.6.2　选取数据区域的方法

在绘制图表前，首先在工作表中选择数据区域，该区域中的数据是绘制图表的依据。选择的区域可以是连续的，也可以是不连续的，但所选中的整个区域必须能够构成矩形。

1. 选择连续区域的方法

选择连续区域的方法是：选择区域的最左上角单元格，按住鼠标左键拖动到区域的最右下角单元，松开鼠标键，此时数据区域被选中。若想选择整个工作表区域，则单击“全选”按钮（行标与列标交叉空单元处）。

2. 选择不连续区域的方法

选择不连续区域的方法是：先选择一个区域，然后将鼠标指针移到第二个区域，按下 Ctrl 键的同时选择第二个区域，再将鼠标指针移到第三个区域，按下 Ctrl 键的同时选择第三个区域，直到不连续区域都被选中。可以选取任意区域，但是所选区域必须能够构成一个矩形。

3. 选择数据区域中第一行文字及最左列文字的意义

如果表格数据区域中第一行为文字（表头栏目），最左列为文字，财务管理人员希望把它们标在图上，则选择数据区域时应该将它们选择在内。在以行为主的图形中，第一行文字将被标示在图表的 x 轴（横轴）上，称为分类；最左列的文字代表不同的内容，被设置为不同的颜色，标示在图例中。反之，在以列为主的图形中，第一列文字将被标示在图表的 x 轴（横轴）上，称为分类；第一行的文字代表不同的内容，被设置为不同的颜色，标示在图例中。

2.6.3 图表绘制的方法

下面我们以中财集团销售数据为基础数据源，讨论使用“图表向导”创建图表的方法和步骤。

选择工作表数据区域后，在【插入】选项卡下选择【图表】命令，屏幕上出现选择图表类型的“插入图表”对话框，如图2-18所示。

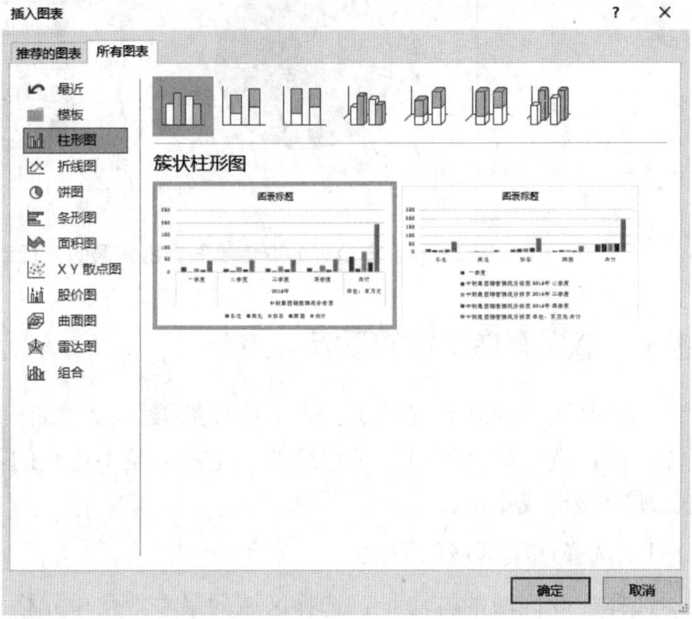

图2-18 选择图表类型

该对话框左侧是图表类型列表栏，列出了多种图表的类型。当选中某种类型的图表时，对话框的右面部分就显示相应的子类型及示意图，单击你要选择的子类型示意图。本例中选择了柱形图的第一个子类型。

单击【确定】按钮，生成相应数据区域的图表。选中“中财集团销售情况分析表”表体区域后，选择第一个图表类型，生成对应图表，如图2-19所示。

2.6.4 编辑图表

软件自动绘制的图表有时并不令人满意，需要对其进行移动、缩放、复制与删除、修改等编辑。在编辑过程中，很多操作与图的部位有关，如选择整个图表，操作的对象是整个图表；选择图表的某个成分（图项），操作对象是某个成分，如一个坐标轴、一个图例等。

编辑图表的方式包括【图表工具】菜单和快捷菜单的各项编辑功能。【图表工具】包括【设计】、【布局】和【格式】三个选项卡。

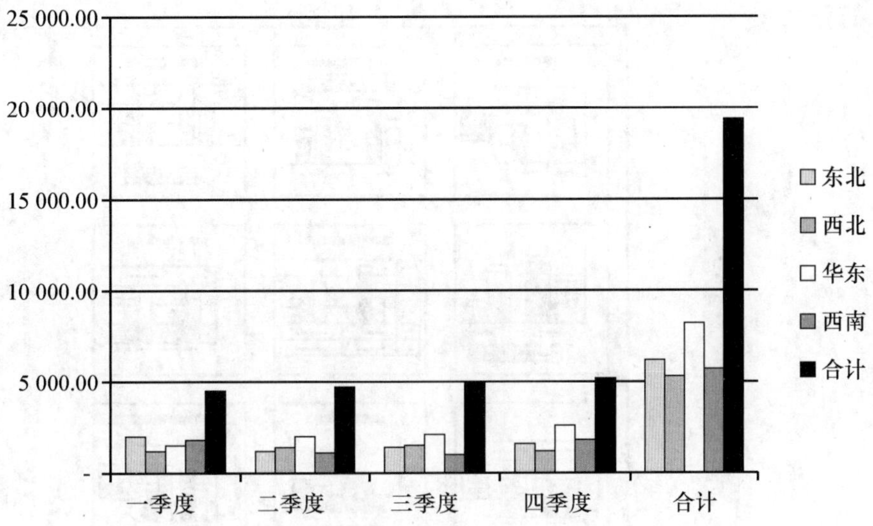

图 2－19　中财集团销售情况分析图

1. 图表设计

【设计】选项卡包括【选择数据】、【图表布局】、【更改图表类型】、【图表样式】和【移动图表】等命令。

（1）【选择数据】命令。【选择数据】命令可以更改图表数据区域，如图 2－20 所示，通过【选择数据源】对话框可以编辑图表数据区域。执行【切换行/列】命令，可以调换横坐标和纵坐标。【图例项】可以添加、删除图例或者修改图例名称，【水平（分类）轴标签】可以编辑水平轴坐标刻度名称。

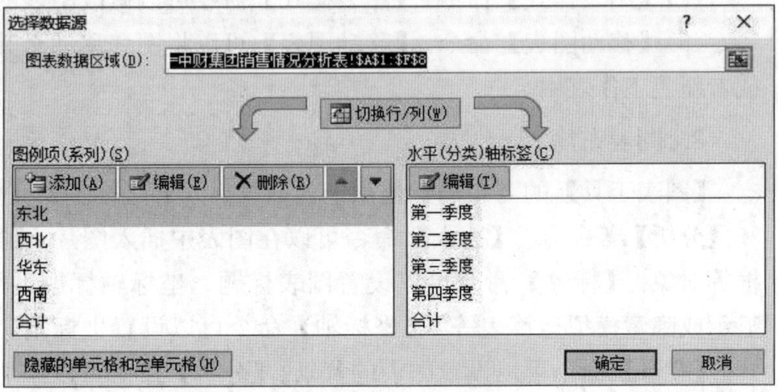

图 2－20　选择数据源

（2）【图表布局】命令。【图表布局】命令设置图表标题、横坐标名称和纵坐标名称，如图 2－21 所示。

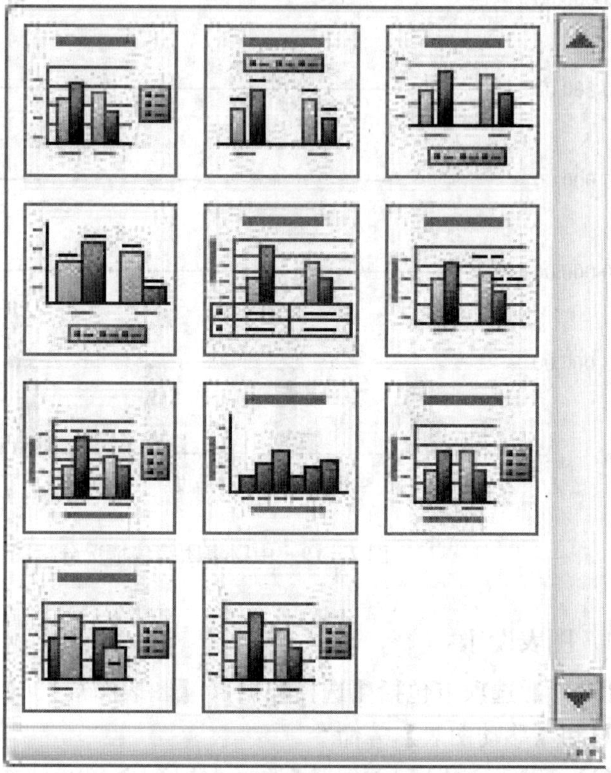

图 2-21　设置图表布局

（3）【更改图表类型】命令。如果对已选图表类型不满意，可以使用此命令选择其他图表类型。

（4）【图表样式】命令。【图表样式】命令可以修改图表的颜色。

（5）【移动图表】命令。【移动图表】可以将图表移动至其他已有工作表中或者新建工作表中。

2. 图表布局

【图表工具】的【布局】选项卡包括【插入】、【标签】、【坐标轴】、【背景】和【分析】等命令。【插入】命令可以在图表中插入图片、绘图形状以及文本框等对象。【标签】命令可以设置图表标题、坐标轴标题、图例、数据标签、显示或隐藏模拟运算表等。【坐标轴】命令可以设置坐标轴、网格线的显示方式。【背景】命令可以设置图表的背景。【分析】命令可以添加图形的趋势线和误差线等。

3. 图表格式

【图表工具】的【格式】选项卡可以设置其形状样式、艺术字样式、对齐和组合等排列方式、高度和宽度等大小信息。

4. 编辑图表的快捷菜单

当要编辑的图表对象被选中或激活时，便可以对其进行编辑。此时单击鼠标右键，弹出快捷菜单，如图 2－22 所示。

(1)【设置图表区域格式】命令。选择该命令会出现一个“设置图表区域格式”对话框，设置对象的填充颜色、边框颜色、边框样式、大小等属性。

图 2－22　编辑图表的快捷菜单

(2)【剪切】与【粘贴】命令。把选中的图表对象剪切下来，存入剪切板，用【粘贴】命令将该对象粘贴到其他位置，完成移动操作，原图表被删除。

(3)【复制】与【粘贴】命令。将选中的图表对象复制到剪贴板，用【粘贴】命令将该对象粘贴到其他位置，完成复制操作，原图表保留。

(4)【指定宏】命令。使用该命令可以将该对象与一宏程序相链接。

(5) 使用快捷功能还可以更改图表类型、图表数据源以及将图表移至其他工作表中。

2.6.5　利用图表进行分析

很大程度上图表的作用是将那些管理过程中看似模糊的东西，以可视的状态展现在管理者面前，以增强管理的可视性和可预测性。

Excel为图表分析提供了两种常规技术，即图表转置和图表类型变换技术。

1. 利用图表转置（【切换行/列】命令）从不同的视角分析

以中财集团销售情况分析表作为基本数据源，选择销售数据绘制分析图表，得到图2-23（a）、图2-23（b）。

图2-23（a）从时间的角度，分析在某一特定时期不同网点之间销售额的高与低。

图2-23（b）从销售网点的角度，分析某一特定的销售网点不同时期的销售情况。

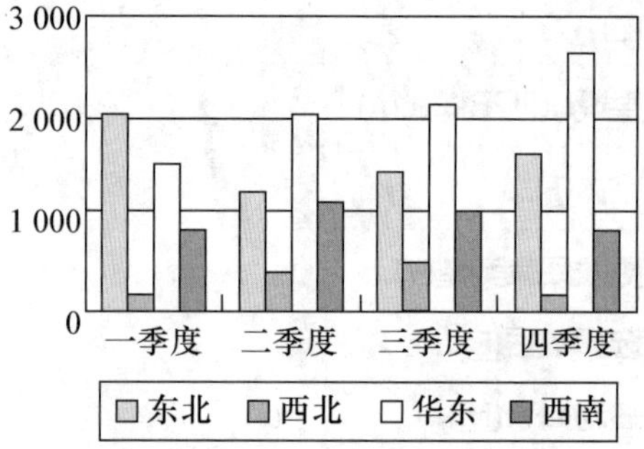

图2-23（a） 从时间角度分析

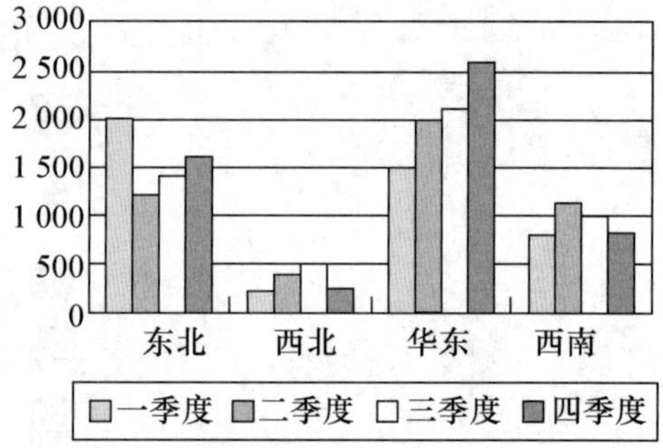

图2-23（b） 从销售网点角度分析

从管理者的角度看，上述分析是从不同角度审视同一组数据。一个好的管理者能够利用数字化管理，通过不同侧面的描述、按不同目标整理和挖掘数据间的关系，实现有效的管理。

2. 灵活应用图表类型进行多视角分析

Excel提供了大量的图表类型，管理者可以通过合理地使用图表类型建立分析图表，发现数据间存在的问题。也就是说，按照不同的管理目标，管理者可以提炼出不同的表现形式。

下面仍以上例的数据为数据源，讨论如何灵活应用图表类型。

（1）管理目标1——按销售网点分析其销售额的变化趋势。选择折线图表类型，绘制分析图2-24。

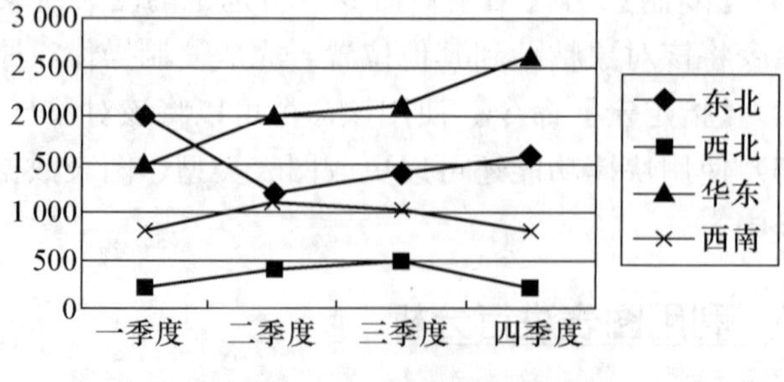

图2-24 折线图分析

图 2-24 可以清楚地展现各销售网点的销售趋势：西北和西南网点二、三季度销售情况有所上升，但四季度又有下降的趋势；东北网点虽然二季度销售额下降到最低点，但三、四季度逐步上升；华东网点销售情况最好，一直稳步上升。

(2) 管理目标 2——对比各销售网点的销售业绩（包括各季度和总销售额）。选择堆积柱形图，绘制分析图 2-25。

图 2-25 可以清楚地表现出各销售网点各季度的销售情况和总销售额；同时可以看到华东销售网点销售业绩最好。也可以进行图表转换，了解哪个季度销售情况最好。

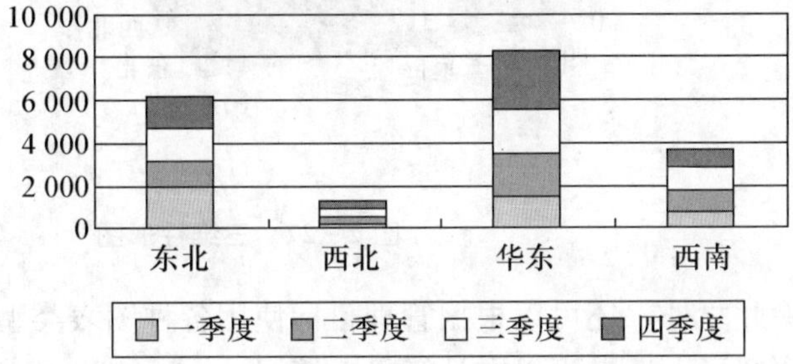

图 2-25　堆积柱形图

(3) 管理目标 3——分析各销售网点年销售额在集团所占的百分比。选择饼图，绘制分析图 2-26。

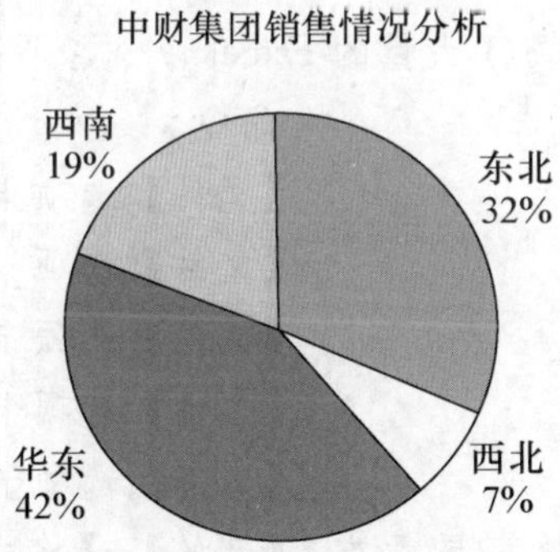

图 2-26　饼图

该图可以清楚地展现各销售网点年销售额占集团总销售额的比例，其中华东销售网点占 42%。此外可以进行图表转换，得到各季度占全年销售的百分比。

(4) 管理目标 4——用三维图形展示销售情况，绘制分析图 2-27。

通过三维立体图，管理者可以更加清楚、透彻地从细微之处分析销售业绩。此外，将鼠标移动到图中的任意一个“角点”上，单击鼠标则显示十字光标，此光标可以用于旋转三维图形，管理者可以通过仰视、俯视、平视等多视角分析销售业绩。

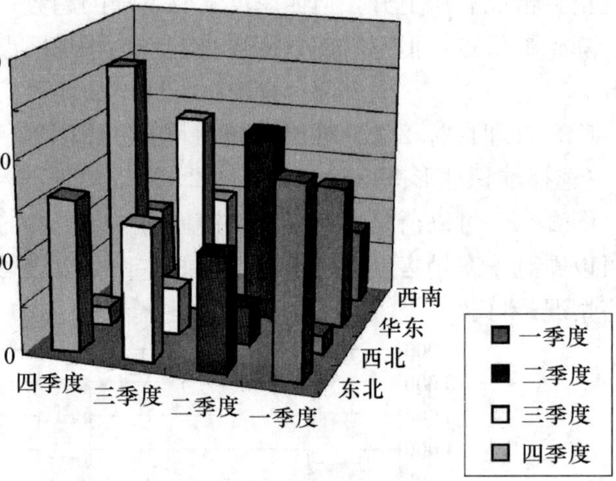

图2-27　三维柱形图

除此之外，还可以根据管理目标使用各种图表类型绘制分析图表，在此不一一介绍了，读者可以在计算机上练习。

本章小结

本章我们学习了大量的Excel命令，下面将这些命令总结如下：

功能和操作	**命令**
1. 打开文件	【文件】选项卡下的【打开】命令
2. 建立新文件	【文件】选项卡下的【新建】命令
3. 保存文件	【文件】选项卡下的【保存】或【另存为】命令
4. 关闭文件	【文件】选项卡下的【关闭】命令
5. 退出Excel	【文件】选项卡下的【退出】命令
6. 定义单元格数字显示方式，如数值、货币、会计专用、日期、时间、百分比、科学记数等多种显示格式	【开始】-【格式】菜单中【设置单元格格式】命令下的【数字】标签
7. 对齐选定单元的内容	【开始】-【格式】菜单中【设置单元格格式】命令下的【对齐】标签
8. 编辑单元格中文字的字体、字形、大小、颜色等	【开始】-【格式】菜单中【设置单元格格式】命令下的【字体】标签

9. 增加或取消单元格的边框线	【开始】-【格式】菜单中【设置单元格格式】命令下的【边框】标签
10. 编辑单元格背景的颜色	【开始】-【格式】菜单中【设置单元格格式】命令下的【填充】标签
11. 调整工作表的行高	【开始】-【格式】菜单中【行高】命令
12. 调整工作表的列宽	【开始】-【格式】菜单中【列宽】命令
13. 对工作表重新命名	【开始】-【格式】菜单中【组织工作表】命令
14. 复制	【开始】选项卡下的【复制】命令
15. 剪切	【开始】选项卡下的【剪切】命令或工具栏中的剪切工具
16. 粘贴	【开始】选项卡下的【粘贴】命令或工具栏中的粘贴工具
17. 选择性粘贴	【开始】-【粘贴】选项卡下的【选择性粘贴】命令
18. 填充	【开始】选项卡下的【填充】命令
19. 清除单元或单元区域内容	【开始】选项卡下的【清除】命令
20. 删除单元或单元区域内容	【开始】选项卡下的【删除】命令
21. 查找工作表单元内容	【开始】【查找和选择】选项卡下的【查找】命令
22. 替换工作表单元内容	【开始】-【查找和选择】选项卡下的【替换】命令
23. 插入单元格	【开始】-【插入】-【插入单元格】命令
24. 插入列	【开始】【插入】-【插入工作表列】命令
25. 插入行	【开始】-【插入】-【插入工作表行】命令
26. 插入图表	【插入】选项卡下的【图表】命令

习　题

1. 建立一个新工作簿，并将其以 cwgl2－1. xlsm 的名字保存在 C 盘 cwgl 目录中。

在 cwgl2－1. xlsm 工作簿中选择 sheet1 工作表，设计如图 2－28 所示的销售情况分析表。

对该表进行编辑，即设置标题、表头、表体等的底色、字体颜色、字号大小、格式等。

	A	B	C	D	E	F
1						
2			中财集团情况表			
3			20××年		单位：万元	
4	销售网点	一季度	二季度	三季度	四季度	合计
5	东北	5	8	7	10	30
6	西北	8	12	14	20	54
7	华北	13	14	16	8	51
8	西南	8	11	10	8	37
9	合计	34	45	47	46	172

图 2-28　销售情况表

2. 建立一个新工作簿，将其以 cwgl2-2. xlsm 的名字保存在 C 盘 cwgl 目录中。

在 cwgl2-2. xlsm 工作簿中选择 sheet1 工作表，设计如图 2-29 所示的资产负债表结构，建立单元格之间的关系。对该表进行编辑，即设置标题、表头、表体等的底色、字体颜色、字号大小、格式等。

	A	B	C	D	E	F
1			ABC公司资产负债表			
2			20××年4月30日			
3	资产	年初数	年末数	负债及所有者权益	年初数	年末数
4	货币资金			短期借款		
5	短期投资			应付账款		
6	应收账款净额			应交税金		
7	存货			应付工资		
8	流动资产净额			流动负债合计		
9	长期投资			长期借款		
10	固定资产净值			应付债券		
11	无形资产			长期负债合计		
12	其他资产			实收资本		
13				盈余公积		
14				未分配利润		
15	长期资产合计			所有者权益合计		
16	资产合计			负债及所有者权益合计		

图 2-29　资产负债表结构图

3. 掌握【开始】菜单的命令，并上机练习：

【复制】和【粘贴】命令

【剪切】和【粘贴】命令

【选择性粘贴】命令

【填充】命令

【清除】命令

【查找和选择】命令

【插入】命令

4. 在工作表中建立统计表（见表 2-2）。

国盛公司费用统计表

表 2-2　　20××年　　单位：元

费用	一季度	二季度	三季度	四季度	合计
直接人工	15 000	20 000	20 000	40 000	95 000
直接材料	30 000	30 000	40 000	40 000	140 000
其他费用	15 000	12 000	14 000	11 000	52 000

根据该表绘制饼图、直方图、折线图、面积图等图表。

5. 根据所学知识，举例说明哪些财务管理问题用雷达图能够清晰表达其内涵或便于多角度分析。

6. 举例说明所学知识中哪些问题能用 xy 散点图、面积图、气泡图表达其内涵或便于多角度分析。

第 3 章

财务分析模型

学习目标

财务报表分析又叫财务分析，是应用财务报表数据进行汇总、计算、对比，研究和评价企业过去和现在的财务状况、经营成果以及今后发展趋势的一种重要方法。财务报表分析对企业投资人、贷款人和管理者来说，都是至关重要的。本章在介绍财务报表分析的目的和方法等理论知识的基础上，着重讨论应用 Excel 自动获取数据的方法，以及建立财务比率分析模型、趋势分析模型和综合分析模型的方法。学完本章后应该掌握：

- 财务分析的目的和方法
- 自动获取数据的方法
- 比率分析模型的设计方法
- 趋势分析模型的设计方法
- 综合分析模型的设计方法

3.1 财务分析概述

财务分析是以企业的财务报表等资料为基础，对企业财务活动过程进行研究和评价，以分析企业在生产经营过程中的利弊得失、财务状况及发展趋势，为评价和改进财务管理工作，以及未来进行经济决策提供重要的财务信息。

3.1.1 财务分析的目的

财务分析对企业投资人、贷款人和管理者来说，都是至关重要的。不同人员进行财务分析的目的是不同的，归纳起来，主要有以下几种。

1. 评价企业的财务状况

通过对企业的财务报表等核算资料进行分析，可以了解企业资产的流动性、负债水平以及偿还债务的能力，从而评价企业的财务状况和经营风险，为企业管理者、投资者提供财务信息。

2. 评价企业的资产管理水平

企业的生产经营过程就是利用资产取得收益的过程，资产是企业生产经营活动的经济资源，资产的管理水平直接影响到企业的收益，体现企业的整体素质。进行财务分析，可以了解企业的资产管理水平、资金周转状况，为评价企业经营管理水平提供依据。

3. 评价企业的获利能力

获取利润是企业的主要经营目标，也反映了企业的综合素质。企业要生存和发展，必须努力获取较高的利润，这样才能在竞争中立于不败之地。投资人和债权人都十分关心企业的获利能力，这可以提高企业偿还债务的能力和企业信誉。

4. 评价企业的发展趋势

无论是企业的经营管理者，还是投资者、债权人，都十分关心企业的发展趋势，这关系到他们的切身利益。通过对企业进行财务分析，可以判断企业的发展趋势，预测企业的经营前景，从而避免决策上方向性的错误带来的重大损失。

3.1.2 财务分析的方法

财务分析方法很多，常用的有：

1. 比率分析

比率分析是将财务报表中的有关项目进行对比，得出一系列财务比率，以揭示企业的财务状况。

2. 趋势分析

趋势分析是将企业本期的财务状况同以前不同时期的财务状况进行对比，从而揭示企业财务状况变动趋势。

3. 综合分析

综合分析是将各种财务指标放在一起分析，以便了解企业财务状况全貌。综合分析方法主要有财务比率综合分析和杜邦分析。

3.1.3 财务分析的数据源

财务分析的数据源有两类：企业数据源和社会数据源，如图3-1所示。

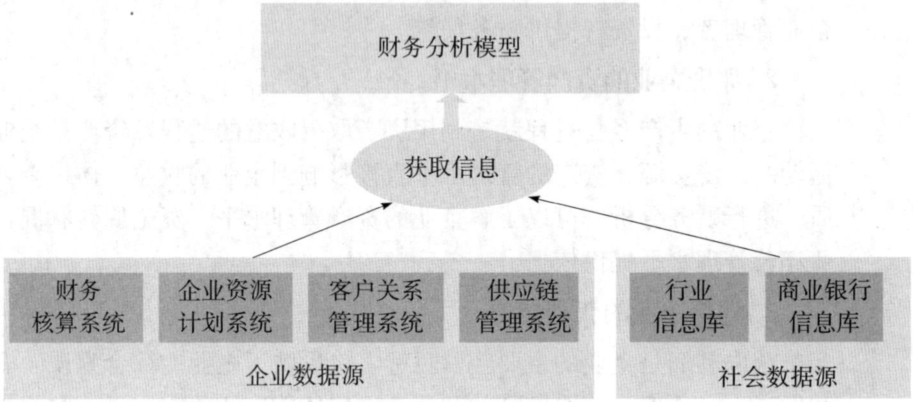

图3-1 财务分析的数据源

1. 企业数据源

财务分析是以本单位会计核算资料为基础，通过提取、加工和整理会计核算数据，生成财务分析所需的财务报表，再对其进行加工、整理，得出一系列科学、系统的财务指标，以便进行比较、分析和评价。因此，本单位管理信息系统（如企业资源计划系统、客户关系管理系统等）提供的数据集是财务分析的数据源。

就我国管理信息系统的实施情况看，各企业不尽相同。有的单位只建立了财务系统，有的单位建立了企业资源计划系统（包括总账、应收、应付、存货等），有的单位建立了客户关系管理系统、供应链管理系统等。因此，单位信息系统实施的程度不同，将导致财务分析数据源提供的数据丰富程度不同。

2. 社会数据源

财务分析除了需要获取本单位的数据外，还需要获取本单位之外的数据，如同行业主要经营信息、商业银行信息等。在本单位数据之外，可供财务分析使用的数据源，称为社会数据源。

从财务分析的角度看，无论本单位的数据源还是社会数据源都是财务分析的基础数据源，只有数据源提供最基础的数据，才能使财务分析成为可能；从财务分析模型角度看，这些数据源的数据都是财务分析模型以外的数据，如何从这些外部数据源中获取数据，并将这些数据为财务分析模型所用，是应用财务分析模型时的一个关键问题。

3.1.4 财务分析模型

将计算机技术和财务分析方法相结合建立财务分析模型是本章讨论的重点。计算机财务分析模型能够帮助管理者在计算机环境中及时、准确地采集财务分析所需的数据并生成财务报表，根据比率分析模型、趋势分析模型、综合分析模型等对企业财务活动的过程进行研究和评价，分析企业在生产经营过程中的利弊得失、财务状况及发展趋势，为评价和改进财务管理工作提供帮助。

管理者进行财务分析时，就会运行财务分析模型。不同的财务分析者进行财务分析的目标、内容不同，财务分析模型的功能也不相同。图 3－2 给出了财务分析模型的基本功能。

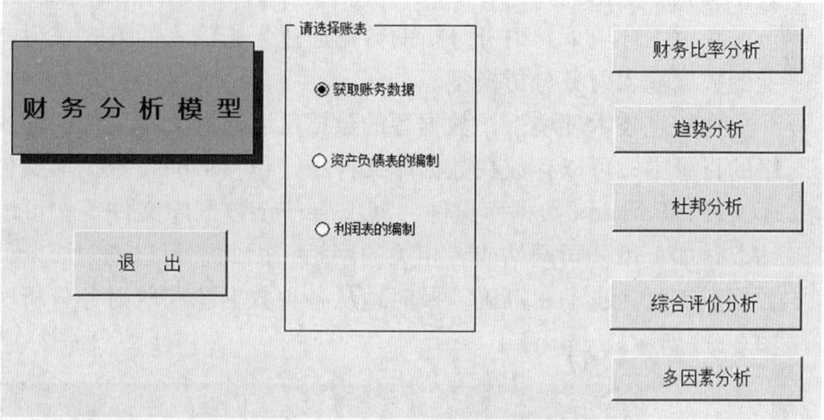

图 3－2　财务分析模型的基本功能

财务分析模型的基本功能如下：

（1）财务数据的获取与更新。当管理者点击【获取账务数据】按钮时，计算机自动从外部财务数据库获取数据，为编制报表提供基础。

（2）资产负债表的编制。以账务数据为基础，根据资产负债表的编制原理，编制资产负债表。

（3）利润表的编制。以账务数据为基础，根据利润表的编制原理，编制利润表。

（4）比率分析。当管理者点击【财务比率分析】模型宏按钮时，计算机将财务报表中的有关项目进行对比，自动得出一系列财务比率，以此揭示企业财务状况。

（5）趋势分析。当管理者点击【趋势分析】模型宏按钮时，计算机将给出包含数字和图表的企业趋势分析结果。

（6）杜邦分析。当管理者点击【杜邦分析】模型宏按钮时，计算机将给出利用杜邦分析方法得出的综合分析图。

（7）综合评价分析。当管理者点击【综合评价分析】模型宏按钮时，计算机将给出综合评分标准表和企业财务情况评分表，以此揭示企业的整体财务情况。

下面将讨论建立财务分析模型所需的技术和方法。有关宏程序和宏按钮的内容，将在第9章进行详细讲解。

3.2 获取数据的方法

财务分析模型包括比率分析、趋势分析、综合分析等。从财务分析模型角度来看，无论比率分析、趋势分析还是综合分析，都需要从企业数据源和社会数据源获取数据。

在手工环境下，财务分析的数据通过人工输入的方式获得，即将会计账簿上的数据输入财务分析模型。

在信息技术环境下，数据源的数据可以通过文本文件的形式存放在企业网络的目录中；可以存放在数据库文件中，包括Dbase数据库文件、Oracle数据库文件、Paradox数据库文件、SQL server数据库文件等；可以存放在专业网站上，如上市公司网站或者相关的网站。因此，可以通过Excel的【获取外部数据】工具，自动、准确、及时地从各种数据源获取财务分析所需的数据，如图3-3所示。

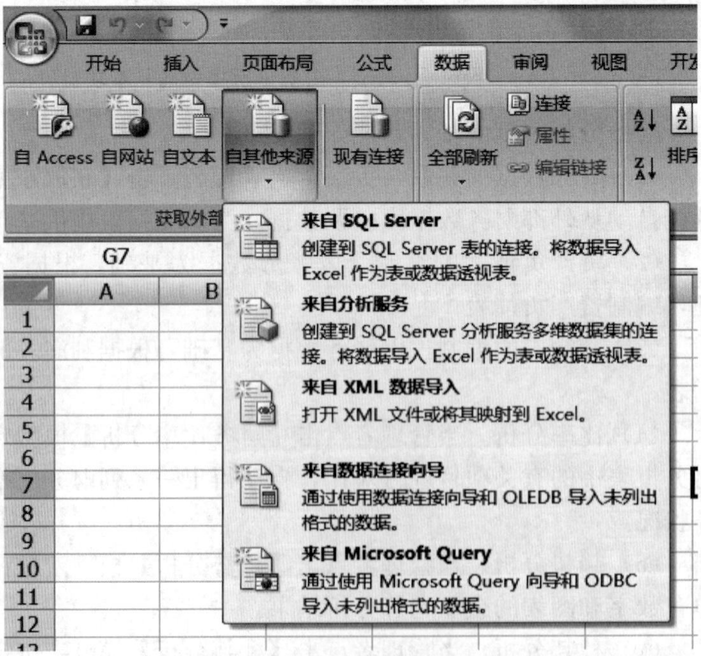

图3-3　Excel自动获取数据的方法

3.2.1　从文本文件中获取数据

将外部数据导入 Excel 工作表最简单的办法是从网络中的某个目录中查询到文本文件，然后让 Excel 对这些源文件进行必要的转换以重定格式。

例如，从 C:\cwgl\AAA. txt 文件中获取债券利率的历史资料。

1. 选择文本文件

选择【数据】选项卡的【自文本】命令，从 C:\ cwgl 下选择 AAA. txt 文件，Excel 将自动打开"文本导入向导"，如图 3－4 所示。Excel 还会判断文件中的原始数据类型是固定宽度，还是用逗号或者其他分隔符号分隔。如果 Excel 的判断不是最合适的，可以手动选择文件类型。

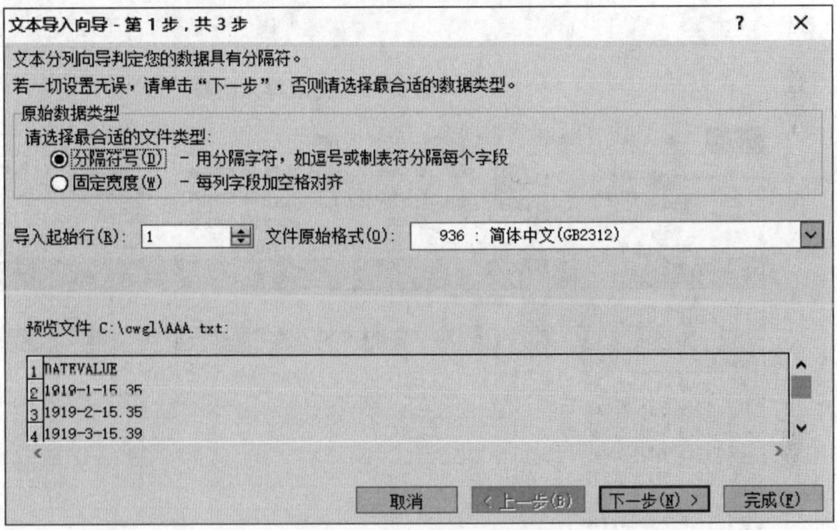

图 3－4　获取文本数据

进入下一步后，Excel 会检查文本文件的待导入部分，并且自动探测出字段或者变量间的间距。数据预览会用垂线显示出计划分割各行的位置。通常，Excel 的自动设置是合适的，继续进行下一步即可。文本输入向导的最后一步允许按列设置数据格式。我们导入的数据每行有两种变量：每月月初的日期和那一天 AAA 债券的利率。可以保留利率的"常规"格式，但是我们多半会指定第一列为日期，并把它设为年-月-日格式，如图 3－5 所示。

2. 数据返回 Excel 文件

完成了对日期格式的更改，点击【完成】，即经过文本导入向导的三个步骤后，数据将在一个新的工作表中展现，如图 3－6 所示。

注意：此处应选择"【文件】-【另存为】"，这样可以将文件保存为 Excel（"xlsm"）形式；否则 Excel 将把文件按照最初的扩展名（本例中为"txt"）保存，而这将导致你在工作簿中所做的格式设置或者分析丢失。

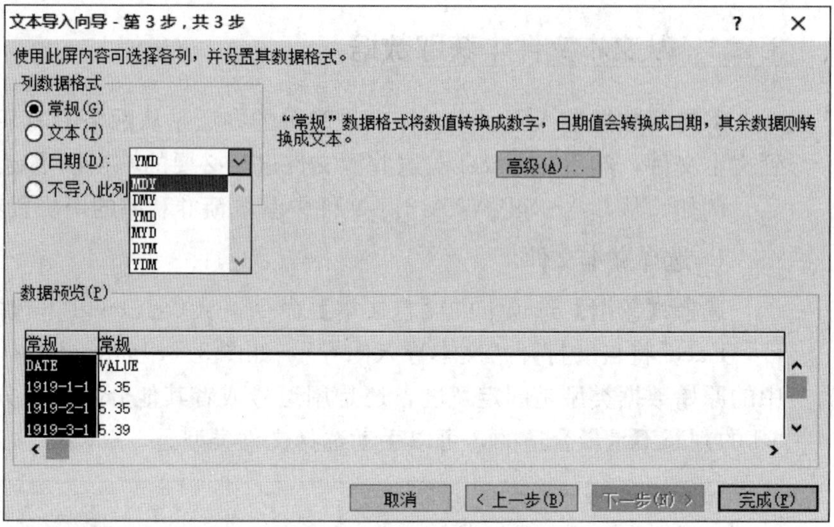

图 3-5　文本导入向导

图 3-6　文本数据获取成功

3.2.2　从 Access 中获取数据

财务报表分析所需的大部分数据是从会计核算数据源获取的。如财务报表中，现金、应收账款、存货等账户的年初年末数都可以从会计核算数据源的总账中提取。对于手工会计核算数据源，财务管理人员从总账中摘取所需数据，并通过手工键入数据的方式，将数据填入财务报表；对于会计核算数据源，财务管理人员可以应用各种方法，直接在会计核算数据源的多种数据库中检索数据，并直接返回财务报表分析模型中，为财务分析服务。下面讨论在 Excel 中利用 Access 从外部数据库获取会计核算数据的技术和方法。

会计核算数据源的数据一般以一定的组织形式存放于多个数据库文件中，

如总账数据库文件（zz. mdb）存放会计核算总账数据，凭证数据库文件（pz. mdb）存放会计核算所需的凭证数据等。

在基于 Excel 的财务分析模型中，从会计核算数据源的数据库文件中获取数据的方法如下：

1. 在包含资产负债表等财务报表的工作簿中增加一张新工作表并命名

（1）选择【文件】选项卡下的【打开】命令，选择在第 2 章建立的包含财务报表的工作簿 cwgl2－2. xlsm 重命名为“cwgl0－3. xlsm”；

（2）选择【开始】-【插入】选项卡下的【插入工作表】命令增加一张空工作表，准备存放会计核算数据源的总账数据库文件（zz. mdb）的数据；

（3）单击鼠标右按钮，从快捷菜单上选择【重命名】命令，把该空白表改名为 ZZ；

（4）将活动单元变为 A1 单元。

2. 自 Access 获取数据

选择【数据】选项卡下的【自 Access】命令，屏幕上显示“选择数据源”对话框，如图 3－7 所示。

图 3－7　选择数据库

从驱动器列表下、目录列表下、文件名列表下依次选择会计核算数据库文件所在驱动器、目录，最后选择数据库文件。如会计核算数据源的总账数据库文件（zz. mdb）在 C：\ cwgl 目录下，单击【打开】按钮，此时出现如图 3－8 所示的数据结果。

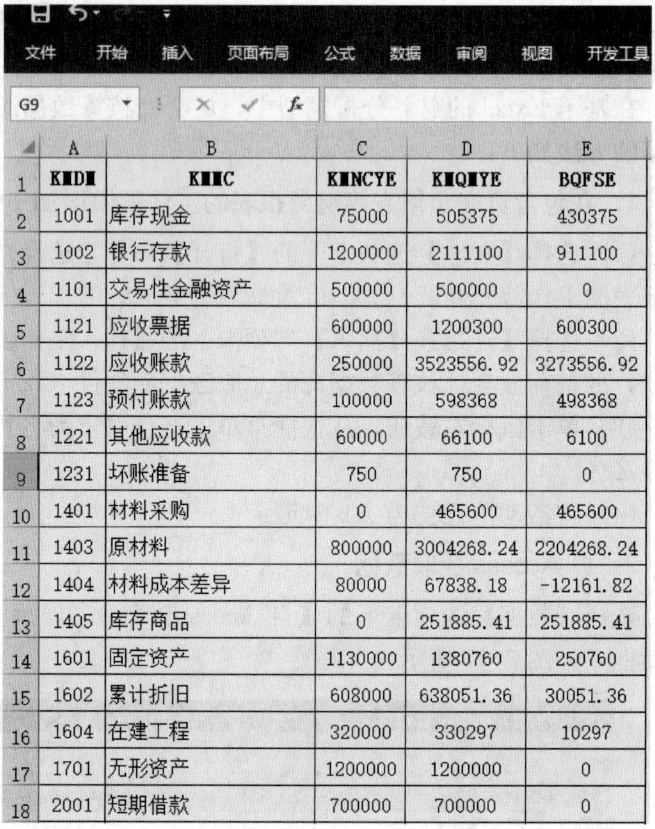

	A	B	C	D	E
1	KMDM	KMMC	KMNCYE	KMQMYE	BQFSE
2	1001	库存现金	75000	505375	430375
3	1002	银行存款	1200000	2111100	911100
4	1101	交易性金融资产	500000	500000	0
5	1121	应收票据	600000	1200300	600300
6	1122	应收账款	250000	3523556.92	3273556.92
7	1123	预付账款	100000	598368	498368
8	1221	其他应收款	60000	66100	6100
9	1231	坏账准备	750	750	0
10	1401	材料采购	0	465600	465600
11	1403	原材料	800000	3004268.24	2204268.24
12	1404	材料成本差异	80000	67838.18	-12161.82
13	1405	库存商品	0	251885.41	251885.41
14	1601	固定资产	1130000	1380760	250760
15	1602	累计折旧	608000	638051.36	30051.36
16	1604	在建工程	320000	330297	10297
17	1701	无形资产	1200000	1200000	0
18	2001	短期借款	700000	700000	0

图3-8 数据获取结果

3. 应用动态数据链接技术完成财务报表数据的采集工作

通过上述方法，将会计核算数据源的数据抓取到财务分析模型中，会计核算数据源与财务分析模型就建立了链接。下面讨论如何以这些数据为基础，应用Excel工作簿内工作表之间的数据动态链接技术，建立总账工作表与资产负债表之间的数据链接，完成财务报表数据采集工作。在Excel中，工作簿内和工作表间数据的链接用链接公式表示如下：

工作表名绝对引用！单元引用

公式中工作表名绝对引用和单元引用之间用感叹号（!）分隔，单元引用既可以是绝对引用，也可以是相对引用。资产负债表中各单元建立这种数据链接公式如图3-9所示。

[例3-1]

建立资产负债表项目“短期投资”公式。

资产负债表中“短期投资年初数”等于总账表中短期投资年初余额。

- 选择B5单元；
- 输入公式：=ZZ！C4；

KMDM	KMMC	KMNCYE	KMQMYE	BQFSE
1001	库存现金	75000	505375	430375
1002	银行存款	1200000	2111100	911100
1101	交易性金融资产	500000	500000	0
1121	应收票据	600000	1200300	600300
1122	应收账款	250000	3523556.92	3273556.92
1123	预付账款	100000	598368	498368
1221	其他应收款	60000	66100	6100
1231	坏账准备	750	750	0
1401	材料采购	0	465600	465600

项目	年初数
流动资产：	
货币资金	=zz!C2+zz!C3
交易性金融资产	=zz!C4
应收票据	=zz!C5
应收账款	=zz!C6-zz!C9
预付账款	=zz!C7
其他应收款	=zz!C8
存货	=zz!C10+zz!C11+zz!C12+zz!C13

图 3－9　表与表之间的数据链接

- 按回车键，短期投资年初数的计算结果显示在该单元。

[例 3－2]

建立资产负债表项目“货币资金年初数”公式。

资产负债表中“货币资金年初数”等于总账表中“现金”与“银行存款”年初数之和。

- 选择 B4 单元；
- 输入公式：＝ZZ！D2＋ZZ！D3；
- 按回车键，货币资金年初数的计算结果显示在该单元；
- 按 F2 键，查看公式，按回车键，计算结果显示在该单元。

资产负债表和总账表间一旦建立了链接关系，系统将自动提取数据，进行加工，并将计算结果写入目标单元，完成数据的采集工作。当总账工作表数据发生变化时，资产负债表中的数据将会自动更新。

3.2.3　从公司网站获取数据

导入数据的另一种方法是从网络中获取数据源，这是一个能够随时被刷新，并提供最新数据的数据源。目前，很多企业的财务数据都保存在专业的网站中，因此，从网上获取数据是财务分析获取数据的重要途径。

选择【数据】选项卡下的【自网站】，单击，Excel 打开一个浏览器窗口，在地址栏输入你想自动更新的数据源网址（如 www.cnstock.com），Excel 自动打开网页，如图 3－10 所示。

当浏览器显示出我们想要的数据形式时，点击想要导入工作簿的数据并选择【导入】，此时“导入数据”对话框提示你选择想要导入的数据在工作簿中的位置，然后点击“确定”。所选择下载的数据就出现在工作簿中了，同时“外部数据”工具栏自动出现。

以从某网站获取“中国银行”资产负债表数据为例，整个网上数据获取过程如图 3－11 和图 3－12 所示。

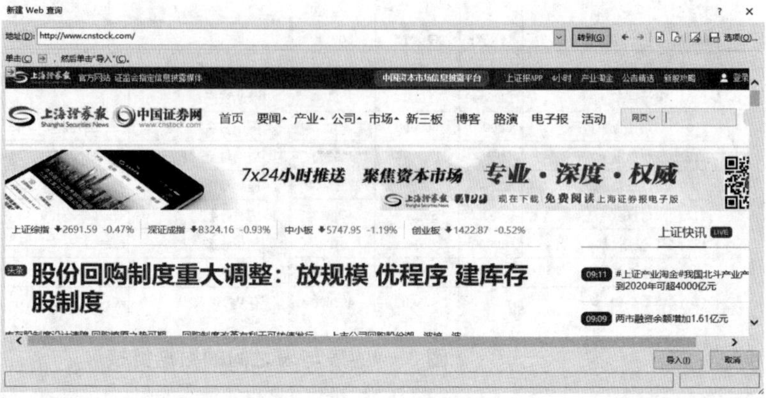

图 3-10 数据源网站界面

图 3-11 Web 数据获取过程

	A	B	C	D	E	F
1	中国银行(601988) 资产负债表					
2	单位：万元					
3	报表日期	2018/6/30	2018/3/31	2017/12/31	2017/9/30	2017/6/30
4						
5	资产					
6	现金及存放中央银行款项	221,083,500.00	227,375,400.00	230,302,000.00	235,108,400.00	259,571,700.00
7	存放同业款项	34,648,900.00	49,904,300.00	48,505,700.00	55,461,300.00	57,355,700.00
8	拆出资金	58,614,700.00	59,371,300.00	48,655,900.00	53,800,500.00	50,199,600.00
9	贵金属	16,118,300.00	16,046,100.00	17,276,300.00	16,683,500.00	15,099,600.00
10	交易性金融资产	30,290,800.00	31,201,200.00	19,361,100.00	16,389,100.00	16,288,000.00
11	衍生金融工具资产	12,234,100.00	13,836,000.00	9,491,200.00	9,175,500.00	7,364,300.00
12	买入返售金融资产	26,806,900.00	22,846,000.00	8,884,000.00	8,484,300.00	12,049,000.00
13	应收利息	9,741,000.00	10,787,400.00	9,691,900.00	8,968,900.00	8,619,200.00
14	发放贷款及垫款	1,140,324,100.00	1,113,054,900.00	1,089,655,800.00	1,080,813,500.00	1,065,070,300.00
15	代理业务资产	--	--	--	--	--
16	可供出售金融资产	--	--	185,722,200.00	175,959,500.00	171,120,700.00
17	持有至到期投资	--	--	208,986,400.00	208,353,100.00	206,088,900.00
18	长期股权投资	1,843,400.00	1,708,200.00	1,718,000.00	1,613,700.00	1,614,200.00
19	应收投资款项	--	--	41,402,500.00	41,663,800.00	41,596,900.00
20	固定资产合计	20,978,600.00	20,124,700.00	20,561,400.00	19,457,100.00	19,749,900.00
21	无形资产	1,879,500.00	1,891,500.00	1,883,500.00	1,439,500.00	1,434,100.00
22	商誉	251,800.00	240,400.00	248,100.00	239,600.00	243,700.00
23	递延税款借项	4,202,100.00	5,360,400.00	4,648,700.00	3,780,900.00	3,182,100.00
24	投资性房地产	2,261,400.00	2,084,900.00	2,102,600.00	2,095,600.00	2,165,400.00
25	其他资产	24,511,600.00	25,970,300.00	22,870,500.00	26,212,500.00	26,200,200.00
26	资产总计	2,029,491,800.00	2,015,982,600.00	1,946,742,400.00	1,942,243,800.00	1,942,598,000.00
27	负债					

图 3-12 Web 数据获取过程（续）

注意：可以刷新这些数据，只要点击【数据】选项卡的“全部刷新”命令，选择的数据源将获取最新的数据来替代旧的数据。

3.3 比率分析模型的设计方法

比率分析是指把财务报表中的有关项目进行对比，得出一系列财务比率，以此揭示企业财务状况的一种分析方法。比率分析也是财务分析的核心。不同的企业，其经验管理所需的比率分析指标不尽相同。因此，在讨论比率分析模型的设计方法之前，我们先讨论企业在进行比率分析时常用的指标，企业财务经理可以根据自己的需要，从中选择所需的比率指标，建立比率分析模型。

3.3.1 比率分析模型的关键分析指标

财务报表中有大量的数据可以根据需要计算出很多有意义的比率。这些比率涉及企业经营管理的各个方面，分为以下几类。

1. 变现能力比率

变现能力比率是企业产生现金的能力，它取决于可以在近期转变为现金的流动资产的多少。反映变现能力的财务比率主要有流动比率、速动比率。

（1）流动比率是流动资产除以流动负债的比值。计算公式为：

$$流动比率=\frac{流动资产}{流动负债}$$

流动比率是用来衡量企业短期偿债能力的一个重要的财务指标。流动比率过低，表明企业偿债能力不足；相反，则表明企业现金、存货等有可能闲置。

（2）速动比率是从流动资产中减去存货等变现能力弱的资产，再除以流动负债的比率。计算公式为：

$$速动比率=\frac{流动资产-存货}{流动负债}$$

一般来说，速动比率比流动比率更能表明企业的偿债能力。

2. 资产管理比率（运用效率比率）

资产管理比率是用来衡量企业在资产管理方面的效率的财务比率。资产管理比率主要包括存货周转率、应收账款周转率、流动资产周转率、总资产周转率等。

（1）存货周转率是营业成本除以平均存货的比率。用时间表示的存货周转率就是存货周转天数。计算公式为：

$$存货周转率=\frac{营业成本}{平均存货}$$

$$存货周转天数=\frac{360}{存货周转率}$$

$$=360\times\frac{平均存货}{营业成本}$$

公式中营业成本的数据来自利润表，平均存货是资产负债表中的期初存货与期末存货的平均数。

存货周转率是用来衡量和评价企业购入存货、投入生产、销售等各环节的综合性指标。

（2）应收账款周转率是企业赊销收入净额与应收账款平均额的比率。用时间表示的应收账款周转率就是应收账款周转天数。计算公式为：

$$应收账款周转率=\frac{赊销业务收入}{平均应收账款}$$

$$应收账款周转天数=\frac{360}{应收账款周转率}$$

$$=360\times\frac{平均应收账款}{赊销业务收入}$$

公式中赊销业务收入的数据来自利润表，平均应收账款是资产负债表中的期初应收账款余额与期末应收账款余额的平均数。

应收账款周转率是评价应收账款流动性大小的一个重要指标，它可以用来分析企业应收账款的变现速度和管理效率。

（3）流动资产周转率是分析流动资产周转速度的一个综合性指标。它是营业收入与全部流动资产的平均余额的比值。计算公式为：

$$流动资产周转率=\frac{营业收入}{平均流动资产}$$

公式中的平均流动资产是资产负债表中的期初流动资产余额与期末流动资产余额的平均数。

（4）总资产周转率是分析企业全部资产的使用效率的一个重要指标。它是营业收入与平均资产总额的比值。计算公式为：

$$总资产周转率=\frac{营业收入}{平均资产总额}$$

公式中的平均资产总额是资产负债表中的年初资产总额与年末资产总额的平均数。

3. 负债管理比率

负债管理比率反映负债和资产、净资产的关系。它通过财务报表中的有关数据来分析权益与资产之间的关系，分析不同权益之间的内在关系，以及权益与负债之间的关系，计算出一系列比率，评价企业的长期偿债能力。负债管理比率主要包括资产负债率、产权比率、有形净值债务率、利息保障倍数等。

（1）资产负债率是负债总额与资产总额的比率。计算公式为：

$$资产负债率=\frac{负债总额}{资产总额}$$

资产负债率反映总资产中有多大比例是通过借债筹集的，也可以衡量企业在清算时保护债权人利益的程度。这一比率太大，则说明企业举债过多，风险较大。

（2）产权比率反映债权人所提供的资金与股东所提供的资金的对比关系。它是负债总额与所有者权益总额的比率，也称负债股权比率。计算公式为：

$$产权比率=\frac{负债总额}{所有者权益}$$

（3）有形净值债务比率是产权比率的延伸，更为谨慎保守地反映在权益清算时债权人投入的资本受保障的程度。计算公式为：

$$有形净值债务比率=\frac{负债总额}{所有者权益-无形资产净值}$$

（4）利息保障倍数反映企业的经营所得支付债务利息的能力。它是税前利润加利息费用之和与利息费用的比率。计算公式为：

$$利息保障倍数=\frac{税前利润+利息费用}{利息费用}$$

4. 盈利能力比率

盈利能力反映企业获取利润的能力。无论是投资人、债权人还是企业经营人员，都日益重视和关心企业的盈利能力。评价企业盈利能力的财务比率主要有销售净利率、销售毛利率、资产净利率、净资产报酬率等。

（1）销售净利率反映每一单位营业收入带来的净利润的多少，表示营业收入的收益水平。它是净利润与营业收入的百分比，计算公式为：

$$销售净利率=\frac{净利润}{营业收入}\times 100\%$$

（2）销售毛利率反映每一单位营业收入扣除销售产品或商品成本后，有多少钱可以支付各种期间费用和形成盈利。它是毛利占营业收入的百分比。计算公式为：

$$销售毛利率=\frac{毛利}{营业收入}\times 100\%$$

$$=\frac{营业收入-营业成本}{营业收入}\times 100\%$$

（3）资产净利率主要用来衡量企业利用资产获利的能力，反映企业总资产的利用效果。它是企业净利润与平均资产总额的百分比。计算公式为：

$$资产净利率=\frac{净利润}{平均资产总额}\times 100\%$$

（4）净资产报酬率是一定时期企业的净利润与所有者权益的比率，也称所有者权益报酬率。计算公式为：

$$净资产报酬率=\frac{净利润}{平均所有者权益}\times 100\%$$
$$=\frac{净利润}{平均净资产}\times 100\%$$

5. 市价比率

市价比率是指普通股每股市价和每股盈余、每股账面价值的比率。它是前四项指标的综合反映，管理者可据此了解投资人对公司的评价。这类指标主要有每股盈余、市盈率、每股股利、股利支付率。

（1）每股盈余是净利润与流通股数的比值。计算公式为：

$$每股盈余=\frac{净利润-优先股股利}{流通股股数}$$

每股盈余是衡量股份制企业盈利能力的指标之一，反映每一股普通股的获利水平。指标越高，每一股普通股可得的利润越多，股东的投资效益越好，反之则越差。

（2）市盈率是每股市价与每股盈余的比率。计算公式为：

$$市盈率=\frac{每股市价}{每股盈余}$$

市盈率是衡量股份制企业盈利能力的指标之一，反映投资者对每一元利润愿意支付的价格。一般来说，指标越高，说明公众对该股票的评价越高。

（3）每股股利是股利总额与流通股数的比率。计算公式为：

$$每股股利=\frac{股利总额}{流通股股数}$$

每股股利反映每股普通股获得现金股利的情况。

（4）股利支付率是普通股每股股利与每股盈余的比率。计算公式为：

$$股利支付率=\frac{每股股利}{每股盈余}$$

股利支付率反映净利润中股利发放的程度，即普通股股东从每股的全部获利中分到手中部分的多少。

3.3.2 比率分析模型的构建

财务报表反映过去的经营成果和财务状况，但这不是报表使用者的最终目的。利用报表中的大量数据，可以计算出很多有意义的比率，通过这些比率预测未来、帮助公司管理者规划未来、帮助投资者进行决策，这才是财务报表真正的价值。

比率分析设计就是以财务报表中的数据为依据，建立一系列比率分析公式，得出一系列财务比率，以此揭示企业财务状况，如图3-13所示。从比率分析设计的角度考虑，可以把比率分析公式按照分析数据的获取方式分为两种类型：分析数据直接从一张报表中得到和分析数据通过立体表计算得到。

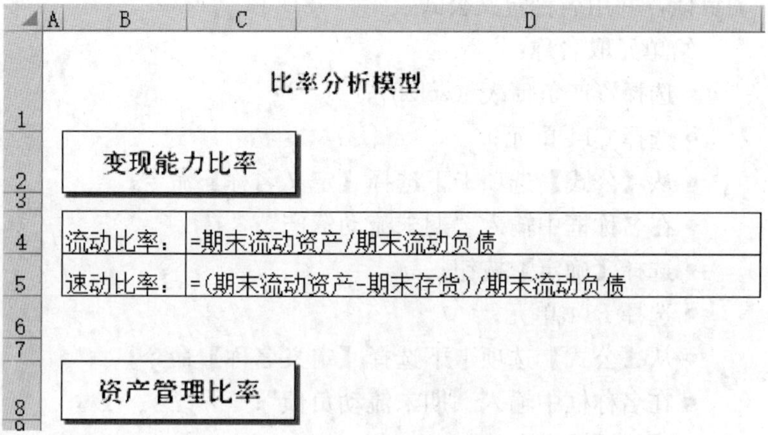

图 3-13　比率分析模型

1. 分析数据直接从资产负债表或利润表中得到

在众多的比率公式中，有一类比率公式的分析数据可以直接从一张报表中得到。例如：

$$流动比率=\frac{流动资产}{流动负债}$$

式中，流动资产、流动负债都可以从资产负债表中直接得到。Excel 提供了丰富的公式定义方法，在此讨论两种定义方法。

(1) 直接用单元定义公式。

[例 3-3]

定义流动比率的计算公式。

- 选择 C4 单元；
- 输入公式：=zcfzb！C14/zcfzb！F14。

式中：zcfzb！C14 单元表示流动资产年末数；zcfzb！F14 单元表示流动负债年末数。

公式一旦定义，计算结果就显示在 C4 单元。通过 F2 键可查看公式的定义，按 Enter 键，计算结果又显示在 C4 单元。

这种定义方法的优点是简单，缺点是公式不直观、不容易理解。

(2) 给单元命名，用名称定义公式。选择【公式】选项卡下的【定义名称】命令可以命名一个单元、一个单元区域，也可以改变或删除一个已有的名称。

给单元命名，用名称定义公式，Excel 自动根据名称找出其中的数据进行计算。这样可以使各种比率计算公式更加直观和容易理解。

[例 3-4]

定义 zcfzb！C14 和 zcfzb！F14 单元的名称分别为期末流动资产、期末流动负债，并用名称定义公式。

给单元取名称：

- 选择资产负债表（zcfzb）；
- 选择C14单元；
- 从【公式】选项卡下选择【定义名称】命令；
- 在名称框中输入“期末流动资产”；
- 选择【确定】按钮；
- 选择F14单元；
- 从【公式】选项卡下选择【定义名称】命令；
- 在名称框中输入“期末流动负债”；
- 选择【确定】按钮。

用名称定义公式：

- 选择rate_fx表的C4单元；
- 输入公式：=期末流动资产/期末流动负债。

或者

- 选择单元；
- 输入“=”号；
- 从【公式】选项卡下选择【用于公式】命令；
- 选择【粘贴名称】命令，用粘贴命令输入公式；
- 从【粘贴名称】框中选择“期末流动资产”，按【确定】按钮；
- 输入“/”号；
- 从【粘贴名称】框中选择“期末流动负债”，按【确定】按钮。

计算结果自动显示在C4单元。需要查看公式时，按F2键。

用名称定义公式有以下优点：

（1）更加容易阅读、理解和记忆。例如：

比率公式=流动资产/流动负债

=zcfzb！C14/zcfzb！F14

（2）每个工作簿可以共用一组名称。在某一张工作表上给单元格建立的名称，可以在整个工作簿中使用，这使比率分析模型公式定义更加方便。例如，为本工作簿中的income工作表B3单元命名为“营业收入”，就可以在比率分析模型的多个公式中直接使用“营业收入”这个名称，而不必在公式中输入工作表的单元引用位置。

（3）公式定义不受工作表结构变化的影响。如果工作表结构有所变化，只需重新定义某单元的名称，其他所有使用该名字的公式都会自动更新。例如，income结构变化，反映“营业收入”的单元从B3变成B7，此时只需把B7单元重新定义为“营业收入”，其他所有使用该名称的公式都不需要修改，其值会自动更新。

2. 分析数据通过立体表计算得到

在众多的比率公式中，还有另一类，其中的分析数据一部分直接从一张报表中得到，而另一部分要通过立体表计算得到。例如：

$$存货周转率=\frac{营业成本}{平均存货成本}$$

式中，营业成本直接从利润表得到；平均存货成本可以通过从资产负债表中的年初存货、年末存货提取数据，并计算平均值得到。但是，企业从季节性变化等因素对存货的影响和计算准确性方面考虑，平均存货应该根据 12 个月的资产负债表中的期初存货与期末存货的平均值汇总计算取得。每个月的资产负债表是一张格式相同的二维表，12 个月的资产负债表就构成了立体表，平均存货分析数据要通过立体表的计算得到（见图 3-14）。

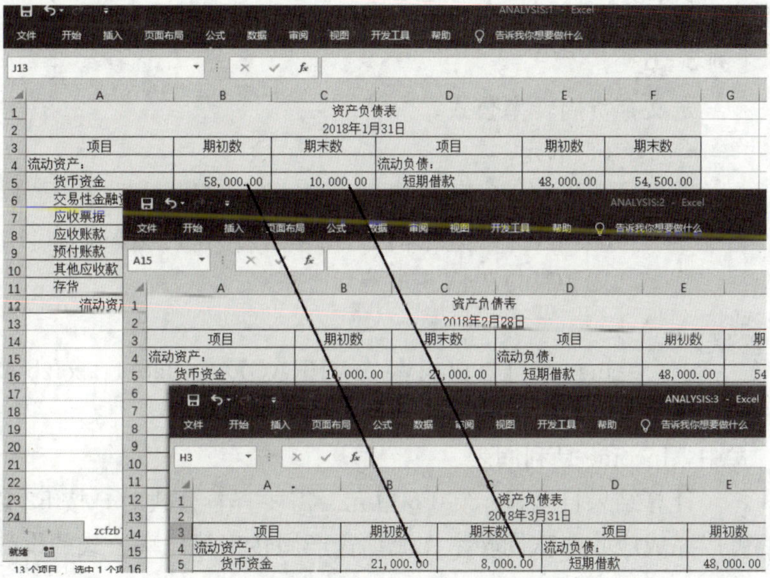

图 3-14 立体表

$$平均存货成本=\sum_{i=1}^{n}\frac{存货期初数\ i+存货期末数\ i}{24}$$

式中，i 为月份数。

Excel 支持立体表的数据汇总计算，并且定义非常灵活方便。

立体表的数据汇总计算表示方法为：

表名 1：表名 N !引用单元

其中，“表名 1：表名 N”表示 N 张表，即 N 个平面；“! 引用单元”表示这 N 张表的同一单元；该表达式表示对 N 个单元的引用。

SUM（表名 1：表名 N !引用单元 1，表名 1：表名 N !引用单元 2）

该表达式表示对 N 张表中的引用单元 1 和引用单元 2 求和，即对 $2N$ 个单元求和。

AVERAGE（表名1：表名N!引用单元1，表名1：表名N!引用单元2）

该表达式表示对 N 张表中的引用单元1和引用单元2求平均值，即对 $2N$ 个单元求平均值。

[例3-5]

平均存货计算表示方法。

SUM（zcfzb1：zcfzb12!B16，zcfzb1：zcfzb12!C16)/24

或

AVERAGE（zcfzb1：zcfzb12!B16，zcfzb1：zcfzb12!C16）

式中，zcfzb1表示第1月的资产负债表；B16表示资产负债表中的期初存货；C16表示资产负债表中的期末存货。

[例3-6]

定义存货周转率公式。

- 选择F5单元；
- 输入公式：

=income!营业成本/（SUM（zcfzb 1：zcfzb 12!B16，zcfzb 1：zcfzb 12!C16)/24)

或

=income!营业成本/AVERAGE（zcfzb 1：zcfzb 12!B16，zcfzb 1：zcfzb 12!C16）

式中，income是利润表。

计算结果自动显示在F5单元。需要查看公式时，按F2键。按照这种方式可以完成应收账款周转率、流动资产周转率等比率公式的设计。

3. 数据更新

比率分析模型设计完成后，各种比率分析数据便自动计算出来。但是，当会计期间发生变化时，是否重新建立此模型呢？回答是不需要。从图3-7可以看出，会计核算数据源的数据库与财务分析模型中的总账工作表之间建立了数据库与工作表的数据链接；总账工作表与资产负债表建立了工作表与工作表之间的动态数据链接；资产负债表中若干项目之间建立了工作表内动态数据链接。当会计期间变化时，会计核算数据源数据库的数据发生变化，更新相关数据的方法是：

- 选择与会计核算数据库文件建立链接的工作表（总账工作表）；
- 选择【数据】选项卡；
- 选择【全部刷新】命令。

总账工作表数据将被自动更新。由于总账工作表与资产负债表建立了工作表与工作表之间的动态数据链接，资产负债表中若干项目之间建立了工作表内动态数据链接，因此资产负债表数据以及比率分析公式的比值等将会随之自动更新。

3.4　趋势分析模型的设计方法

3.4.1　趋势分析的基本方法

趋势分析也是财务管理中一种重要的分析方法。连续观察数年的财务报表和财务比率，能了解更多的情况，并能判别企业财务状况的发展变化趋势，趋势分析的方法有以下几种。

1. 多期比较财务报表分析

多期比较财务报表分析是把数年财务报表中相同的项目逐一进行对比。其目的是查明各项目增减变动的数额和幅度，什么原因导致这种变化，以及对企业未来有什么影响。

多期比较时，可以用前后各年每个项目的差额进行比较，也可以用百分比的变化进行比较，还可以计算出各期财务比率进行比较。比较的年数一般为 5 年。

2. 结构百分比分析

结构百分比分析是把常规的财务报表换算成结构百分比报表，然后将不同年度的报表逐项比较，查明某一特定项目在不同年份间百分比的差额。

3. 定基百分比趋势分析

定基百分比趋势分析是首先选取一个基期，将基期报表上各项数额的指数均定为 100，其他各年财务报表上的数据也均用指数表示，由此得出定基百分比报表，可以查明各项目的变化趋势。

4. 图解法分析

图解法分析是将企业连续几期的财务数据或财务比率绘制成图加以反映。这种方法可以比较直观地反映企业财务状况的发展趋势，使分析者能够发现一些通过其他方法不易发现的问题。

3.4.2　趋势分析模型的设计

趋势分析是对企业连续数年的财务报表进行比较分析、结构百分比分析、定基百分比分析和图形分析。趋势分析模型设计中，比较分析、结构百分比分析、定基百分比分析，都涉及数年财务报表数据。图形分析不仅涉及数年财务报表数据，还要以此数据为依据建立分析图。因此，趋势分析设计主要考虑两个问题：各年历史数据的获取以及绘制分析图。

1. 各年历史数据的获取

利用Excel窗口之间【开始】选项卡下的【复制】和【粘贴】命令，将各年历史数据汇集到趋势分析表中。

一个工作簿中有多张工作表，但是在一个文本窗口的情况下，在某一时刻只能看到一张工作表。为了使用户在某一时刻同时看到多张工作表，Excel提供了多窗口功能。在Excel中用户可以根据需要同时打开多个文本窗口。每个工作表都在自己的文本窗口中，但是只能对活动窗口中的工作表进行操作。活动文本窗口的标志是深色标题栏和深色边界线。为了方便对历史数据复制和粘贴，可以应用Excel多窗口功能，开设两个文本窗口。如需要对工作表income和工作表Tr _ fx进行操作，可以将这两张工作表分别置于两个不同的文本窗口，这样就能方便、直观地将income工作表的数据复制到Tr _ fx工作表中。

下面讨论窗口技术和窗口间数据的复制与粘贴。

（1）创建多个窗口。

- 打开一个工作簿；
- 从【视图】选项卡下选择【新建窗口】命令，一个新的窗口被创建，并且该窗口为活动窗口。

（2）窗口间的切换。有多个文本窗口被打开时，其中只有一个文本窗口是活动窗口，并且只能对该窗口中的工作表进行操作。如果需要对其他窗口中的工作表进行操作，则要进行窗口切换，将其变为活动窗口。

窗口间切换的方法有两种：

【切换窗口】菜单。所有打开的窗口都在窗口菜单按顺序列出编号。活动窗口名字旁边有一个检查标志（√）。可以从窗口菜单选择窗口名字来切换窗口，被选择的窗口为活动窗口。

用鼠标或键盘实现窗口间切换。使用鼠标或键盘也可以实现窗口间切换。使用鼠标时，先移动和改变窗口大小直到可见为止，然后单击此窗口中的任何部位就可以完成切换。使用键盘时，用Ctrl＋F6组合键切换到下一个窗口；用Ctrl＋Shift＋F6组合键切换到上一个窗口。

[例3-7]

建立两个文本窗口，将income工作表和Tr _ fx工作表置于不同的文本窗口中，并将income工作表所在窗口设为活动窗口。

- 打开cwgl03.xlsm工作簿；
- 选择income工作表，使其在当前活动窗口中；

• 从【视图】选项卡下选择【新建窗口】命令，一个新的窗口 cwgl03：2 被创建，并且该窗口为活动窗口，选择 Tr _ fx 工作表，使其在第二个窗口中；

• 从【切换窗口】选项卡下选择 cwgl03：1 项。现在 income 窗口成为活动窗口。当窗口重叠时，活动窗口在最前面。

（3）调整窗口。多个窗口在调整之前是相互重叠的。用【视图】选项卡下的【全部重排】命令可以快速调整所有打开的文本窗口，使它们互不重叠。用这种方法，可以同时看到所有打开的文本窗口。

【视图】选项卡下的【全部重排】命令下可以选择的排列方式有：

【平铺】方式，可以快速调整所有打开的文本窗口，使其按较小尺寸适应整个屏幕。

【水平并排】方式，可以快速调整所有打开的文本窗口，使其从上到下均匀地排列窗口。

【垂直并排】方式，可以快速调整所有打开的文本窗口，使其从左到右均匀地排列窗口。

【层叠】方式，层叠屏幕上的窗口。

[例 3-8]

以【垂直并排】方式显示窗口。

• 从【窗口】菜单上选择【重排窗口】命令；

• 在排列方式下选择【垂直并排】选项按钮；

• 选择【确定】按钮。

此时，窗口都被重新调整使其适应整个屏幕。

（4）窗口间数据复制。

应用 Excel【开始】选项卡下的【复制】【粘贴】【选择性粘贴】命令，实现窗口间数据复制。

• 切换粘贴到源工作表；

• 选择要复制的单元区域；

• 选择【开始】选项卡下的【复制】命令；

• 切换到目标工作表，并选择目标单元；

• 选择【开始】选项卡下的【粘贴】命令，把用【复制】命令选定的复制区域中的数值、公式、格式等粘贴到当前选定区域中。

或者

• 选择【开始】选项卡下的【选择性粘贴】命令，把用【复制】命令选定的复制区域中的数值、公式、格式等按图 3-15 有选择性地粘贴到当前选定区域中，这样便完成了窗口间的数据复制。

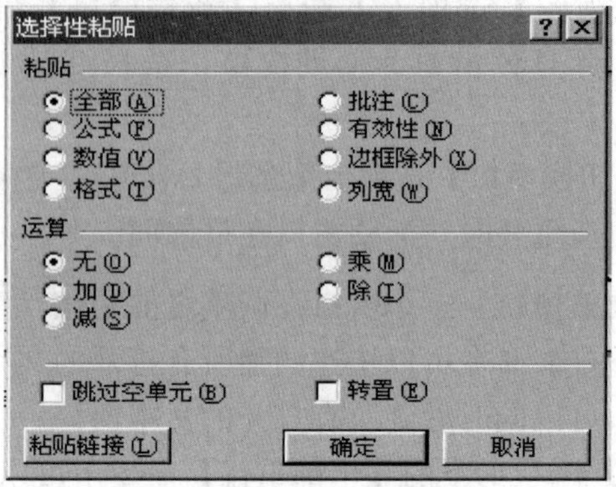

图3-15　选择性粘贴对话框

[例3-9]

把income工作表上的数据复制到趋势分析表Tr _ fx中。

- 切换到income工作表；
- 选择D4：D10单元区域；
- 选择【开始】选项卡下【复制】命令或者单击复制工具；
- 切换到Tr _ fx工作表；
- 选择E3单元；
- 选择【开始】选项卡下的【选择性粘贴】命令的【数值】选择按钮。

按照同样的方法，通过【复制】【粘贴】【选择性粘贴】命令或工具，从财务报表中将所需的数据汇集到趋势分析表中，为财务管理人员进行财务状况的变动趋势分析提供保证。

（5）改变窗口大小。窗口的大小可以任意改变。

用鼠标改变窗口大小的方法是：用鼠标拖动该窗口的任意一条边、一个角，直到满足要求为止。

用键盘改变窗口大小的方法是：选择窗口上控制选项卡下的【大小】命令，然后用箭头键来改变窗口的大小。

（6）关闭窗口。当不用某个窗口，需要将它关闭时，切换到该窗口，选择该窗口的控制选项卡下的【关闭】命令，该窗口将被关闭。

[例3-10]

关闭income工作表所在窗口，将Tr _ fx工作表所在窗口调整为整个屏幕。

- 切换到income窗口；
- 选择该窗口的控制菜单上的【关闭】命令，将该窗口关闭；
- 用鼠标拖动Tr _ fx窗口的任意一条边、一个角，直到满足要求为止。

2. **绘制趋势分析图**

正如前面所讨论的，Excel 的图形种类非常多，有饼图、折线图、条形图、立体图等。Excel 的图形功能丰富了财务分析的内容，使分析结果更加直观。

[例 3 - 11]

根据 AA 公司 4 年的销售收入、销售成本、销售毛利等数据，绘制相应的趋势分析图。

- 选择数据区域 A4：E6；
- 选择【插入】选项卡下的【图表】命令；
- 选择图形，选择二维柱形图；
- 单击【确定】按钮。

经过以上步骤，趋势分析图如图 3 - 16 所示。

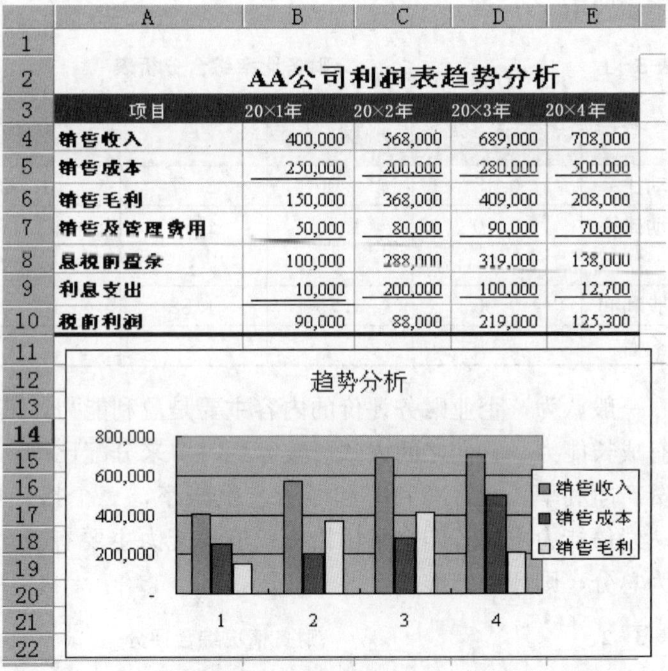

AA公司利润表趋势分析

项目	20×1年	20×2年	20×3年	20×4年
销售收入	400,000	568,000	689,000	708,000
销售成本	250,000	200,000	280,000	500,000
销售毛利	150,000	368,000	409,000	208,000
销售及管理费用	50,000	80,000	90,000	70,000
息税前盈余	100,000	288,000	319,000	138,000
利息支出	10,000	200,000	100,000	12,700
税前利润	90,000	88,000	219,000	125,300

图 3 - 16　趋势分析图

3.5　综合分析模型的设计方法

单独分析任意一项财务指标，都不足以全面评价企业的财务状况和经营成果，只有对各种财务指标进行系统分析，才能对企业的财务状况作出合理的判断。因此，必须对企业进行综合财务分析。

3.5.1 综合分析方法

综合分析方法主要有财务比率综合分析和杜邦分析。

1. 财务比率综合分析

财务比率分析反映了企业财务报表各项目之间的对比关系，揭示了企业的财务状况。但是，财务比率只能反映企业某一方面的财务状况。为了进行综合的财务分析，可以编制财务比率综合分析表对企业的财务状况进行评分。

表3－1所示的财务比率综合分析表提供了一个简便的评分方法。从技术上讲，这种方法存在一个问题，就是某一个指标严重异常时，会对总评分产生不合逻辑的重大影响。这个缺点是由相对比率和权重（即重要性系数）相乘引起的。财务比率提高一倍，其评分增加100%；而降低50%，其评分只减少50%。尽管这种方法在理论上还有待证明，在技术上还不完善，但它还是应用在了实践中。

表3－1　财务比率综合分析表

财务比率	重要性系数 (1)	标准值 (2)	实际值 (3)	关系比率 (4)＝(3)÷(2)	综合指数 (5)＝(1)×(4)
流动比率	0.15	2.00	2.37	1.185	0.177 8
速动比率	0.10	1.50	1.77	1.18	0.118 0
⋮	⋮	⋮	⋮	⋮	⋮
每股利润	0.05	1.75	1.88	1.074 3	0.053 7
合计	1.00	—	—	—	1.001 9

一般认为，企业财务评价的内容主要是盈利能力，其次是偿债能力，此外还有成长能力。它们之间大致可按5∶3∶2来分配比重。盈利能力的主要指标是资产净利率、销售净利率和净资产报酬率，三个指标可按2∶2∶1安排比重。偿债能力主要有四个常用指标，成长能力主要有三个指标。如果仍以100分为总分，则评分标准如表3－2所示。

表3－2　财务情况综合评分

指标	评分值	标准比率(%)	行业最高比率(%)	最高评分	最低评分	每分比率的差(%)
盈利能力：						
总资产净利率	20	10	20	30	10	1.00
销售净利率	20	4	20	30	10	1.60
净资产报酬率	10	16	20	15	5	0.80
偿债能力：						
自有资本比率	8	40	100	12	4	15.00

续前表

指标	评分值	标准比率（%）	行业最高比率（%）	最高评分	最低评分	每分比率的差（%）
流动比率	8	150	450	12	4	75.00
应收账款周转率	8	600	1 200	12	4	150.00
存货周转率	8	800	1 200	12	4	100.00
成长能力：						
销售增长率	6	15	30	9	3	5.00
净利增长率	6	10	20	9	3	3.33
人均净利增长率	6	10	20	9	3	3.33
合计	100			150	50	

标准比率应以本行业平均数为基础，适当进行理论修正。在给每个指标评分时，应规定上限和下限，以减少个别指标异常对总分造成不合理的影响。上限可定为正常评分值的 1.5 倍，下限定为正常值的 1/2。此外，给分时不采用“乘”的关系，而采用“加”或“减”的关系来处理，以克服第一种综合评分方法的缺点，如表 3-3 所示。

表 3-3　　财务情况综合评分

指标	实际比率（%）(1)	标准比率（%）(2)	差异（%）(3)＝(1)－(2)	每分比率（%）(4)	调整分 (5)＝(3)/(4)	标准分值 (6)	得分 (7)＝(5)＋(6)
盈利能力：							
总资产净利率	7.4	10	−2.6	1.00	−2.60	20	17.40
销售净利率	4.5	4	0.5	1.60	0.31	20	20.31
净资产报酬率	14.9	16	−1.1	0.80	−1.38	10	8.62
偿债能力：							
自有资本比率	49	40	9	15.00	0.60	8	8.60
流动比率	233	150	83	75.00	1.11	8	9.11
应收账款周转率	1 000	600	400	150.00	2.67	8	10.67
存货周转率	1 200	800	400	100.00	4.00	8	12.00
成长能力：							
销售增长率	5	15	−10	5.00	−2.00	6	4.00
净利增长率	−15	10	−25	3.33	−7.50	6	−1.50
人均净利增长率	−18	10	−28	3.33	−8.40	6	−2.40
合计						100	86.81

综合评价法的关键技术是标准评分值的确定和标准比率的建立。只有长期连续实践、不断修正，才能取得较好的效果。

编制财务情况综合评价法的一般程序是：

(1) 确定各指标的行业标准比率以及最高比率；

(2) 计算每分比率的差；

(3) 计算企业在一定时期内各项财务比率的实际值；

(4) 计算实际比率和标准比率之间的差异；

（5）根据比率差异和每分比率的差计算调整分；

（6）将调整分和标准分相加得出各比率对财务情况的贡献分数，其合计数即为企业财务情况的综合得分。

因为在设定评分上限时最高分为150分，最低分为50分，可以根据得分高低对企业的财务情况进行综合评价。同时也可以以本行业先进企业或一般水平为参照进行进一步的评价和分析，此外，还应和企业各历史年度的综合情况进行比较，对企业财务情况进行总体纵向分析。

2. 杜邦分析

利用财务比率进行综合财务分析，虽然可以了解企业各方面的财务状况，但不能反映企业各方面财务状况之间的关系。例如，比率分析可以分析企业的偿债能力、资金周转状况以及获利能力等，但不能反映三者之间的关系。实际上，各种财务比率之间都存在一定的联系。因此，在进行财务分析时，应该将企业的财务状况看作一个系统，内部各种因素都是相互依存、相互作用的，财务分析者必须对整个系统进行综合分析，只有这样，才能比较全面地了解企业的财务状况。杜邦分析法就是利用几种主要的财务比率之间的关系综合分析企业的财务状况。杜邦分析法一般用杜邦分析图表示（见图3-17）。

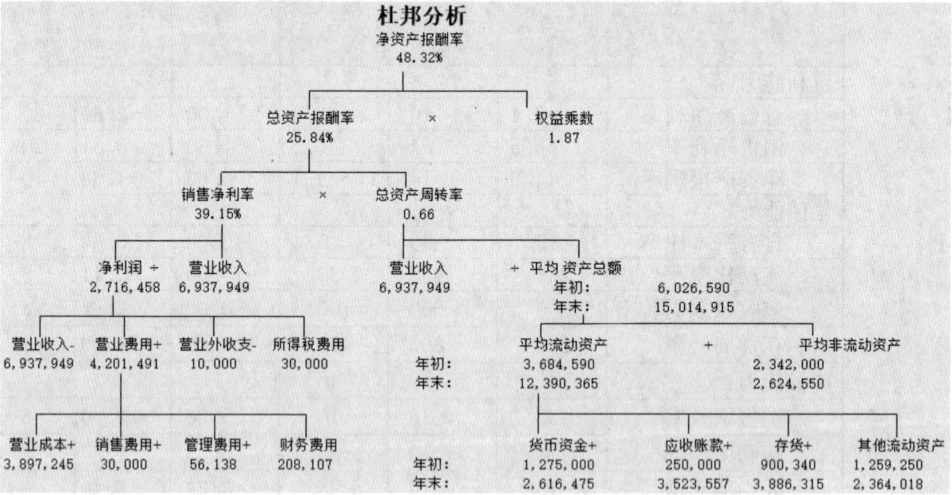

图3-17　杜邦分析图

从图中可知，该系统反映了以下几种主要关系：

$$净资产报酬率=\frac{净利润}{所有者权益}=\frac{净利润}{资产总额}\times\frac{资产总额}{所有者权益}$$

$$=总资产报酬率\times权益乘数$$

$$总资产报酬率=\frac{净利润}{资产总额}=\frac{净利润}{营业收入}\times\frac{营业收入}{平均资产总额}$$

$$=销售净利率\times总资产周转率$$

$$销售净利率=\frac{净利润}{营业收入}$$

$$总资产周转率=\frac{营业收入}{平均资产总额}$$

杜邦分析是对企业财务状况进行的综合分析。它通过几种主要财务指标间的关系，直观、明了地反映出企业的财务状况。从杜邦系统图可以了解到以下财务信息：

（1）净资产报酬率是一个综合性极强、最有代表性的财务比率，它是杜邦系统的核心。财务管理的一个重要目标就是使所有者财富最大化，净资产报酬率正是反映了所有者投入资金的获利能力，因此，这一比率可以反映出企业筹资、投资等各种经营活动的效率。净资产报酬率主要取决于总资产报酬率与权益乘数。总资产报酬率反映了企业生产经营活动的效率如何，权益乘数反映了企业的筹资情况，即企业资金来源结构如何。

（2）总资产报酬率是销售净利率与总资产周转率的乘积。因此，可以从销售与资产管理两方面来分析。销售净利率实际上反映了企业的净利润与营业收入的关系。营业收入增加，企业的净利润自然也增加，但是，如果想提高销售净利率，必须一方面提高营业收入，另一方面降低各种成本费用。这里可以看到，提高营业收入具有特殊的意义，因为它不仅可以使企业净利润增长，也会提高总资产周转率，这样自然会使总资产报酬率升高。

（3）从杜邦系统图中，也可以分析企业成本费用的结构是否合理，这样有利于进行成本费用分析，加强成本控制。

总的来说，从杜邦系统图中可以看出，企业的获利能力涉及企业经营活动的方方面面。净资产报酬率与企业的筹资结构、销售、成本控制、资产管理密切相关，这些因素构成一个系统。只有协调好系统内各种因素之间的关系，才能使净资产报酬率达到最大，从而实现股东价值的最大化。

3.5.2　综合分析的模型设计

综合分析主要有财务比率综合分析和杜邦分析，这两种分析方法都是企业财务分析的重要内容。

建立财务比率综合分析模型主要是对财务比率综合分析表进行设计。这张表的设计对我们来说很容易，其难点在于如何正确确定各项财务比率的重要性系数和标准值。这两项指标的确定带有很大的主观性，因此需要管理人员借助网络、信息高速公路等查阅大量信息，分析其现实情况和历史数据，合理判断确定，并将得出的重要性系数和标准值输入计算机综合分析模型中。在此不作详细讨论。

建立杜邦分析模型的关键是设计如图 3－17 的杜邦系统图。下面着重讨论杜邦系统图的设计。

1. 在财务分析模型中增加一个新工作表

在 cwgl03. xlsm 工作簿中我们已经建立了比率分析模型、趋势分析模型以及其他相关的工作表，现在在此工作簿中增加一个工作表，用于设计杜邦分析模型。

选择【开始】选项卡下的【插入】-【插入工作表】命令，增加一张空白工作表，单击鼠标右按钮，从快捷菜单上选择【重命名】命令，把该空白表改名为 dupont。

2. 设计分析框

杜邦系统图可以由一个个分析框和连线组成。每个分析框中标出分析项目的名称、比率公式和相应的计算结果，用连线将分析框连接起来，以反映分析框中各分析项目的勾稽关系。

设计分析框可以使用【开始】选项卡下的【单元格】-【格式】-【设置单元格格式】命令，选择【边框】标签来完成。

【边框】标签可以给一个单元或单元区域增加七种边界，也可以为选中的单元增加一个阴影模式，还可以给一个单元画轮廓线或给单元的顶边、底边、左边、右边增加边界，给一个单元区域添加阴影。

[例 3-12]

给“营业成本”建立一个分析框。

- 选择 C23：C24 单元；
- 从【开始】选项卡下选择【单元格】-【格式】-【设置单元格格式】命令；
- 选择【边框】标签；
- 在【样式】下选择某种样式的线；
- 选择“外边框”；
- 选择【确定】按钮。

[例 3-13]

删除“营业成本”的分析框。

- 选择 C23：C24 单元；
- 从【开始】选项卡下选择【单元格】-【格式】-【设置单元格格式】命令；
- 选择【边框】标签；
- 在【边框】下清除“外框”；
- 选择【确定】按钮。

3. 定义分析框中的项目名称、公式和数据链接

（1）分析框中项目名称的定义。选择分析框中的单元，直接输入项目名称。

[例 3-14]

在分析框中输入“营业成本”。

- 选择 C23 单元；
- 输入“营业成本”名称。

（2）分析框中数据链接的定义。杜邦系统图中，最底层数据应该从财务报表中获取。前面已学过表间数据链接的定义方法，用此方法定义底层数据链接。

[例 3-15]

定义“营业成本”的数据链接。

- 选择 C24 单元；
- 输入公式：=income！营业成本。

（3）分析框中公式的定义。杜邦系统图中，非底层数据应该根据其下层分析框的数据计算得出。前面已学过表内数据链接的定义方法，用此方法建立分析框中这类公式。

[例 3-16]

定义“销售净利率”公式。

- 选择 E11 单元；
- 输入公式：=D15/E15。

或者先将 C15 单元和 E15 单元的名字分别定义为“净利润”和“营业收入”，然后用名字定义公式，即输入公式：=净利润/营业收入。

4. 关掉工作表网格线

Excel 工作表由一个个单元组成，通常情况下单元用网格线（横竖线）隔开。为了使工作表能够根据用户的需要按不同的方式显示，Excel 提供了改变工作表显示状态的命令。可通过【视图】选项卡下的【网格线】命令改变工作表的显示状态，即打开或关掉网格线。

对于杜邦系统图来说，应该使用关掉工作表网格线功能，使其更加清晰、直观。关掉网格线的方法是：

- 从【视图】选项卡选择【网格线】命令；
- 点击【网格线】选项，消除“网格线”。

5. 杜邦系统图的缩放

杜邦系统图比较大，很难在一屏中看到其全貌，因此需要将其按一定比率缩小。Excel【视图】选项卡下的【显示比例】命令提供了对工作表和图表按不同比率缩放的功能。在缩放窗口中可以选择以下几种缩放方式：

(1) 给定的缩放比率。Excel 给出了几种缩放比率，如 200%，100%，75%，50%，25%等供选择。

(2) 最佳比率。选择【恰好容纳选定区域】选项按钮，Excel 将自动计算缩放百分比，使得所选择的单元格或图表适合当前的窗口大小。

(3) 自定义。选择“自定义”选项按钮，用户可以按需要输入缩放比率。

[例 3-17]

使杜邦系统图在当前窗口全部显示。

- 选择待选区域；
- 从【视图】选项卡下选择【显示比例】命令；
- 选择【恰好容纳选定区域】选项按钮；
- 选择【确定】按钮。

这样就能在当前窗口中看到杜邦系统图的全貌。

到目前为止，我们分别讨论了财务报表分析模型中的比率分析模型设计、趋势分析模型设计、综合分析模型设计等内容，基本掌握了财务报表分析中各模型的设计技术和方法。

本章小结

对财务报表分析模型设计时所用的 Excel 命令、函数、公式定义进行小结。

一、命令和功能

功能和操作	命令
1. 增加一张工作表	【开始】选项卡下的【插入】-【插入工作表】命令
2. 从 Excel 以外的数据库系统中获取数据，并存放在 Excel 工作簿的工作表中	【数据】选项卡下的【自 Access】等命令
3. 当外部数据变化时，更新 Excel 工作表中获取的数据	【数据】选项卡下的【全部刷新】命令
4. 给单元定义名称	【公式】选项卡下的【定义名称】命令
5. 将定义的名称粘贴在公式中	【公式】选项卡下【用于公式】命令下的【粘贴名称】命令
6. 创建多个窗口	【视图】选项卡下的【新建窗口】命令

7. 调整多个窗口的位置	【视图】选项卡的【全部重排】命令
8. 窗口间数据的复制	【开始】选项卡下【粘贴】命令下的【选择性粘贴】命令、【粘贴】命令或者相应的工具
9. 给单元加轮廓线或增加边界线	【开始】选项卡下【格式】-【设置单元格格式】命令下的【边框】标签
10. 关掉工作表网格线	【视图】选项卡下【网格线】命令
11. 对工作表和图表按不同的比率进行缩放	【视图】选项卡下【显示比例】命令

二、函数

1. 求平均值函数

语法：Average（number1，number2，…，number30）

功能：计算并返回参数的平均值。

参数：Number 可以是数值、名字、单元引用等。

2. 求和函数

语法：SUM（number1，number2，…，number30）

功能：计算并返回参数的和。

参数：Number 可以是数值、名字、单元引用等。

三、数据链接公式

本章中涉及多种数据链接公式，即表内数据链接公式、工作表与工作表之间的数据链接公式、立体表链接公式。

下面以在工作表 sheet1 的 B24 单元建立求和公式“＝B17＋C17＋D17”为例，总结在不同情况下建立数据链接公式的方法。

1. 在同一工作表内的数据链接公式的表示。公式中引用的 B17，C17，D17 单元是工作表 sheet1 中的单元，即 B24 单元的公式包含引用本工作表单元的数据链接公式，其表示方法如下：

选择 B24 单元；

输入公式：＝B17＋C17＋D17

或者　＝SUM（B17：D17）

或者　＝SUM（B17，C17，D17）

在 B24 单元的公式中引用了本工作表的 B17，C17，D17 单元，可以直接在公式中输入单元引用。

2. 工作表与工作表之间的数据链接公式的表示。公式中引用的 B17，C17，D17 单元是同一工作簿中工作表 sheet2 中的单元，即 B24 单元的公式包含引用工作簿上其他工作表单元的数据链接公式，其表示方法如下：

选择 B24 单元；

输入公式：＝sheet2！B17＋sheet2！C17＋sheet2！D17

或者　=SUM（sheet2！B17：D17）

对工作表 sheet2 的 B17：D17 单元区域求和；

或者　=SUM（sheet2！B17，sheet2！C17，sheet2！D17）

分别对工作表 sheet2 的 B17，C17 和 D17 单元求和。

在 B24 单元的公式中引用了工作簿中工作表 sheet2 中的 B17，C17，D17 单元，因此必须在引用单元或单元区域前加上工作表名，并用感叹号（!）将工作表名与单元或单元区域引用隔开。“工作表名！单元”或“工作表名！单元区域”也称为引用。

3. 立体表数据链接公式的表示。公式中引用的 B17，C17，D17 单元是工作表 sheet1，sheet2，sheet3，sheet4，sheet5 多张工作表中的 15 个单元，如图 3-18 所示。

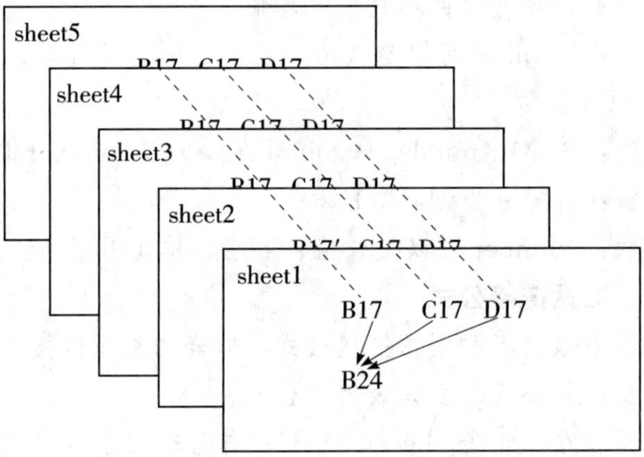

图 3-18　立体数据链接公式

由图 3-18 可知，B24 单元的公式包含多张工作表、多个引用单元的数据链接公式，其表示方法如下：

选择 B24 单元；

输入公式：=SUM（sheet1：sheet5！B17：D17）；

对 sheet1 到 sheet5 的五张工作表的 B17 到 D17 单元区域求和；

或者　=SUM(sheet1：sheet5！B17，sheet1：sheet5！C17，sheet1：sheet5！D17）

分别对 sheet1 到 sheet5 的五张工作表的 B17，C17，D17 单元求和。

在 B24 单元的公式中引用了工作簿中的多张工作表即立体表的 B17，C17，D17 单元，因此必须在引用单元或单元区域前加上工作表区域名（立体表），并用感叹号（!）将工作表区域名（立体表）与单元或单元区域引用隔开。工作表区域（立体表）的表示方法为：在起始工作表和结尾工作表之间插入一个冒号（:）。“工作表 1：工作表 N !单元”或“工作表 1：工作表 N !单元区域”也称为引用。

四、重新命名工作表

当一个新的工作簿建立后，其中的工作表的名字自动按 sheet1，sheet2，…，sheet$n$ 依次命名。如果需要对工作表重新命名，有两种方法：

1. 快捷菜单中的【重命名】命令。

- 选择要重新命名的工作表，单击鼠标右键，出现如图 3-19 所示的快捷菜单；
- 从快捷菜单上选择【重命名】命令，弹出“重命名”对话框，输入新的名字后，按回车键完成重新命名。

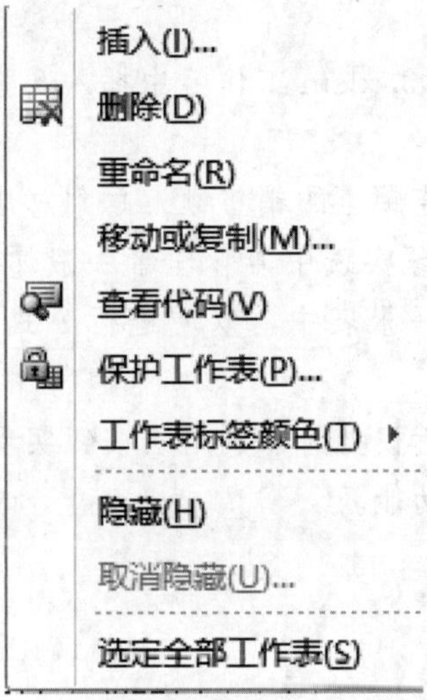

图 3-19　快捷菜单

2. 直接在重新命名对话框更改名字。

- 选择要重新命名的工作表，双击鼠标左键选中工作表名称；
- 输入新的名字后，按回车键完成重新命名。

习　题

1. 在 cwgl03. xlsm 工作簿中建立总账工作表与 income 利润表的数据链接公式。

2. 利用 income 工作表中的数据绘制各种图形。

3. 在数据库系统中建立 gz. mdb 工资数据库文件。

4. 在 cwgl03. xlsm 工作簿中插入一张工作表，使用【数据】选项卡下的【获取外部数据】命令，从工资数据库中获取数据。

5. 练习建立完整的财务比率分析模型。

6. 已知5个连锁分店具有相同结构的销售情况表，如表3-4所示。

表3-4　　连锁店A销售情况表

20××年12月

产品名称	第1季度	第2季度	第3季度	第4季度	合　计
A产品					
B产品					
⋮					
合　计					

要求：

(1) 在cwgl03.xlsm工作簿中插入6张工作表，分别反映5个连锁店和总店的销售情况。

(2) 将5个连锁店的销售额汇总到总店销售情况表中。

7. 在企业管理实践中，管理者一般愿意将财务比率分析模型和资产负债表及利润表置于一张表中，以便进行公式的审核，以及查找数据之间的勾稽关系。

设计比率分析模型时，利用宏按钮实现在比率分析表中隐藏、显示资产负债表和利润表的功能。

第4章

营运资本最优规划管理模型

学习目标

营运资本是指投放在流动资产上的资金。营运资本的主要项目是货币资金、应收账款和存货，它们占用了绝大部分的营运资本。作为一种投资，营运资本是一个不断投入、不断收回、不断再投入的循环过程，没有终止的日期。这就使财务管理人员难以直接评价其投资报酬率。因此，对营运资本投资进行评价的基本方法是以最低的成本满足生产经营周转的需要。本章从讨论营运资本管理的问题出发，在对货币资金管理、赊销策略与最优信用政策、存货管理经济订货批量等营运资本管理的内容进行讲解的基础上，重点讨论营运资本最优规划管理的基础理论——线性规划理论和最优规模管理模型的设计方法，详细介绍利用 Excel 提供的规划求解工具建立模型，以及解决运用营运资本模型进行动态决策的方法。学习本章后应该掌握：

- 营运资本最优规划管理
- 营运资本最优决策的理论基础——线性规划的理论
- 最优决策分析工具——规划求解工具
- 最优订货批量决策模型设计与分析
- 企业集团营运决策模型

4.1 营运资本最优规划管理概述

4.1.1 营运资本管理的意义

营运资本不仅是应付企业日常流动负债的资源（如企业必须用货币资金来偿还日常应收账款、应收票据等），更是企业减少管理费用的切入点（如日本企业提出的“零存货”管理模式，即说明了企业欲从流动资产入手降低管理成本的思想）。营运资本管理也是企业日常经营决策的重要组成部分，主要涉及公司短期的经营活动和财务活动的决策问题。这些短期决策可能由下面一系列事件和决策组成。

事件	决策
购买原材料	订购多少存货总成本最低
支付现金	是否借款或者削减现金余额
销售产品	是否应该向某特定顾客提供信用
回收现金	如何制定合理的收款政策
⋮	⋮

因缺乏短期财务决策和对营运资本缺少有效管理，而导致失败的案例屡见不鲜。因此，企业面对日益激烈的市场竞争环境，必须加强对营运资本的管理。营运资本的最优规划问题主要涉及最佳现金①持有量、赊销策略与最优信用政策、最优订货批量的规划问题。

4.1.2 现金管理与最佳现金持有量的确定

资金是企业的血液，“现金至尊”是现代企业财务管理的基本理念。现金是企业经营的基础，任何一个企业的业务经理和财务经理都十分关注现金管理。采购经理关注是否有足够的现金满足原材料的采购活动；生产经理关注是否有足够的现金支付生产过程的成本费用；销售经理关注是否有足够的资金支持从售前、销售到收款的销售活动；财务经理关注什么时候有现金流入、现金流出，是否有足够的现金满足生产经营的需求；等等。现金管理涉及企业各个部门的经济活动，因此，财务经理需要从战略财务管理的视角出发构建资金集中管理模式②，通过建立资金管理的内部与外部价值链、设计合理的资金计划预算流程等，保证企业有足够的资金支持日常运营；同时，还需要用科学的方法设计最佳现金持有量的决策模型，降低资金成本。

1. 价值链的构建

从企业内部资金管理看，企业集团与各个成员单位存在大量的资金管理活动，因此，在资金集中管理模式的要求上，一般设置资金管理中心（结算中心或者财务公司）管理集团各个成员单位的资金活动，包括资金预算的制定与下

---

① 这里的现金概念等同于货币资金。

② 资金集中管理模式是指在价值链理论的指导下，构建资金管理的信息技术环境，通过组织的创新，即构建集团资金管理组织，为集团成员提供资金共享服务；通过流程创新优化集团资金管理，即使企业集团的资金管理中心与成员单位之间的资金活动形成内部价值链，并使企业集团资金管理中心与商业银行之间形成外部价值链，提高资金的运作效率；通过管理创新，即设计IT环境下的预算、结算、核算有机融合的解决方案，实现集团动态管控资金，保持资金均衡有效地流动，保证集团最大的经济效益。参见张瑞君．基于价值链的财务管理创新．北京，中信出版社，2007.

达、资金下拨、资金上划、资金结算、资金协同核算等，由此形成企业集团资金管理中心与成员单位的内部价值链。

从企业外部来看，一方面为了进一步提高企业资金调拨和划转的效率，保证资金流动的安全性和便捷性，越来越多的企业开始将自身的集团资金管理系统和商业银行的网络进行对接，通过商业银行的网络系统进行资金的结算和调拨等。另一方面，为了满足企业集团进行资金管理的需要，各大商业银行也纷纷推出了企业网上银行服务，企业集团借用商业银行的网络进行集团成员单位之间以及与外部客户的款项收付、银行账户管理、资金头寸管理以及人民币和外汇代理理财业务；同时，随着网络银行的不断成熟，为了解决集团财务信息与银行账务信息一致性的问题，满足企业高端客户对网上银行提出的个性化需求，有的商业银行推出了网上银行“银企互联”，即通过将企业 ERP 系统或者资金管理系统与商业银行网上银行系统进行有机的集成，企业直接通过内部 ERP 系统或者资金管理系统的界面就可享受银行账户信息查询、下载、转账支付的服务。企业集团与银行之间的资金活动形成了企业集团资金管理中心与银行之间的外部价值链，如图 4-1 所示。

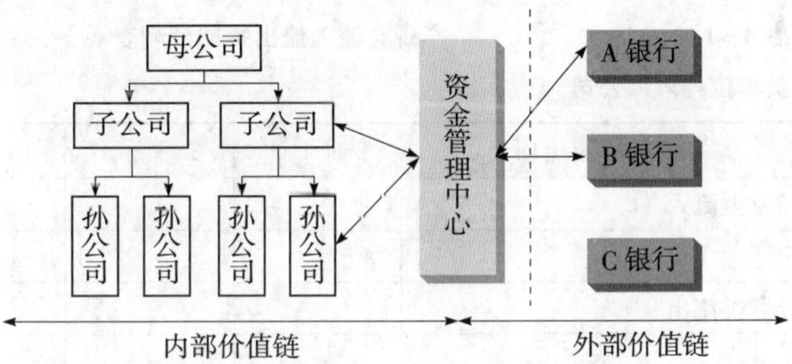

图 4-1　资金管理的价值链

通过上述分析可以看出，在信息技术广泛应用的今天，资金集中管理的价值链设计涉及集团资金管理中心、集团成员单位以及商业银行，它们之间的资金活动相互联系、相互作用、相互约束，共同形成了集团资金管理的内部、外部价值链。因此，资金管理的价值链设计成为资金管理的重要内容。

2. 资金计划预算流程设计

企业集团资金集中管理是一个充满创新的过程，在集中管理模式下如何及时掌握集团及下属企业的现金流量、流向与存量，如何对成员单位的资金流动进行统筹规划、平衡资金需求，如何减少因企业内部交易而产生的不必要的资金流动等一系列问题的解决都需要资金计划预算流程的支持。可以说，资金计划预算的设计是资金集中管理的重要内容，是资金管理中心进行资金调拨的依据，也是对成员单位的资金收支进行监控、分析和考核的重要工具。

一般来讲，资金计划预算流程经历了预测，即根据日常经营活动等自动生成预测资金的需求量；编制资金计划（预算），即根据资金的需要量编制成员单位的资金计划；汇总并批准计划，即资金管理中心将各个成员单位的资金计划进行汇总，并在考虑资金供需平衡的基础上修改、审核和批准资金计划；下拨资金，即资金管理中心通过商业银行的网银系统自动实现资金的下拨。下面我们就几个关键内容进行讨论。

（1）资金预测。从企业集团资金运动过程来看，资金增减变化来自三类活动，即经营活动、投资活动和筹资活动。如果企业集团实现了财务集中核算模式或者财务共享服务模式，则与资金流入、流出相关的所有数据都会集中存放在中央数据库中。因此，集团成员单位可以通过系统从数据库中获取销售订单、应收款、到期存款、经常性收入等信息，以得到短期现金流入量；通过在数据库中获取采购订单、应付款、到期贷款、经常性支出等信息，以得到短期现金流出量等，自动生成短期预测表，如表4-1、图4-2所示。由于信息技术的支持，资金的预测成为可能，这也为资金管理中心动态把脉资金的流量和流速提供了保证。

表4-1　　现金流入流出短期预测表

成员单位：××公司

现金流入、流出项目	2月1日	2月2日	…	2月5日
经营类流入				
⋮				
经营类流出				
⋮				
合计				

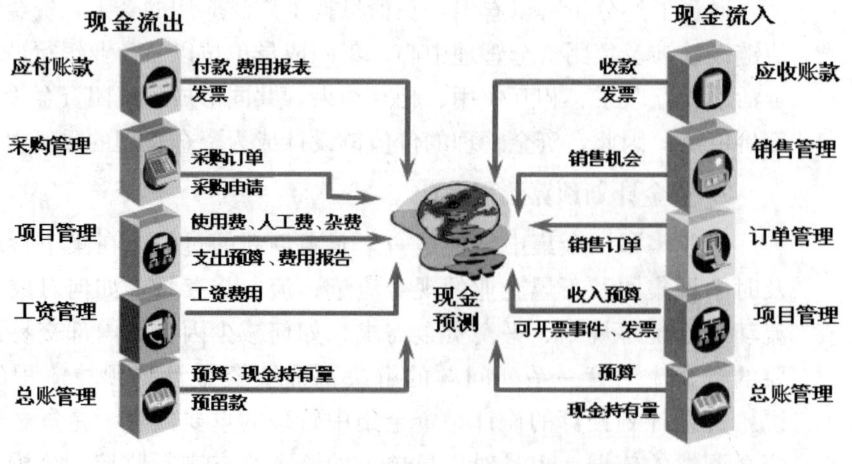

图4-2　资金预测基本原理

（2）资金计划汇总和生成资金计划。在非网络环境下，由于没有网络的支持，各个成员单位的资金计划不准确，导致资金管理中心的汇总计划更是纸上谈兵。在网络环境下，各个成员单位将自己的资金预测表通过网络上传到资金管理中心，资金管理中心通过系统自动将成员单位的预测数据转化成计划数，并选择计划编制期（月、旬、周、日），在平衡资金需求的基础上编制和生成资金计划，如图 4－3 所示。

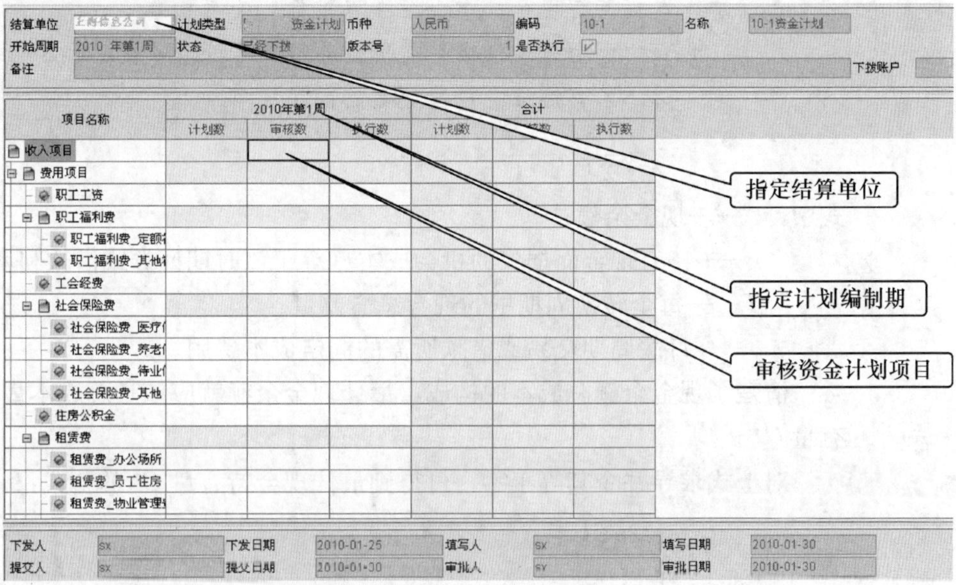

图 4－3　资金管理中心资金计划的编制过程

3. 最佳现金持有量的决策问题

企业既不能保留太多的货币资金，又不能一点都没有。到底保留多少现金余额才合适？这是现金管理的一个核心问题。企业财务管理部门通常根据自身特点确定一个合理的现金余额目标，使现金持有量达到最佳状态。

确定最佳现金持有量的理论方法很多，如巴摩尔模型（The Baumol model）、米勒-奥尔模型（The Miller-Orr model）、成本分析模型等。这里仅介绍巴摩尔模型，并通过对此理论的讨论，为建立最佳现金持有量计算机模型奠定理论基础。

巴摩尔模型的理论依据是把持有的有价证券同货币资金的库存联系起来，比较现金储存的成本和买卖有价证券的固定成本，以求得两者之和最低时的现金余额。

按巴摩尔模型确定最佳现金余额，要建立在以下条件上：

（1）企业一定时期内货币现金支出和收入的变化是周期性均衡发展的，其现金余额也定期由最低时的零到最高时的 C 变化，其平均现金余额为 $C/2$。

（2）当现金余额趋于零时，企业靠出售有价证券或借款来补充。不管是保留现金还是出售有价证券都要付出一定代价。保留现金意味着放弃了由有价证券带来利息的机会，出售和购进有价证券意味着要花费证券交易的成本。保持现金余额越多，机会成本越大；证券交易买卖的次数越少，买卖交易的成本则越低。

现金余额总成本公式为：

$$\begin{aligned}总成本&=持有现金成本+证券（借债）交易成本\\&=现金平均余额\times有价证券利率+变现次数\\&\quad\times有价证券每次交易的固定成本\\&=\frac{C}{2}\times r+\frac{T}{C}\times b\end{aligned}$$

式中，C——现金余额；

r——持有现金而损失的机会成本（等于该时期证券或借款利率）；

T——每个转换周期中的现金总需要量；

b——每次周期交易或借款所需的固定成本费用。

清楚了现金余额总成本的构成，最佳现金余额就应该是总成本最低时的持有量 C^*。

对上式求导并令其等于零，可得到最佳现金持有量 C^* 的公式：

$$C^*=\sqrt{\frac{2bT}{r}}$$

4.1.3 赊销策略与最优信用政策

应收账款是指企业因对外销售产品、材料、提供劳务及其他原因，向购货单位或接受劳务的单位及其他单位收取的款项，包括应收账款、其他应收款、应收票据等。应收账款管理的好与坏，特别是赊销策略和信用管理的好与坏直接影响到资金是否能够及时回笼，直接关系到企业是否有足够的资金保证日常的运营管理。

1. 赊销策略

应收账款管理中一项很重要的内容就是赊销策略的制定问题，该策略的好与坏直接影响到资金的流量和流速。企业的利润主要来源于销售。在一定条件下，销售量越大，利润也越多。但是，赊销策略过松将有可能导致在利润持续增长的情况下现金流入相对减少。因此，制定合理的赊销策略是非常重要的。赊销策略有四个基本影响因素：

（1）信用期间。允许客户从购货到必须付款之间的时间，或者说是企业给予顾客的付款期间。例如，若企业允许客户在购货后50天内付款，则信用期间为50天。

确定信用期间，主要是分析改变现行信用期间对收入和成本的影响。延长信用期间会使销售额增加，产生有利的影响；与此同时，应收账款的坏账损失、收账费用将增加，产生不利的影响。当有利影响大于不利影响时，可以延长信用期间，否则不宜延长。

(2) 信用标准。同意向客户提供商业信用而提出的基本要求，通常以预期的坏账损失率作为判断标准。如果企业的信用标准较严，只对信用很好、坏账损失率很低的客户给予赊销，会减少坏账损失，减少应收账款的机会成本，但这可能不利于扩大销售，甚至会使销售额减少；反之，如果企业的信用标准较宽，虽然会增加销售额，但会相应增加坏账损失和应收账款的机会成本。企业应根据具体情况进行权衡。

(3) 现金折扣。它是客户及时付款时所给予的优惠折扣。例如，10 天内付款给予折扣 2%；10 天后付款，不享受任何折扣；30 天则是付款的最后期限。其表达方式为：2/10，n/30。现金折扣缩短企业的平均收款期，并招揽一些视折扣为减价的顾客前来购货，借此扩大销售额，但也会增加成本，即价格折扣成本。当企业给予顾客某种现金折扣时，应当考虑折扣所带来的收益与成本孰高孰低，权衡利弊，择优决策。

(4) 收账政策。收账政策包括监控应收账款以及及时发现问题和收回逾期账款，以什么方式和花费多大代价去收取账款。催收账款要发生费用，一般来说，收账的花费越大，收账措施越有利，可收回的账款就越大，坏账损失就越小。因此，制定收账政策，就是在收账所花费的成本和所减少的坏账损失之间做出权衡。账龄分析表就是一个非常重要的工具。

2. 最优信用政策的决策

原则上，最优的信用额取决于这样一个临界点：促销效应带来的增量现金流量恰好等于增加应收账款投资引起的增量持有成本，如图 4－4 所示。

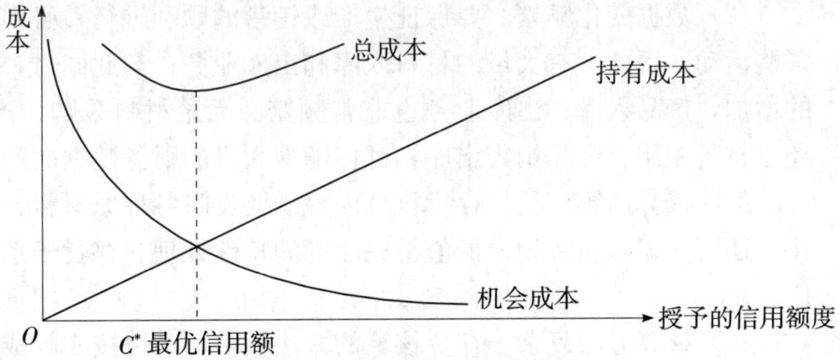

图 4－4　最优信用决策

(1) 持有成本。给和不给信用之间的权衡不难做出，难的是精确地量化。因此，我们只能描述一种最优的信用政策。给予信用相关的持有成本存在三种形式：应收账款要求的收益率、坏账损失、管理信用和回收账款的成本。随着信用政策的放宽，这三种成本都会升高。持有成本是授予信用而必须发生的现金流量，它与提供的信用额正相关。

（2）机会成本。如果企业采取的是很严格的信用政策，那么三种持有成本都很低。在这种情况下，企业信用"紧缩"，故出现机会成本。机会成本是指由于拒绝提供信用而导致本来可以通过信用销售获得的额外潜在利润的损失。因而放弃的收益来自两个方面：销售数量的增加以及可能的较高价格。机会成本是拒绝信用导致的销售损失，随着信用政策的放宽，这些成本会随之降低。

（3）总成本。特定的信用政策、持有成本和机会成本之和称为总信用成本曲线（credit cost curve）。从图4-4中可以看出，存在一个总信用成本最小的点 C^*，该点就是最优信用额或最优应收账款投资额。

如果企业提供的信用超过该点，新客户带来的额外现金流量将不能抵消应收账款投资的持有成本；如果低于该点，企业实际上是在放弃有价值的利润机会。因此，最优信用额的确立问题是营运资本管理中的关键问题之一。

4.1.4 存货管理与经济订货批量

存货管理也是一项重要的营运资本管理。存货管理的好与坏直接影响到企业资金管理的效率和质量。存货管理的内容很多，下面我们就几个关键问题进行讨论。

1. 存货管理的特点

（1）数据存储量大。无论是工业企业还是商业企业，存货的品种规格都非常多，要对每个具体的品种进行详细全面的反映，每种材料的核算既要反映其数量指标，又要反映其价值指标；既要反映动态的状况，又要反映静态的信息。

（2）数据变化频繁。要保证生产或销售的顺利进行，必须经常进行存货的采购活动，因此，有大量的材料入库和出库业务；与此同时，随着销售业务量的增加，产品入库、出库业务也非常频繁。无论材料采购、产成品完工入库，还是材料领用、产品销售出库，都伴随着大量的财务数据的产生和变化。

（3）核算内容广泛。存货核算内容既要反映各种原材料、产成品的增减变化，还要考虑对包装物、低值易耗品等的特殊处理。存货子系统核算内容极为广泛。

（4）核算方法复杂。存货核算的方法较多，可以按实际成本核算，也可以按计划成本核算。按实际成本核算的方法有先进先出法、加权平均法、移动平均法、个别计价法。按计划成本组织核算时，还要进行成本差异的计算和分配。在存货账面价值与实际价值相差较大时，还应采用成本与市价孰低法按存货项目、存货类别等对期末存货成本进行调整。

（5）管理要求高。存货核算与管理不仅要正确地反映存货的入库、出库、结存等信息，还要从管理的视角为各业务部门及时准确地提供各种信息。

1）成本管理信息：存货成本、商品销售成本；

2）存货预警信息：哪些存货超储与储量不足，存货超储期是多少；

3）占用资金分析信息：每种存货占用多少资金，超储存货占用多少资金等；

4）存货管理效率信息：各种存货的周转率、周转天数等；

5）存货管理人员的评价信息：优质存货由谁采购，创造价值最多的采购人员信息等。

2. ABC 存货管理法

ABC 是存货管理的一种简单方法，基本原理是按成本的比重高低将各成本项目分为 A，B，C 三类，对不同类别的成本采取不同的控制方法。这一方法符合“抓住关键少数，突出重点”的原则，是一种比较经济合理的管理方法。该法既可用于单一品种各项成本的控制，也可用于多品种成本控制，还可用于某项成本的具体内容的分类控制。A 类成本项目占三类成本总和的比重最大，一般为 70%以上，但实物数量则不超过 20%；归入 B 类成本项目的成本比重为 20%左右，其实物量一般不超过 30%；C 类项目实物量不低于 50%，但其成本比重则不超过 10%。按照 ABC 存货管理法的要求，A 类项目是重点控制对象，必须逐项严格控制；B 类项目是一般控制对象，可分不同情况采取不同措施；C 类项目不是控制的主要对象，只需采取简单控制的方法即可。显然，按 ABC 存货管理法分析成本控制对象，可以突出重点，区别对待，做到主次分明，抓住成本控制的主要矛盾（见表 4－2）。

表 4－2

类别	划分标准			
	占储存成本比重	实物量比重	控制方法	适用范围
A	70%左右	不超过 20%	重点控制	品种少、单位价值高的材料
B	20%左右	不超过 30%	一般控制	介于 A，C 二者之间的材料
C	10%左右	不低于 50%	简单控制	品种多、单位价值低的材料

3. 经济订货批量

为了保证企业生产、销售的持续和正常进行，在一定时期内保持一定数量的存货，对任何一个企业都是必需的。但是存货资金在企业全部流动资金中占有相当大的比重，存货的取得、保管又需要付出成本。日本企业曾经提出“零库存”的口号，但这并不意味着在生产过程中一点存货都没有，而是对存货水平进行恰当的控制，在保证生产经营活动顺利进行的前提下，尽可能降低存货。任何一个企业对库存水平的确定，其目标并不是“零”而是

"最优"。

经济订货批量方法的基本原理是借助各类物资库存成本的不同特点，寻求它们之间的变化规律，找出一个总库存成本最低时的库存水平（存货数量）。

（1）模型1：经济订货批量基本模型。

假设条件：

- 存货的年需要量和日消耗量是均衡的。
- 从存货到货物到达所间隔的时间是固定的，且每批货物均一次到达。
- 不考虑数量折扣。
- 不会发生缺货。

所谓订货批量，是指每次订货的数量。在某项存货年需要量既定的前提下，降低订货批量，一方面可以使存货的储存成本（指变动储存成本/持有成本，下同）随着平均储存量的下降而下降（因为平均储存量相当于订货批量的一半），另一方面使订货成本（变动订货成本，下同）随着订货数量的增加而增加。减少订货批量以降低订货成本，会使储存成本增加。

决策分析的目的是要找出使两种成本合计数最低的订货批量，即经济订货批量，如图4-5所示。

总成本＝储存成本＋订货成本

＝平均存货×单位存货储存成本＋每次订货的成本×订货次数

$=Q/2\times C+K\times D/Q$

式中，D——某存货的全年需要量；

Q——每次订货数量；

D/Q——订货次数；

K——每次订货成本；

C——单位存货年储存成本。

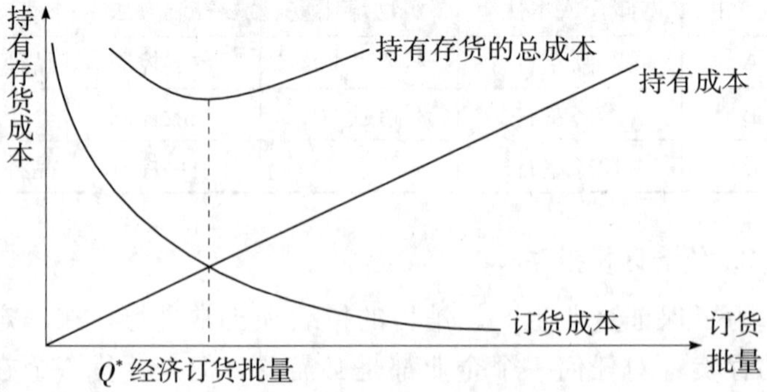

图4-5　经济订货批量

（2）模型2：经济订货批量的改进模型——陆续到货。

经济订货批量的基本公式是在前面的假设条件下建立的，现实生活中很难满足这些条件，为了使模型更接近实际情况，应该放宽条件，改进模型。

一般来说，货物不能一次到达，可能陆续入库，使存货陆续增加。在这种情况下，就需要对基本模型做一些修改。

设 P 为每日送货量；Q/P 为每批存货全部送达所需日数；d 为每日消耗量；$Q/P\times d$ 为送货期内全部耗用量。

由于存货边送边用，因此每批送完时，最高库存量为 $Q-Q/P\times d$，则平均存量为：

$$(Q-Q/P\times d)/2$$

因此基本模型扩充为：

$$T=\text{储存成本}+\text{订货成本}$$
$$=1/2\times(Q-Q/P\times d)\times C+D/Q\times K$$

最优订货批量 Q^*：总成本 T 最低时的订货批量 Q

每年最佳订货次数：$N^*=D/Q^*$

最佳订货周期：$t^*=1$ 年$/N^*$

经济订货批量占用资金：$I^*=(Q^*/2)\times$ 单价

(3) 模型 3：考虑数量折扣、陆续到货的经济订货批量模型。

数量折扣是指供应商对一次购买某货品数量达到或超过规定限度的客户，在价格上给予优惠。在经济订货批量基本模型的基础上，考虑到存货不能一次到达，各批存货可能陆续入库以及因订货批量不同供应商给予的不同折扣，对基本模型做一些修改，使其进一步完善。在实际决策过程中，企业应结合具体情况不断完善模型，从而建立较合理的模型。

通过上述分析可知，现金管理中的一个重要管理内容——最佳现金持有量的决策问题；应收账款管理中的一个重要管理内容——最优信用政策的决策问题；存货管理中的一个重要管理内容——经济订货批量的决策问题。这些决策问题都属于营运资本的最优决策问题，是线性规划理论的应用问题。如何在信息技术环境下建立最优模型并进行动态决策，是本章重点关注的问题。

4.2　营运资本最优决策的理论基础——线性规划的理论

线性规划是运筹学中运用较为广泛的一个分支。它最初是为了解决第二次世界大战中的后勤问题。随着计算机技术的发展，线性规划已广泛应用于商业、工业和军事中，如人力资源规划、选址问题、库存管理、生产计划、投资分析、营销决策等，使企业的生产经营更加科学化。在营运资本的管理过程中，管理者常常会遇到一些求最优解的问题，如哪种情况下利润最大，成本最小。在流动资金投资与管理中更是如此，必须考虑在什么样的订货批量下，存货总成本最低；现金持有量达到多少时，持有现金的成本最低。线性规划理论为解决这些问题提供了支持。

4.2.1 线性规划的基本概念

线性规划是研究有限资源约束条件下实现资源最优配置，取得最优经济效果的一种应用数学模型，是各类经济决策者解决确定性决策问题时使用的最方便、最有效的工具之一，由于线性规划求解过程比较复杂，一般需要编制计算机程序进行处理，限制了其在经济管理工作中的普及应用。随着计算机应用技术的发展，求解线性规划已不再是什么难题。

线性规划与其他学科一样，也是因生产力发展的需要而产生、发展的。线性规划研究的问题主要有两类：一是一项任务确定后，如何统筹安排，做到用最少的人力物力去完成这些任务。二是已有一定数量的人力物力，如何安排使用，使得完成任务最多。

其实这两类问题是一个问题的两个方面，就是寻求整个问题的某个整体指标最优。在经济管理中这两类问题很多，如运输问题，在某一地区内，有某种产品的产地与销地各若干个，把这种产品从各个产地运送到各个销地，调运方案很多，应该如何组织调运，才能使总的费用或运输量（即总的运行吨公里数）最少；又如，生产的组织与计划问题，一个工厂或车间有各种不同类型的车床，不同车床生产各种零件的效率不同，在一个生产周期内，应该如何安排各车床的生产时间，使得成套产品的生产效率最高。类似的还有劳动力安排、生产力布局、投资和计划分配问题等。线性规划在经济管理中的应用具有广泛性和解决实际问题的多样性，利用线性规划方法能够提高经济管理决策的科学性，促进资源配置的优化。

4.2.2 线性规划的数学模型与构建方法

1. 线性规划的数学模型

用线性规划解决经济中的实际问题，一方面必须把实际问题分项整理，将约束条件和要达到的目标用数学关系进行描述，另一方面要确定用什么样的方法求解。具体来讲，应用线性规划建立模型应做到：

（1）要求目标函数的线性化。即目标函数的方程式中，只能有一次函数，不能出现多次函数，否则就需要用非线性规划方法求解。

（2）要求变量与资源之间的比例性和可分性。比例性即某种变量发生一定比例的变化，各种生产要素也要发生相同比例的变化，不成固定比例的因素之间不能用线性规划求解。可分性就是要求变量表示的资源可以按份数任意分割。

（3）要求变量与约束条件的有限性。线性规划不能进行无限变量和无限约束条件的经济决策。

（4）要求不同变量资源的可加性和变量的非负性。任何变量都应该是正取值或零取值，而不能出现负值，所以在约束条件中必须规定变量的非负性。

2. 模型构建的关键要素

模型构建的关键要素包括定义决策变量、确定目标函数方程式、约束条件、最优解。下面我们结合案例进行讲解。

[例 4-1]

雅致家具厂生产四种小型家具，由于这四种家具具有不同的大小、形状、重量和风格，因此其主要原料（木材和玻璃）、制作时间、最大销售量与利润均不相同。该厂每天可提供的木材、玻璃与工人劳动时间分别为 600 单位、1 000 单位与 400 小时（见表 4-3）。

表 4-3　雅致家具厂基本数据

家具类型	劳动时间（小时/件）	木材（单位/件）	玻璃（单位/件）	单位产品利润（元/件）	最大销售量（件）
1	2	4	6	60	100
2	1	2	2	20	200
3	3	1	1	40	50
4	2	2	2	30	100
可提供量	400（小时）	600（单位）	1 000（单位）		

问题：如何安排这四种家具的日产量，使该厂的日利润最大？

（1）定义决策变量。根据问题中所给的条件，设 X_1，X_2，X_3，X_4 分别为四种家具的日产量，由此定义决策变量。

（2）确定目标函数方程式。设 P 为工厂的日利润，则目标函数方程式为：

$$\max P=60X_1+20X_2+40X_3+30X_4$$

（3）约束条件。在本例中，销售量和可供量都是有限的，因此确定如下约束条件：

$$2X_1+X_2+3X_3+2X_4\leqslant 400$$
$$4X_1+2X_2+X_3+2X_4\leqslant 600$$
$$6X_1+2X_2+X_3+2X_4\leqslant 1\,000$$
$$X_1\leqslant 100$$
$$X_2\leqslant 200$$
$$X_3\leqslant 50$$

$X_4 \leqslant 100$

$X_1, X_2, X_3, X_4 \geqslant 0$

（4）最优解。如何安排这四种家具的日产量，使该厂的日利润最大？这就需要最优解，即利润最大时四种家具的日产量。在计算机技术未得到广泛应用前，线性规划理论在经济管理中的应用非常有限，即便设计出决策模型，也会因计算的复杂性让人望而却步。计算机技术的发展和应用为科学决策提供了保证。Excel 中的规划求解工具能够支持我们进行动态规划求解。

4.2.3 最优解的敏感性分析

一旦确定了最优解，接下来的问题就是当输入参数发生变化时，或者约束的数量或变量的数量发生变化时，最优解将发生怎样的变化。这种变化的效果称为敏感性分析（sensitivity analysis）或后验分析（post-optimality analysis）。

1. 敏感性分析能够回答的问题

- 最优：在给定的设置条件下最优决策是什么？
- 预测：如果环境改变，最优决策将发生什么变化？
- 如果一些参数变化，结果如何？
- 如果获得更多的稀缺资源，结果如何？

例 4-1 中，管理者根据环境的变化进行敏感性分析：

- 如果家具厂向工人支付每小时 10 元的加班费，是否合理？
- 如果可提供的工人劳动时间变为 398 小时，该厂的日利润将怎样变化？
- 家具厂应该优先考虑增加哪种生产原料？
- 若因市场变化，第一种家具的单位利润从 60 元下降到 55 元，家具厂的生产计划和日利润将怎样变化？

在手工环境下得到这些问题的答案非常困难。在 Excel 模型中，通过自动产生的敏感性分析报告就可以动态地回答这些问题，该报告展示了解决方案对问题所有要素的变化的敏感程度，同时展示了敏感性分析的关键指标，如影子价格、递减成本等。

2. 敏感性分析的经济学解释

在敏感性分析时要用到的几个关键指标如下：

（1）最优域（range of optimality）。目标函数系数的敏感性分析主要讨论的问题是：保持其他因素不变，在不改变最优解的前提下，目标函数一个系数允许变化的范围。

最优域

假设输入参数中没有其他变化：

1. 最优域是指保持最优解不变，目标函数中的一个系数所允许变化的范围。

2. 如果在目标函数中该系数与非零变量相乘，则目标函数的值将会改变。

（2）影子价格（shadow price）。影子价格是用于衡量约束条件方程式右边每增加一个单位时目标函数值的增加量。对稀缺资源来讲，限制条件右边的值增加一个单位，目标函数的值就增加影子价格的值。

影子价格

假设输入参数不存在其他变化：

某个约束的影子价格是指该约束条件方程式右边每增加一个单位时所导致的目标函数的变化量。

（3）递减成本（reduced cost of a decision variable）。如果递减成本有值，则预示着这种决策变量带来的成本太高，该决策变量取值为零。

递减成本

假设输入参数不存在其他变化：

1. 递减成本是指为使原本最优解中值为零的决策变量的值变为正数，目标函数的变化值等于该变量所对应的系数所需的最小增加量的相反数。

2. 递减成本也等于该变量每增加一个单位所导致的目标函数的变化量。

注意，如果某个变量的值已经为正，那么其成本降低为零。因此变量与递减成本的值中总有一个为零。该属性被称为目标函数系数的互补松弛性。

4.3　最优决策分析工具——规划求解工具

在手工环境下，企业往往忽视了营运资本的科学管理，很多企业甚至没有建立起自己的营运资本管理模型，只凭经验办事。如在现金持有量的把握上，凭经验“应该是这么多”，更有甚者，“有多少算多少”，毫无依据。在计算机环境下，营运资本管理模型的建立无疑可以改善这种现状，无论是求最优解还是动态获得敏感性报告，都可以在计算机中建立模型，并在 Excel 规划求解工具的支持下实现。下面我们学习 Excel 中提供的规划求解工具。

4.3.1 建立和使用"规划求解"

在工作表投资决策模型中，当调整几个单元格内的数据，才能求得某个特殊单元格的最佳值，或者对涉及这些计算的数值加上一些特殊限制的时候，就可以使用规划求解工具来标识目标单元格、可变单元格以及在分析中所使用的约束条件，定义需要规划求解的问题。通过规划求解，可以为工作表目标单元格中的公式找到一个优化值。规划求解将对直接或间接与目标单元格中公式相联系的一组单元格中的数值进行调整，最终在目标单元格公式中求得期望的结果。这些在求解过程中可以修改其中数值的指定单元格称为"可变单元格"。在创建模型的过程中，可以对规划求解模型中可变单元格的数值应用约束条件，而且约束条件可以引用其他影响目标单元格公式的单元格。定义了问题并启动求解过程之后，规划求解便会求得符合约束条件的值，并产生目标单元格期望的数值，然后将产生的结果显示在工作表上。

在使用"规划求解"前，必须先建立"规划求解"。具体步骤如下：

单击【文件】，打开处于下方的【选项】，然后选择"加载项"，如图4-6所示。

图4-6 打开加载项

在"加载项"中单击"转到（G）..."，则出现【加载宏】对话框，选择"规划求解加载项"。最后点击【确定】，如图4-7所示。

此时在【数据】选项卡下便出现了【规划求解】功能，如图4-8所示。

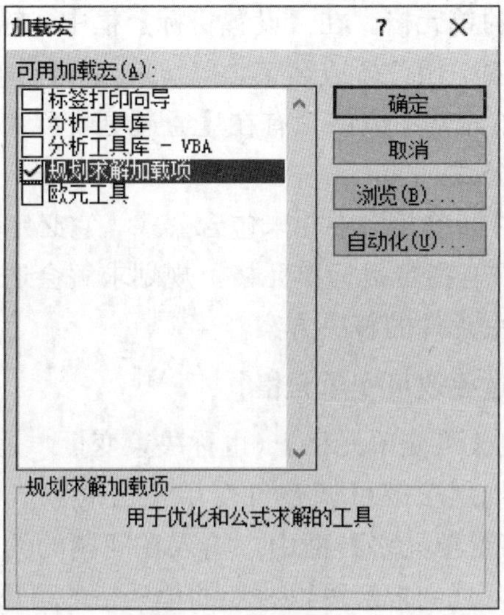

图 4－7　加载宏界面

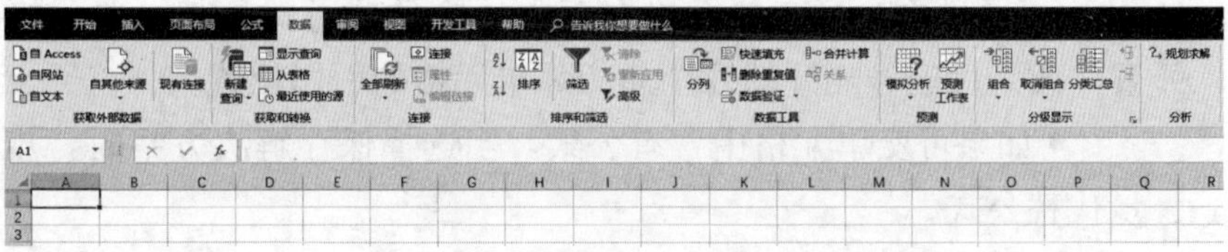

图 4－8　数据选项卡界面

使用规划求解工具只需从【数据】选项卡下选择【规划求解】按钮，便出现【规划求解】对话框，如图 4－9 所示。

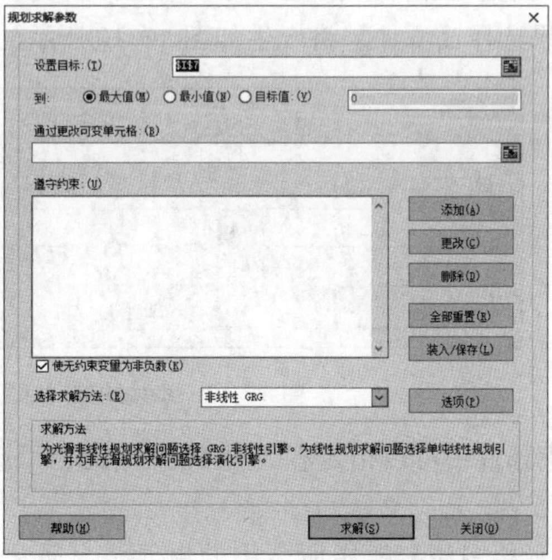

图 4－9　规划求解对话框

1. 【设置目标】

【设置目标】（也称目标或目标函数）是工作表模型中可设置最大值、最小值或特定值的单元格。在【设置目标】框中，输入希望被设置成最大值、最小值或特定值的引用位置或名字。

• 目标单元格中应该含有在【通过更改可变单元格】框中所指定的可变单元格的有关公式。

• 如果目标单元格中并未包含公式，它必定也是一个可变单元格。

• 如果没有指定目标单元格，规划求解会通过调整可变单元格的值，找出符合所有约束条件的解决方案。

2.【通过更改可变单元格】

【通过更改可变单元格】（也称决策变量）是会对目标单元格数值产生影响的单元格。规划求解可调整可变单元格的数值，直到找出解决方案为止。在【通过更改可变单元格】框中，输入在问题的约束条件被满足及目标单元格达到目的之前，规划求解可以改变的单元格的引用位置或名字。

• 可变单元格最多可以指定200个。

•【通过更改可变单元格】框中的输入项通常是某个单元格区域的引用位置，或是用逗号隔开的几个非相邻单元格的引用位置。

• 如果可变单元格中含有公式，当选择保存解决方案时，规划求解会用常量代替公式。

3.【遵守约束】

【遵守约束】即约束条件，是必须符合某些限制或目标值的单元格数值。约束条件可以用在目标单元格和可变单元格上。使用【规划求解】对话框中的【添加】【更改】【删除】按钮，可以增加、改变、删除约束框中的一系列约束条件。如果选择【添加】将产生如图4-10所示的对话框。

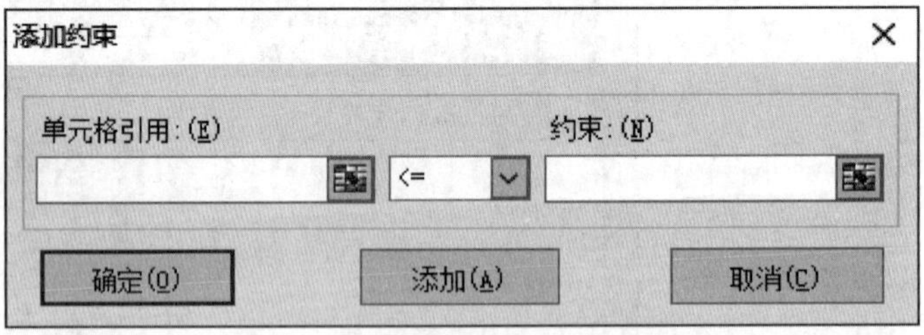

图4-10　添加约束对话框

• 约束条件中可以指定模型中任意单元格（包括目标单元格和可变单元格）的上下界。

•【单元格引用】框中所引用的单元格，通常含有与一个或多个可变单元格直接或间接相关的公式。

• 当使用“int”运算符时，表示有约束条件约束的数值只能是整型。

• 只有可变单元格才可以限制为整型。

● 对于每一个问题，都可以为每个可变单元格指定两个约束条件（上界和下界）。

4.【选项】

【选项】允许控制求解过程的高级特性并加载或保存工作表上一个特殊问题的选择；可以为线性问题和非线性问题之间的差异定义参数。【选项】对话框如图 4－11 所示。

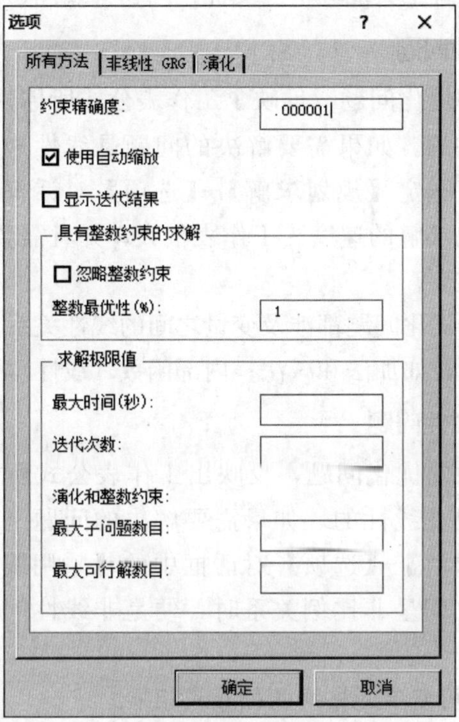

图 4－11　选项对话框

【最大时间】限制求解过程花费的时间，其值必须是正整数。

【迭代次数】通过限制间隙计算的次数来限制求解过程花费的时间，值必须是正整数。

【约束精确度】控制规划求解找到的答案的精度。在【精度】框中输入的数：

● 用来决定约束值是否满足目标或满足所指定的上下界。

● 必须是一个 0～1（不包括 0 和 1）的小数。

● 默认值为 0.000 001。

【显示迭代结果】选择此选项后，在每次迭代后中断规划求解，显示迭代结果。

【使用自动缩放】当输入（【通过更改可变单元格】）、输出（【设置目标】）

和【限制】在数量上有较大差别时，选择此选择框。

5.【求解】

选择【求解】按钮便开始规划求解过程，直至达到目标值。

4.3.2 规划求解可以分析的问题类型

规划求解工具能分析三类优化问题：线性、非线性、整型。

1. 线性问题

线性的优化问题，反映了工作表公式所体现的问题的各元素之间的相互关系是线性的。如果需要解决的问题是线性规划问题或线性方程组和不等式，则可以选定【规划求解】-【选项】对话框中的【采用线性模型】选择框，以加快求解的速度。工作表很大，并且需要很长的时间重新计算时，这样做格外重要。

大部分优化问题都涉及变量之间的线性关系。线性问题包含使用简单算术操作的问题，如加法和减法；内部函数（线性），如 SUM（）等。

2. 非线性问题

非线性的优化问题，反映出工作表公式所体现的问题的各元素之间的相互关系是非线性的。如果需要解决的问题是非线性规划问题，则不能选定【规划求解】-【选项】对话框中的【采用线性模型】选择框。当一个或多个元素之间呈非比例关系时，便是非线性问题。非线性问题发生的情况可能是：

- 部分可变单元格两两相除或相乘。
- 问题中使用了指数。
- 使用了内部函数（非线性），如 GROWTH（）等，和对数函数。

3. 整型问题

使用规划求解将整型约束条件应用到问题的任何元素上，便可以产生整型的规划求解问题。当问题中所使用的数值或结果必须为“是”或“否”（1或0），或不需要小数位数时，就可以使用整型约束条件。使用整型规划方法会大大增加规划求解方案所花费的时间。

4.3.3 规划求解所得到的结果

在自动生成最优解的同时，为了帮助决策者进行敏感性分析或后验分析，Excel 自动提供三类报告。

当求解问题的过程结束时，会出现一个对话框，如图 4-12 所示。

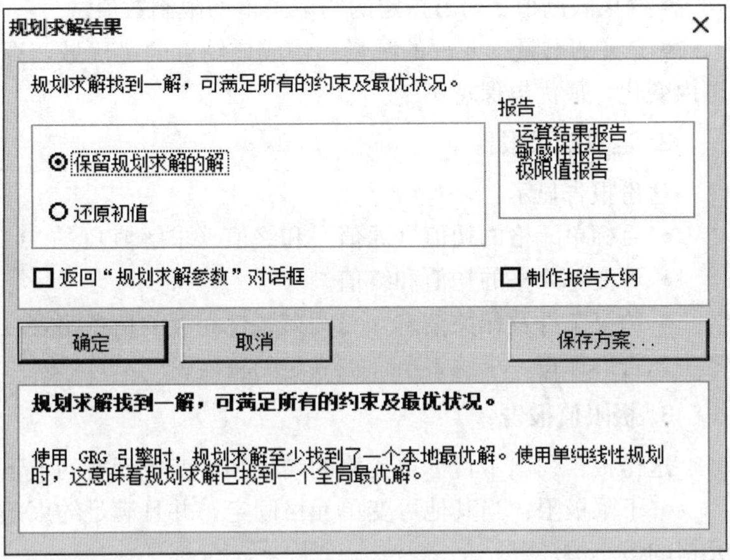

图 4－12　规划求解对话框

图 4－12 中有几种选择：

- 将规划求解所找到的解决方案保存起来，或恢复工作表中原来的数值。
- 使用【保存方案】按钮将解决方案保存到一个已命名的方案中。
- 显示任何规划求解的内部报告。

Excel 规划求解的结果可以用三种汇总报告（即敏感性报告、运算结果报告、极限值报告）形成保存在当前的工作簿中。

1. 敏感性报告

敏感性报告包括的信息，展示了解决方案对问题所使用公式的变化的敏感程度。

（1）在敏感性报告中为每一个可变单元格（决策变量）显示以下信息：

● 终值：完成最优规划求解过程后，自动给出该决策变量的终值。

● 递减成本：代替递减梯度，用于衡量决策变量每增加一个单位时，所导致的目标函数的增加量。

● 目标式系数：衡量可变单元格（决策变量）和目标单元格（目标函数）之间的相对关系。

● 允许的增量、允许的减量：构成该决策变量的最优域，即该变量系数在最优域范围内变化，最优解保持不变。

（2）在敏感性报告中为每一个约束条件单元格显示以下信息：

● 终值：完成最优规划求解过程后，自动给出该约束的终值。

● 影子价格：代替拉格朗日乘数，用于衡量约束右边每增加一个单位时，目标函数的变化量。

● 约束限制值：列出指定的约束条件的限制数值。

● 允许的增量、允许的减量：构成该约束的最优域，即该约束在最优域范围内变化，最优解保持不变。

2. 运算结果报告

这份报告显示：

● 目标单元格的初值（原值）和终值（求解值）。

● 可变单元格的初值和终值。

● 约束条件及相关信息，与约束条件相关的信息出现在状态栏和松弛变量栏中，告诉你每一个约束条件被满足的程度。

3. 极限值报告

这份报告列出了目标单元格的结果和可变单元格的上下界。

● 下限极限：当其他可变单元格固定，并且满足约束条件时，某个可变单元格的最小值。

● 上限极限：当其他可变单元格固定，并且满足约束条件时，某个可变单元格的最大值。

● 目标值结果：当可变单元格位于上下界时，目标单元格的值。

规划求解工具是 Excel 为财务管理人员提供的一个非常有用的分析工具，它不仅可以帮助财务管理人员解决营运资本的投放与管理问题，还可以分析和解决很多最优决策问题，如获取最大利润条件下的产品分配方案、最低成本的人员安排、最优投资组合等。

4.4 最优订货批量决策模型设计与分析

为了保证企业生产、销售的持续和正常进行，在一定时期内保持一定数量的存货，对任何一个企业都是必需的。存货资金在企业全部营运资本中占有相当大的比重，存货的取得、保管都需要付出成本。任何一个企业对库存水平的确定，其目标并不是“零”而是“最优”。怎样才能确定最优库存水平？一种普遍应用的方法——经济订货批量，可以帮助我们解决这个问题。本节讨论如何建立最优订货批量模型，并应用规划求解工具进行分析。

4.4.1 决策问题

在存货管理中我们讨论了经济订货批量的基本模型和改进模型，现在将进一步改进使其更接近企业实际，即考虑数量折扣、陆续到货的经济订货批量模型。

数量折扣是指供应商对于一次购买某货品数量达到或超过规定限度的客户，

在价格上给予优惠。在经济订货批量基本模型的基础上，考虑到存货不能一次到达，各批存货可能陆续入库的情况，需要对基本模型做一些修改，使其进一步完善。但是还没有考虑有数量折扣的情况，即以采购价格不随订货批量的变动而变动的假设条件为前提。因此，决策模型中只有订货成本和储存成本两项。如果供应商实行数量折扣，那么，除了订货成本和储存成本之外，采购成本也成了决策中的相关成本。这时，使这三种成本全年合计最低的方案，才是最优方案。

考虑数量折扣、陆续到货等条件的经济订货批量模型为：

$$T=\text{储存成本}+\text{订货成本}+\text{采购成本}$$
$$=\frac{1}{2}\left(Q-\frac{Q}{P}\times d\right)\times C+\frac{D}{Q}\times K+D\times U\times(1-d')$$

式中，Q——订货批量；

P——每日送货量；

D——全年需要量；

C——单位储存成本；

K——一次订货成本；

U——单价；

d——每日耗用量；

d'——数量折扣。

在实际工作中，企业应结合具体情况，不断完善模型，最后建立较合理的模型。

[例 4-2]

华光公司拟采购四种存货（见图 4-13），将陆续到货。此外，供应商对于一次购买某货品数量达到或超过规定限度的客户，在价格上给予优惠。

供应商提出的数量折扣 2%的条件为：甲材料订货数量大于等于 400 千克、乙材料订货数量大于等于 450 千克、丙材料订货数量大于等于 500 千克、丁材料订货数量大于等于 500 千克。为了考虑数量折扣这一新的变化，该公司将决策模型进行改进：除了订货成本和储存成本之外，采购成本也成了决策中的相关成本。

企业存货基本数据

存货名称	甲材料	乙材料	丙材料	丁材料
材料年需要量 D	18 000	20 000	30 000	25 000
一次订货成本 K	25	25	25	25
单位储存成本 C	2	3	4	3
每日送货量 P	100	200	300	250
每日耗用量 d	20	30	40	25
数量折扣 d'	2%	2%	2%	2%
单价 U	10	20	30	25

图 4-13　华光公司存货数据

可以看出，使四种存货的三种成本的年成本合计最低的方案，才是最优方案。

4.4.2 建立规划求解模型

用科学的方法测算出总成本最低时各种存货的经济订货批量，为存货采购决策和资金预算决策提供支持。

（1）定义决策变量。

Q_i 为某种存货的订货批量；$i=1$，…，4，代表甲、乙、丙、丁。

（2）确定目标函数方程式：总成本最小，即 OFV 最小。

OFV ＝储存成本 1＋订货成本 1＋采购成本 1（甲材料）
＋储存成本 2＋订货成本 2＋采购成本 2（乙材料）
＋储存成本 3＋订货成本 3＋采购成本 3（丙材料）
＋储存成本 4＋订货成本 4＋采购成本 4（丁材料）

$$=1/2(Q_1-Q_1/P_1\times d_1)\times C_1+D_1/Q_1\times K_1+D_1\times U_1\times(1-d'_1)$$
$$+1/2(Q_2-Q_2/P_2\times d_2)\times C_2+D_2/Q_2\times K_2+D_2\times U_2\times(1-d'_2)$$
$$+1/2(Q_3-Q_3/P_3\times d_3)\times C_3+D_3/Q_3\times K_3+D_3\times U_3\times(1-d'_3)$$
$$+1/2(Q_4-Q_4/P_4\times d_4)\times C_4+D_4/Q_4\times K_4+D_4\times U_4\times(1-d'_4)$$

（3）约束条件。

$Q_1>=400$

$Q_2>=450$

$Q_3>=500$

$Q_4>=500$

（4）最优解：OFV 最小时的 $Q_i{}^*$。

4.4.3 计算机最优订货批量模型设计

在 cwgl04. xlsm 工作簿中选择一张新的工作表，将其名字改为“最优订货”。以存货陆续供应和数量折扣的经济订货批量数学模型为依据，在“最优订货”工作表中建立最优订货批量模型，如图 4－14 所示。

1. 基本数据

模型中假设 BB 企业有四种存货需要采购，供应商也规定了数量折扣。因此，在基本数据区域，给出了模型中所需的基本数据输入区，基本数据包括每种存货的要素：

存货名称	B3：E3 单元区域
全年需要量 D	B4：E4 单元区域
一次订货成本 K	B5：E5 单元区域
单位储存成本 C	B6：E6 单元区域

每日送货量 P　　　　　　B7：E7 单元区域

每日耗用量 d　　　　　　B8：E8 单元区域

数量折扣 d'　　　　　　B9：E9 单元区域

单价 U　　　　　　　　B 10：E 10单元区域

用【公式】选项卡【定义名称】命令对模型中基本数据所在单元定义名称。

	A	B	C	D	E
1	最优订货批量决策模型				返回
2	企业存货基本数据				
3	存货名称	甲材料	乙材料	丙材料	丁材料
4	材料年需要量D	18000	20000	30000	25000
5	一次订货成本K	25	25	25	25
6	单位储存成本C	2	3	4	3
7	每日送货量P	100	200	300	250
8	每日耗用量d	20	30	40	25
9	数量折扣d′	2%	2%	2%	2%
10	单价U	10	20	30	25
11					
12					
13	规划求解分析				
14					
15	存货名称	甲材料	乙材料	丙材料	丁材料
16	最优订货批量Q*	700	200	300	300
17	采购成本	176,400	392,000	882,000	612,500
18	储存成本	560	255	520	405
19	订货成本	643	2,500	2,500	2,083
20	总成本	177,603	394,755	885,020	614,988
21		综合成本	2,072,366		
22	最佳订货次数	25.7	100.0	100.0	83.3
23	最佳订货周期(月)	0.5	0.1	0.1	0.1
24	经济订货量占用资金	3500	2000	4500	3750

图 4－14　最优订货批量模型

2. 最优订货批量规划求解分析区域的公式定义

在最优订货批量规划求解分析区域定义存货的采购成本、订货成本、存货成本和总成本公式，先定义甲存货的公式：

采购成本公式：$=D\times U\times(1-d')$

订货成本公式：$=D/Q\times K$

储存成本公式：$=\frac{1}{2}(Q-Q/P\times d)\times C$

每种存货的总成本公式：＝订货成本＋采购成本＋储存成本

每年最佳订货次数公式：$=D/Q^*$

最佳订货周期公式：$=1$ 年$/N^*$

用【复制】和【粘贴】将公式复制到每种存货分析区域。

四种存货总成本或综合成本 C21 单元的公式：＝甲存货总成本＋乙存货总成本＋丙存货总成本＋丁存货总成本

4.4.4 应用规划求解工具分析最优订货批量

运用规划求解工具求最优解时，应该先设置目标单元格、可变单元格、约束条件等，然后求解。

1. 设置

假设供应商提出的数量折扣为：甲材料订货数量＞＝400 千克、乙材料订货数量＞＝450 千克、丙材料订货数量＞＝500 千克、丁材料订货数量＞＝500 千克。这可以作为规划求解的约束条件。

● 选择【数据】选项卡下的【规划求解】命令，便出现【规划求解】对话框：

在【设置目标】输入：综合成本（或 C21 单元）

在【到:】选项中选择：最小值

在【通过更改可变单元格】输入：B16：E16 （四种存货的订货批量单元区域）

● 选择【添加】按钮，增加约束条件：

根据供应商提供的条件：

甲订货批量＞＝400

乙订货批量＞＝450

丙订货批量＞＝500

丁订货批量＞＝500

● 选择【选择求解方法】下拉框，选择“非线性 GRG”（因为这是非线性问题）。

2. 求解

当目标单元格、可变单元格、约束条件不变时，无论基本数据如何改变，都不用修改以上设置，直接进行求解即可。

● 选择【求解】按钮，求出每种存货的最优订货批量，并自动计算出最优订货批量下的总成本、每年最佳订货次数、最佳订货周期等。

● 应用规划求解工具求出在综合成本最低时的订货批量，即最优订货批量，并自动求出最优订货批量下的总成本、每种存货的每年最佳订货次数、最佳订货周期等。

3. 规划求解结果分析

在模型中总成本与各要素之间建立了动态链接。当企业财务政策发生变化时，如存货全年需要量 D 改变、经济条件发生变化，或一次订货成本 K 与单位储存成本 C 随着经济条件的变化发生了变化，企业财务管理人员只需改变基本数据区域的各要素值，计算机最优订货批量模型便可迅速计算出相应的结果。

4.4.5　最优订货批量规划求解报告

如果企业需要了解最优订货批量规划求解的过程和结果，在规划求解结束时，选择汇总报告即敏感性报告、运算结果报告、极限值报告，系统将报告保存在当前的工作簿中。下面讨论在工作簿 cwgl04.xlsm 自动生成的三类报告的内容，见表 4－4 至表 4－8。

1. 敏感性报告

表 4－4　　可变单元格

单元格	名字	终值	递减梯度
$B$16	最优订货批量 Q^* 甲材料	750	—
$C$16	最优订货批量 Q^* 乙材料	626	—
$D$16	最优订货批量 Q^* 丙材料	657	—
$E$16	最优订货批量 Q^* 丁材料	680	—

2. 运算结果报告

表 4－5　　目标单元格（最小值）

单元格	名字	初值	终值
$C$21	综合成本	2 072 366	2 069 814

表 4－6　　可调整单元格

单元格	名字	初值	终值
$B$16	最优订货批量 Q^* 甲材料	700	751
$C$16	最优订货批量 Q^* 乙材料	200	610
$D$16	最优订货批量 Q^* 丙材料	300	660
$E$16	最优订货批量 Q^* 丁材料	300	693

表 4－7　　限制式

单元格	名字	单元格值	公式	状态	数值型
$B$16	最优订货批量 Q^* 甲材料	751	$B$16>=400	未到限制值	349
$C$16	最优订货批量 Q^* 乙材料	610	$C$16>=450	未到限制值	176
$D$16	最优订货批量 Q^* 丙材料	660	$D$16>=500	未到限制值	158
$E$16	最优订货批量 Q^* 丁材料	693	$E$16>=500	未到限制值	180

3. 极限值报告

表4-8

单元格	目标式名字	值
$C$21	综合成本	2 069 814

单元格	变量名字	值
$B$16	最优订货批量 Q^* 甲材料	757
$C$16	最优订货批量 Q^* 乙材料	626
$D$16	最优订货批量 Q^* 丙材料	657
$E$16	最优订货批量 Q^* 丁材料	680

下限极限	目标式结果
400	2 070 059
450	2 069 902
500	2 069 901
500	2 069 902

4.5 企业集团营运决策模型与案例分析

4.5.1 决策问题

（1）中广银集团面向国际市场销售产品，分别在北京、香港、纽约、东京设立销售公司，销售公司的产品。

（2）每个销售公司负责本地区的销售市场，各区域市场的最大需求和平均销售价格如表4-9所示。

表4-9

	北京	香港	纽约	东京
单位售价（元/吨）	360 750	397 150	375 700	407 225
最大需求（吨/年）	160	100	250	150

（3）该集团在中国和其他地区设立了四个工厂生产产品供全球销售。每个生产厂的单位产品成本、固定成本、产能如表4-10所示。

表4-10

工厂数据	单位生产成本（元/吨）	年固定成本（千元）	产能（吨/年）
A工厂	226 850	11 700	120
B工厂	209 300	17 875	240
C工厂	249 275	13 650	140
D工厂	152 100	12 675	260

（4）运输成本包括运费和税金，如表4-11所示。

表 4－11

运输成本（元/吨）：从工厂到市场	北京	香港	纽约	东京
A工厂	—	79 463	58 988	139 425
B工厂	29 250	107 250	86 775	116 025
C工厂	59 475	81 900	—	81 413
D工厂	139 425	119 925	98 475	38 513

集团管理层希望财务部给出：在每个工厂产能允许、同时能最大限度满足市场需求的情况下，实现集团利润最大化目标的年生产和运输预算的决策方案。

4.5.2　建立线性规划模型

这个决策问题相对比较复杂。

令：i 表示工厂（$i=1$，2，3，4）；

　　j 表示市场（$j=1$，2，3，4）。

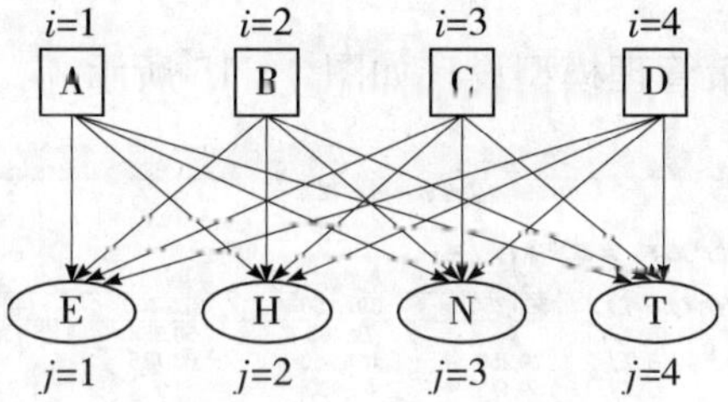

（1）定义决策变量。

x_{ij}：在 i 工厂生产的产品投放到 j 市场。

（2）确定目标函数方程式。

最大利润＝收入－生产成本－运输成本

$$
\begin{aligned}
\text{最大利润}=&360\,750(x_{11}+x_{21}+x_{31}+x_{41})\\
&+397\,150(x_{12}+x_{22}+x_{32}+x_{42})\\
&+375\,700(x_{13}+x_{23}+x_{33}+x_{43})\\
&+407\,225(x_{14}+x_{24}+x_{34}+x_{44})\\
&-226\,850(x_{11}+x_{12}+x_{13}+x_{14})\\
&-209\,300(x_{21}+x_{22}+x_{23}+x_{24})\\
&-249\,275(x_{31}+x_{32}+x_{33}+x_{34})\\
&-152\,100(x_{41}+x_{42}+x_{43}+x_{44})\\
&-(0x_{11}+79\,463x_{12}+58\,988x_{13}+139\,425x_{14}+29\,250x_{21}+\\
&\quad\cdots+98\,475x_{43}+38\,513x_{44})
\end{aligned}
$$

(3) 约束条件。

- 产能：

$$x_{11}+x_{12}+x_{13}+x_{14}\leqslant 120$$
$$x_{21}+x_{22}+x_{23}+x_{24}\leqslant 240$$
$$x_{31}+x_{32}+x_{33}+x_{34}\leqslant 140$$
$$x_{41}+x_{42}+x_{43}+x_{44}\leqslant 260$$

- 需求：

$$x_{11}+x_{21}+x_{31}+x_{41}\leqslant 160$$
$$x_{12}+x_{22}+x_{32}+x_{42}\leqslant 100$$
$$x_{13}+x_{23}+x_{33}+x_{43}\leqslant 250$$
$$x_{14}+x_{24}+x_{34}+x_{44}\leqslant 150$$

非负：

$$x_{ij}\geqslant 0$$

(4) 最优解：OFV 最大时的 x_{ij}^{*} 。

4.5.3 营运决策管理模型设计

营运决策管理模型设计如图 4-15 所示。

	A	B	C	D	E	F	G	H
1		中广银集团营运决策问题						
2								
6	单位售价，生产成本，运输成本 (元/吨)							
7		北京	香港	纽约	东京	单位生产成本		每年固定成本
8	单位售价（元/吨）	360,750	397,150	375,700	407,225	(元/吨)		(千元)
9	A 工厂	0	79,463	58,988	139,425	226,850		11,700
10	B 工厂	29,250	107,250	86,775	116,025	209,300		17,875
11	C 工厂	59,475	81,900	0	81,413	249,275		13,650
12	D 工厂	139,425	119,925	98,475	38,513	152,100		12,675
13								
14	决策变量（吨）	市场						产能
15	工厂	北京	香港	纽约	东京	产量		(吨/年)
16	A 工厂	120	0	0	0	120	<=	120
17	B 工厂	40	100	0	0	140	<=	240
18	C 工厂	0	0	140	0	140	<=	140
19	D 工厂	0	0	110	150	260	<=	260
20	合计	160	100	250	150	合计：660		合计：760
21		<=	<=	<=	<=			
22	最大需求（吨/年）	160	100	250	150	合计：660		
23								
24	收入	¥252,443,750						
25	生产成本	¥130,968,500	52%					
26	运输成本	¥ 28,504,125	11%		产能运用：	86.84%		
27	毛利	¥ 92,971,125	37%					
28								
29	固定成本	¥ 55,900,000	22%					
30	净利润	¥ 37,071,125	15%					

图 4-15 决策模型设计

B24 单元需要建立“收入”的计算公式，B25 单元需要建立“生产成本”的计算公式，B26 单元需要建立“运输成本”的计算公式，当决策变量比较少时，我们可以建立简单的乘法计算公式，如：收入＝价格 * 数量。但是，如果决策变量的数量较多，那么使用 Excel 提供的 SUMPRODUCT 函数计算多个数据会更加简便。

1. 模型中的重要函数 SUMPRODUCT()

语法：SUMPRODUCT(数组 1，数组 2)

功能：返回相应数组或者区域乘积的和。

参数：数组 1 与数组 2 是长度相等的行或列。[①] 数组可以通过使用鼠标左键选择合适的单元格得到。

2. 模型中的主要函数和公式

B24=SUMPRODUCT(B20：E20，B8：E8)

B25=SUMPRODUCT(F16：F19，F9：F12)

B26=SUMPRODUCT(B9：E12，B16：E19)

B27=B24-B25-B26

4.5.4　求解过程和结果

1. 应用规划求解工具进行求解

选择【规划求解】命令，其结果如图 4-16 所示。

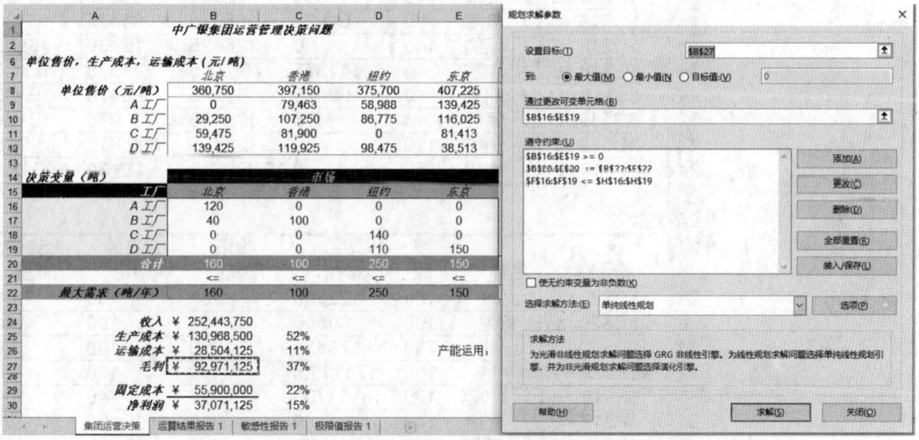

图 4-16　求解过程

2. 结果

通过求解可知：当 A 工厂向北京市场供货 120；B 工厂向北京市场供货 100，向香港市场供货 4；C 工厂向纽约市场供货 140；D 工厂向香港市场供货 71，向纽约市场供货 110，向东京供货 150 时，企业集团的利润最大。因此，我们非常快捷地得到了最优解。

① 如果一个数组代表一行而另外一个数组代表一列的话，那么等价公式为 = MMULT(数组 1，数组 2)，其中，数组 1 代表一行，数组 2 代表一列。

3. 敏感性分析报告

图 4 - 17 给出了敏感性分析报告。利用影子价格的基本概念进行判断，我们非常容易回答以下两个问题：

- 哪个工厂增加一个单位的产能将会带来最大的回报？
- 如果增加一个单位的需求，哪个市场会带来最大的收益？

Microsoft Excel 16.0 敏感性报告
工作表: [中广银集团运营决策.xlsx]集团运营决策
报告的建立: 2018/9/13 11:45:14

可变单元格

单元格	名称	终值	递减成本	目标式系数	允许的增量	允许的减量
$B$16	A工厂 北京	120	0	133900	1E+30	1462.5
$C$16	A工厂 香港	0	-1462.5	90837.5	1462.5	1E+30
$D$16	A工厂 纽约	0	-1462.5	89862.5	1462.5	1E+30
$E$16	A工厂 东京	0	-141862.5	40950	141862.5	1E+30
$B$17	B工厂 北京	40	0	122200	1462.5	98475
$C$17	B工厂 香港	100	0	80600	1E+30	975
$D$17	B工厂 纽约	0	0	79625	975	1462.5
$E$17	B工厂 东京	0	-89212.5	81900	89212.5	1E+30
$B$18	C工厂 北京	0	-117000	52000	117000	1E+30
$C$18	C工厂 香港	0	-61425	65975	61425	1E+30
$D$18	C工厂 纽约	140	0	126425	1E+30	46800
$E$18	C工厂 东京	0	-141375	76537.5	141375	1E+30
$B$19	D工厂 北京	0	-98475	69225	98475	1E+30
$C$19	D工厂 香港	0	-975	125125	975	1E+30
$D$19	D工厂 纽约	110	0	125125	89212.5	975
$E$19	D工厂 东京	150	0	216612.5	1E+30	89212.5

约束

单元格	名称	终值	阴影价格	约束限制值	允许的增量	允许的减量
$B$20	合计 北京	160	122200	160	100	40
$C$20	合计 香港	100	80600	100	100	100
$D$20	合计 纽约	250	79625	250	100	0
$E$20	合计 东京	150	171112.5	150	100	0
$F$16	A工厂 产量	120	11700	120	40	100
$F$17	B工厂 产量	140	0	240	1E+30	100
$F$18	C工厂 产量	140	46800	140	0	100
$F$19	D工厂 产量	260	45500	260	0	100

图 4 - 17 敏感性分析报告

本章小结

本章着重讨论了用规划求解工具进行最优投资决策分析的方法。

1. 建立规划求解模型的方法。

- 定义决策变量
- 确定目标函数方程式
- 约束条件
- 最优解

2. 规划求解工具的使用方法。

● 选择【数据】选项卡下的【规划求解】命令，出现【规划求解】对话框；

● 在【设置目标】框中，输入你希望设置的最大值、最小值或设置成特定值的引用位置或名字；

● 在【通过更改可变单元格】框中，输入在问题的约束条件被满足及目标单元格达到目的之前，规划求解可以改变的单元格的引用位置或名字；

● 使用【规划求解】对话框中的【添加】按钮，在【添加约束】对话框中添加一系列约束条件；

● 使用【规划求解】对话框中的【选项】按钮，设置控制求解过程的高级特性参数；

● 驱动【求解】按钮，进行规划求解。

3. 规划求解工具所能解决的问题。规划求解工具所能解决的是调整多个原因单元的数值，使结果单元达到最佳值。因此，如果想使目标值最佳（或者增加一些限制条件），希望自动调整多个原因单元的数值，可以使用【数据】选项卡下的【规划求解】命令。

4. 函数 SUMPRODUCT()。

语法：SUMPRODUCT(数组 1，数组 2)

功能：返回相应数组或者区域乘积的和。

参数：数组 1 与数组 2 是长度相等的行或列。数组可以通过使用鼠标左键选择合适的单元格得到。

习　题

1. 运用以前所学的存货管理理论，建立一个考虑以下情况的最优订货批量模型，并应用规划求解工具进行最优订货批量分析。

● 陆续到货；

● 供应不充足，提前到货；

● 当订货总量达到一定时，有数量折扣；

● 可能发生缺货。

2. 根据以前所学的财务管理知识，以下面两种基本理论模型为依据，分别建立相应的计算机最佳现金持有量分析模型，并用规划求解工具进行分析。

● 巴摩尔理论模型；

● 米勒-奥尔理论模型。

3. 已知某企业的资金成本为 10%，四种投资方案各期现金流量如表 4－12 所示。

表4-12　各期现金流量表　单位：万元

投资方案	第0期	第1期	第2期	净现值
A	−10	30	5	21.40
B	−5	5	20	16.07
C	−5	5	15	11.94
D		−40	60	13.22

由于每个方案的净现值都大于0，四种方案都可进行投资。但是该企业每期的投资支出受限于资本限额，即第0期到第2期每期净现金流出量小于或等于10万元。因此，只能选择其中几个方案进行投资。

建立投资组合模型，应用Excel的规划求解工具分析：在组合净现值最大并且满足资本限额的条件下，企业的最佳投资组合。

4. 某公司目前的赊销条件为：1/10，n/30。其中坏账为营业收入的1%，99%的客户会付款，其中50%在10天内付款，享有折扣，另外50%在30天内付款。

该公司目前的营业收入为每年200万元，其中：可变成本占营业收入的75%，公司应收款筹集来自信用额度，贷款利率10%。此外，公司有足够的固定资产，可保证其营业收入增长2倍。公司信用经理计划将其赊销条件变为：2/10，n/40。他估计这将使公司每年的营业收入增加到250万元。但是，坏账的比率也会增加到新销售水平的2%。预计50%的客户会继续在10天内付款，并享有折扣，同时另有50%的客户在40天内付款。

(1) 该公司原来及新的应收账款收账期为多少？

(2) 计算该公司的应收账款投资增量及税前利润增量。公司的赊销条件是否应该改变？

(3) 如果目前公司的赊销条件为2/10，n/40，公司正考虑将其改为1/10，n/30。现假设这两个赊销条件其他因素不变，试将上述问题反过来进行分析。

5. 当一家公司制造多种产品时，管理者需要回答每种产品应该生产多少的问题。在大多数情况下，由于公司存在资源方面的约束，其生产能力总是受到限制。例如，负荷时间、直接人工以及原材料的限制等，这些情况一般称作生产最大化问题。

假设国际巧克力公司生产两种巧克力：朱古力和朱尔斯。该公司的管理会计师给出了相关数据，如表4-13所示。

表4-13　国际巧克力公司混合产品数据

	朱尔斯	朱古力
单位边际贡献（美元）	1.00	2.00
单位机器工时	0.02	0.05
单位直接人工工时	0.20	0.25
有限资源：每月能获得的工时数	700（机器工时）	5 000（直接人工工时）

规划求解工具对于解决国际巧克力公司混合生产的问题非常适用。公司要求管理会计师根据上述数据，建立规划求解模型，以解决公司的决策问题，即生产多少朱古力和朱尔斯时，其总边际贡献可达到最大。

要求：

(1) 制定决策所需的变量；

(2) 列出目标函数；

(3) 确定约束条件；

(4) 在 Excel 中建立相应的模型，并给出决策方案。

6. 中海公司经营 A，B，C 三家工厂生产的厨房用品。产能（千平方米）和单位制造成本（美元/千平方米）的相关信息如表 4-14 所示。

表 4-14　中海公司的产能和单位成本

工厂	产能	单位成本
A	2 000	25.5
B	3 000	24.9
C	2 500	25.3

产品在四个区域市场销售，其下一年的需求量预测（千平方米）如表 4-15 所示。

表 4-15　中海公司的需求量预测

区域 1	区域 2	区域 3	区域 4
2 100	900	2 400	900

从工厂到区域市场的运输成本（美元/千平方米）如表 4-16 所示。

表 4-16　中海公司的运输成本

工厂	区域 1	区域 2	区域 3	区域 4
A	1.50	2.10	4.20	3.75
B	2.35	3.55	2.10	2.85
C	4.20	3.10	0.90	1.70

该公司期望得到在总的年营运成本（制造+运输成本）最低目标下的厨房产品数量的最优决策方案。

公司管理层经过认真讨论和科学决策，得出了结果，见图 4-18，敏感性分析报告见图 4-19。

问题：根据定量分析结果和敏感性分析报告进行定性分析，并给出你的观点。

(1) 如果工厂 A 减少 100 单位的产能：

- 对总的营运成本有影响吗？如果有，影响为多少？
- 产量和运输计划会改变吗？

	A	B	C	D	E	F	G	H
1		中海公司营运决策						
2								
3						总营运成本		
4						169570		
5	Shipping quantity from							
6	To	region1	region2	region3	region4	产量		capacity
7	from plant A	1100	900	0	0	2000	<=	2000
8	from plant B	1000	0	0	800	1800	<=	3000
9	from plant C	0	0	2400	100	2500	<=	2500
10	Total shipment	2100	900	2400	900	6300		
11		>=	>=	>=	>=			
12	需求量	2100	900	2400	900			
14								
15	单位运输成本 from					单位制造成本		
16	TO	region1	region2	region3	region4			
17	from plant A	1.5	2.1	4.2	3.75	25.5		
18	from plant B	2.35	3.55	2.1	2.85	24.9		
19	from plant C	4.2	3.1	0.9	1.7	25.3		
20								
21	单位营运成本（运输＋制造） from							
22	To	Region1	Region2	Region3	Region4			
23	plant A	27	27.6	29.7	29.25			
24	plant B	27.25	28.45	27	27.75			
25	plant C	29.5	28.4	26.2	27			

图4-18　中海公司的决策结果

可变单元格

单元格	名字	终值	递减成本	目标式系数	允许的增量	允许的减量
$B$7	from plant A region1	1100	0	27	0.25	0.6
$C$7	from plant A region2	900	0	27.6	0.6	27.85
$D$7	from plant A region3	0	3	29.7	1E+30	3
$E$7	from plant A region4	0	1.75	29.25	1E+30	1.75
$B$8	from plant B region1	1000	0	27.25	0.6	0.25
$C$8	from plant B region2	0	0.6	28.45	1E+30	0.6
$D$8	from plant B region3	0	0.05	27	1E+30	0.05
$E$8	from plant B region4	800	0	27.75	0.05	0.75
$B$9	from plant C region1	0	3	29.5	1E+30	3
$C$9	from plant C region2	0	1.3	28.4	1E+30	1.3
$D$9	from plant C region3	2400	0	26.2	0.05	26.95
$E$9	from plant C region4	100	0	27	0.75	0.05

约束

单元格	名字	终值	阴影价格	约束限制值	允许的增量	允许的减量
$F$7	from plant A prodn qty	2000	-0.25	2000	1000	1100
$F$8	from plant B prodn qty	1800	0	3000	1E+30	1200
$F$9	from plant C prodn qty	2500	-0.75	2500	800	100
$B$10	Total shipment region1	2100	27.25	2100	1200	1000
$C$10	Total shipment region2	900	27.85	900	1100	900
$D$10	Total shipment region3	2400	26.95	2400	100	800
$E$10	Total shipment region4	900	27.75	900	1200	800

图4-19　中海公司的敏感性分析报告

（2）在工厂A和区域2之间的运输成本增加0.5美元：

- 对总的营运成本有影响吗？如果有，影响为多少？
- 产量和营销计划会改变吗？

（3）假设你正在制定生产和营销计划，一个潜在的合同是：区域1的需要增加80单位，单位销售价格为27.5美元。这个合同能够大大增加收入，那么增加的收入能够弥补生产和运输成本吗？你接受这个合同吗？为什么？

（4）战略计划部门正在考虑通过增加一条额外的生产线以达到提高产能的

目的。现在有两条生产线可以考虑：增加一条产能为500单位的生产线，同时需要投资固定成本400美元；增加一条产能为800单位的生产线，同时需要投资固定成本550美元。制造成本不变。

- 通过增加一条生产线，公司的产能能够增加吗？
- 如果可以，哪条生产线对该公司更有吸引力？安装在哪个工厂？

要求：

(1) 小组成员协作设计该模型；

(2) 根据上述问题的答案，调整关键要素进行敏感性分析；

(3) 根据定量信息和本小组管理团队的管理经验给出本小组的决策方案；

(4) 制作PPT进行演讲。

第 5 章

投资决策模型

学习目标

在市场经济条件下，投资决策权回归企业，每个企业要维持较强的竞争力，就要根据市场竞争的需要，为扩大现有企业的生产经营规模或经营范围，自主做出投资决策。随着中国经济的快速发展，个人投资理财业务越来越受到关注，它是家庭和个人人生规划目标和投资目标制定的重要基础。无论是企业还是个人都需要进行投资决策，这就要求财务管理人员借助计算机工具设计投资决策模型，进行精准的定量分析，合理地预测投资方案的收益和风险，给出最优的投资决策方案。本章通过学习投资决策指标和投资指标函数，学会应用投资决策函数（如 IRR，NPV 等）建立投资决策模型和动态进行投资决策的基本方法。学完本章后应该掌握：

- 投资决策的基本理论
- 投资决策指标及其函数（IRR、MIRR、NPV、折旧函数等）的概念和应用
- 固定资产更新决策模型设计方法和动态决策过程
- 投资风险分析模型设计
- 结合企业投资项目案例进行动态决策的方案
- 个人投资理财模型与应用

5.1 投资决策模型概述

5.1.1 投资决策的概念与程序

投资是指投放财力于一定对象，以期在未来获取收益的经济行为。无论是对企业还是个人来说，面对多种投资渠道，如项目投资、股票投资、债券投

资、黄金投资、教育投资等时，投资决策都是所有决策中最为关键、最为重要的。一个重要的投资决策的失误往往会使一个企业或者个人陷入困境，甚至破产。因此，财务管理人员一项极为重要的职能就是为企业和个人当好参谋，把好投资决策关。

1. 投资决策的概念

所谓投资决策，是指投资者为了实现预期的投资目标，运用一定的科学理论、方法和手段，通过一定的程序对投资必要性、投资目标、投资规模、投资方向、投资结构、投资成本与收益等经济活动中的重大问题所进行的分析、判断和方案选择。

对企业而言，投资决策是企业经营环节的重要过程，是企业对某一项目（包括有形和无形资产、技术、经营权、股票、债券等）投资前进行的分析、研究和方案选择；对个人而言，投资决策是个人参与投资活动的重要过程，是理财师或者个人对个人投资理财项目（企业、房产、股票、债券、教育等）投资前进行的分析、研究和方案选择。

2. 投资决策的特点

（1）投资决策具有针对性。投资决策要有明确的目标，如果没有明确的投资目标就无所谓投资决策，而达不到投资目标的决策就是失策。

（2）投资决策具有现实性。投资决策是投资行动的基础，是现代投资经营管理的核心。投资经营管理过程就是"决策—执行—再决策—再执行"反复循环的过程。因此可以说投资经营活动是在投资决策的基础上进行的，没有正确的投资决策，也就没有合理的投资行动。

（3）投资决策具有择优性。投资决策与优选概念并存，投资决策中必须提供实现投资目标的几个可行方案，因为投资决策过程就是对诸投资方案进行评判选择的过程。合理的选择就是优选。优选方案不一定是最优方案，但却是诸多可行方案中最满意的。

（4）投资决策具有风险性。风险就是未来可能发生的危险，投资决策应顾及实践中将出现的各种可预测或不可预测的变化。因为投资环境是瞬息万变的，风险的发生具有偶然性和客观性，是无法避免的，但是人们可以设法去认识风险的规律性，依据历史资料，通过概率统计的方法，对风险做出估计，从而控制并降低风险。

3. 投资决策的一般程序

（1）确定投资目标。确定投资目标是投资决策的前提。正确确定投资目标必须做到以下几点：

- 有正确的指导思想。要明确为什么投资、最需要投资的环节、自身的条件与资源状况、市场环境状况等。
- 有全局观念。要把眼前利益与长远利益结合起来，避免"短期与近视"

可能带来的影响企业或全局长远发展的不利情况。

● 有科学的态度。科学的投资决策是保证投资有效性的前提。要实事求是，注重对数据资料的动态分析和运用，不能靠拍脑袋来决定事关重大的投资决策方案。

（2）选择投资方向。在明确投资目标后，就可以进一步拟定具体的投资方向，提出具体的投资项目。就企业而言，各级领导都可提出新的投资项目。企业的高层领导（如总经理）提出的投资，多数是大规模的战略性投资，其方案一般由生产、市场、财务等各方面专家组成的专门小组拟定。基层或中层人员提出的，主要是战术性投资项目，其方案由主管部门组织人员拟定。就个人而言，应根据个人的财务状况和投资需要提出具体的投资方向。

（3）制定投资方案。在决定投资方向后，就要着手制定具体的投资方案，方案内容一般包括投资项目和目标、SWOT分析、财务分析（计算预计收入和成本、预计现金流量等）、投资决策评价指标测算等，并对方案进行可行性论证。一般情况下，可行性决策方案要求在两个以上，因为这样可以对不同的方案进行比较分析，对方案的选择是有利的。

（4）评价投资方案。对企业而言，投资方案应提交上级领导，并根据财务因素和综合因素进行评价。对个人而言，通常理财师将投资方案提交给投资者，并对投资方案做出评价。这一步主要是对投资风险与回报进行评价分析，由此来判断投资决策方案的可靠性。企业或者个人一定要把风险控制在能够承受的范围之内，不能有投机或侥幸的心理，一旦所面临的风险超过其承受的能力，将会铸成大错。

（5）投资项目选择。狭义的投资决策指决定投资项目这个环节。就企业而言，对投资项目评价后，企业领导要作最后决策。投资额较小的项目，有时中层经理就有决策权；投资额较大的项目，一般由总经理决策；投资额特别大的项目，要由董事会甚至股东大会投票表决。就个人投资理财方案而言，投资项目选择就比较简单。

（6）反馈调整决策方案和投资再评价。投资方案确定后，还必须根据环境和需要的不断变化，对原先的决策进行适时的调整，从而使投资决策更科学合理。在投资项目的执行过程中，应注意原来做出的决策是否合理、正确。一旦出现新的情况，就要随时根据变化做出新的评价。如果情况发生重大变化，原来的投资决策已变得不合理，那么就要决策是否中途停止，以避免更大的损失。

通过上述分析可知，无论是选择投资项目（在存在几个投资项目可供选择时，对不同项目进行比较，从中选出经济效益较佳的项目），还是选择项目的投资方案（对所选项目的各种实施方案进行比较，从中选出经济效益最佳的投资方案），都要对项目的投资支出和投资后的收入进行对比分析，才能做出正确的选择。因此，正确地计算和评价投资项目的经济效益是投资决策的核心问题。在手工条件下，由于存在建模困难和计算复杂的问题，财务管理人员往往不能进行精确、高效和正确的定量分析，很多情况下是凭感觉做出决策，造成不良后果。在计算机得到普及的条件下，财务管理人员能够利用计算机技术建立各种投资模型，进行定量分析，及时、正确、有效地计算和评价投资项目的经济效益，从而做出决策。

5.1.2　投资决策模型的基本内容

为掌握投资决策的指标、方法和关键模型设计思路，本章在投资决策模型中安排了投资决策指标分析、折旧分析、固定资产更新、投资风险分析、多项目投资、个人投资理财等内容，比较全面地阐述了建立投资决策模型的基本方法和技术，并且通过具体的投资案例，讲解投资项目解决方案设计的基本思路。投资决策模型的基本内容如图 5－1 所示。

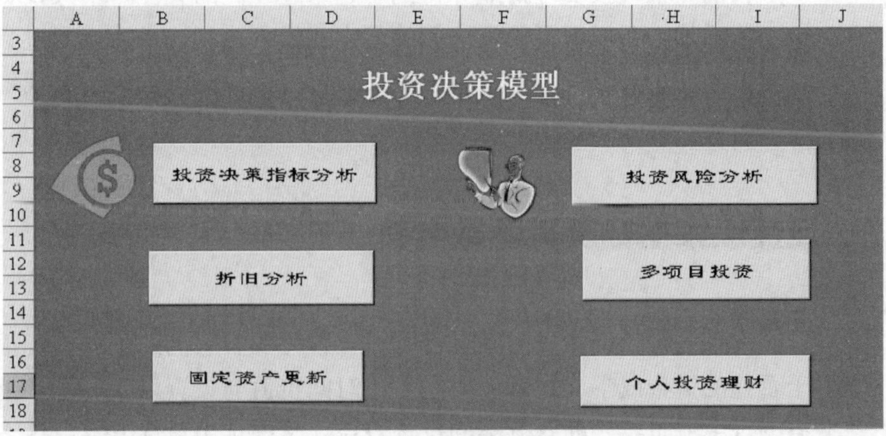

图 5－1　投资决策模型界面

1．投资决策指标分析

投资决策指标分析是指应用贴现现金流量指标净现值、内含报酬率、修正内含报酬率等，对各种投资方案进行分析，以做出投资决策。

2．折旧分析

折旧分析是指分析不同折旧方法对固定资产折旧的影响，以便管理者在进行固定资产投资分析时选择适当的折旧方法，做出相应的决策。

3．固定资产更新

在固定资产更新模型中，通过改变固定资产基本数据，就可以得到新旧设备的分析结果，即继续使用旧资产还是更新资产；可以决定选择什么样的资产来更新旧设备，为固定资产更新决策提供支持。

4. 投资风险分析

由于投资活动充满了不确定性，不考虑投资的风险是不现实的。在投资风险分析模型中，通过改变与投资风险有关的参数，可以得到考虑投资风险的各项目的评价指标，为投资决策提供支持。

5. 多项目投资

一般来讲，企业每年都需要面对复杂的投资项目选择问题，其中每一个净现值大于零的备选项目，从财务角度当作单一项目都可以上马。但是在现实中，一方面公司面临多个投资项目，另一方面投资项目又受到各种条件的限制，如受到资本供应量限制，不可能将净现值大于零的项目都付诸实施。多项目投资决策模型重点讲述多选一关系和互斥关系的建模方法，为投资决策提供支持。

6. 个人投资理财

目前，个人投资理财业务得到了越来越广泛的关注，个人投资理财的种类也不断增加，在学习了投资决策的基本建模方法和技术后，通过具体分析个人理财方案和个人投资理财决策模型设计，可以为个人投资理财规划设计打下良好基础。

5.2 投资决策指标及其函数分析

评判各种长期投资方案是否可行，首先要看它们的预计投资报酬率是否高于企业的资金成本。这就需要在考虑时间价值与投资风险的基础上，比较各方案的现金流量，判断各方案的投资效益，从中选出最优方案。这一过程一般是通过对比投资决策指标进行的。

5.2.1 投资决策指标

投资决策指标按其是否考虑时间价值分为两类：一类是非贴现现金流量指标，即没有考虑时间价值因素的指标，主要包括回收期、会计收益率等；另一类是贴现现金流量指标，即考虑了时间价值因素的指标，主要包括净现值、现值指数、内含报酬率等。

1. 非贴现现金流量指标

（1）回收期。回收期是指某一投资方案引起的现金流入累计到与投资额相等所需的时间。它代表回收投资所需要的年限。回收年限越短越有利。

原始投资一次支出、每年现金净流量相等时，计算公式为：

$$回收期=\frac{原始投资额}{每年现金净流量}$$

现金净流量各年不相等或原始投资是分年投入的，则使下式成立的 n 为回收期：

$$\sum_{t=1}^{n} I_t = \sum_{t=1}^{n} O_t$$

回收期指标计算简便，并且容易为决策人所正确理解。它的缺点在于不仅忽视了时间价值，而且没有考虑回收期以后的收益，因此一般作为辅助方法使用。

(2) 会计收益率。会计收益率是指投资方案寿命周期内各年平均报酬额占该方案投资额的百分比，其计算公式为：

$$会计收益率=\frac{年平均净收益}{原始投资额}$$

会计收益率是一个很容易被人们理解和接受的投资决策指标，但是它也没有考虑现金流量的时间价值，因此只能作为辅助方法使用。

2. 贴现现金流量指标

(1) 净现值。净现值（NPV）是指方案投入使用后的未来报酬（即现金流量）按资金成本或企业要求的报酬率折算的总现值超过初始投资现值的差额。也就是说，净现值就是从投资开始至方案寿命终结时所有现金流量的现值代数和。

任何投资方案的实施，决策者都希望未来获得的报酬比原来的投资多。但是，未来报酬的获得与原来投资的发生，在时间上是不一致的。如果考虑时间价值因素，就必须把它们折算到同一时间基础上才能比较。因此，必须把未来获得的报酬额以一定的贴现率折现成现值，然后再与该项投资的现值进行对比。若前者大于后者，净现值是正数，说明该方案的投资报酬率高于资金成本或企业要求的报酬率，方案可行；否则应予舍弃。

净现值的计算公式为：

$$NPV = \sum_{t=1}^{n} \frac{NCF_t}{(1+k)^t} - 投资额$$

式中，n——投资涉及的年限；

NCF_t——第 t 年净现金流量；

k——预定的贴现率。

净现值指标考虑了时间价值因素，是一个较为科学的投资指标。但是该指标不能揭示各投资方案本身可能达到的实际投资报酬率。特别是在几个方案的初始投资不同的情况下，仅凭净现值的绝对数比较，是很难对投资方案获利水平高低做出正确评价的。

(2) 现值指数。现值指数（PVI）是投资方案未来现金流量按资金成本或要求的投资报酬率贴现的总现值与初始投资额现值之比。若把初始投资当作投资成本，把未来现金流量现值当作收益，则现值指数是“已贴现的成本收益率”。其计算公式为：

$$PVI=\frac{未来现金流量总现值}{初始投资现值}$$

如果 $PVI \geqslant 1$，则方案可取。

(3) 内含报酬率。内含报酬率（IRR）是指一个投资方案在其寿命周期内的实际投资报酬率。根据这个报酬率对方案寿命周期内各年现金流量进行贴现，未来报酬的总现值正好等于该方案初始投资现值。因此，内含报酬率是使投资方案的净现值为零的报酬率。内含报酬率的计算公式为：

$$\sum_{t=0}^{n}\frac{NCF_t}{(1+IRR)^t}=0$$

在内含报酬率指标的运用中，任何一项投资方案的内含报酬率必须以不低于资金成本为限，否则，方案将被否决。

内含报酬率的计算通常需要逐步测试完成。首先估计一个贴现率，用它来计算方案的净现值；如果净现值为正数，说明方案本身的报酬率超过估计的贴现率，应该提高贴现率后进一步测试；如果净现值为负数，说明方案本身的报酬率低于估计的贴现率，应该降低贴现率后进一步测试。经过多次测试，寻找出使净现值接近零的贴现率，即为方案本身的内含报酬率。

内含报酬率考虑了方案寿命周期内各年现金流量的分布，概念清楚，易于理解，是一种应用广泛、科学合理的投资决策指标。但是，在手工条件下，它的计算过程令人望而却步。

5.2.2 投资决策指标函数分析

上面讨论的贴现现金流量指标净现值、内含报酬率或现值指数都充分考虑了时间价值这一重要的决策要素，因此，在一般情况下都是很好的决策依据。为了方便财务管理人员进行投资决策，Excel 提供了 NPV()，IRR()，MIRR()，XIRR()，XNPV() 等函数，帮助建立投资决策模型。

1. 净现值函数 NPV()

语法：NPV(rate，value1，value2，…)

功能：在已知未来连续期间的现金流量（value1，value2，…）及贴现率（rate）的条件下，返回某项投资的净现值。

参数：rate 是各期现金流量折为现值的利率，即为投资方案的“必要报酬率”或“资金成本”；value1，value2，…代表现金流量，最少 1 个，最多 29 个。

说明：

● value$i$ 所属各期长度必须相等，而且现金流入和现金流出的时间均发生在期末。

● NPV() 函数根据 value1，value2，…的顺序来解释现金流量的顺序。

● NPV() 函数假设投资开始于 value1 现金流量的前一期，而结束于最后一笔现金流量发生的当期。如果第一笔现金流量发生在第一期的期初，请将第一笔现金流量加到 NPV() 函数的计算结果上，而不包含在 value 参数序列中。实际上，NPV() 函数计算的是未来报酬的总现值，计算公式为：

$$\sum_{t=1}^{n}\frac{\text{value}_t}{(1+\text{rate})^t}$$

投资方案的净现值为：

净现值＝NPV(rate,value1,value2,…)－投资额

[例 5－1]

某企业现投资 110 万元，以后 4 年每年年底将收回 20 万元、40 万元、60 万元、50 万元。假设资金成本率为 10%，计算其净现值。

净现值＝NPV(10%，20，40，60，50)－110

＝20.47(万元)

净现值为 20.47 万元，大于 0，可以投资。

[例 5－2]

某企业有三种投资方案，资金成本为 10%，有关数据如图 5－2 所示。

	A	B	C	D	E	F
1		投 资 决 策				
2	期间	A方案	B方案	C方案	资金成本率	
3		净现金流量	净现金流量	净现金流量	10%	
4	0	-20,000	-9,000	-12,000		
5	1	11,000	1,000	4,000		
6	2	14,000	5,000	5,000		
7	3		5,500	4,600		
8	净现值	1,570	174	-775		
9	内含报酬率	15.57%	10.90%	6.38%		
10	修正内含报酬率	14.72%	11.14%	8.24%		
11						
12						
13						

图 5－2　投资决策与函数 NPV()，IRR() 和 MIRR()

在工作表中，净现值的计算公式定义如下：

A 方案即 B8 单元的净现值＝NPV($E$3,B5:B7)＋B4

B方案即C8单元的净现值＝NPV($E$3,C5:C7)+C4

C方案即D8单元的净现值＝NPV($E$3，D5：D7)+D4

由图5-2可知，A，B两项投资的净现值为正数，说明其投资报酬率超过了企业资金成本率10%，这两个方案是有利的，因此可以接受。C方案净现值为负数，说明该方案的报酬率达不到10%，应予放弃。A和B方案相比，A方案更好些。在工作表中，由于净现值与投资额、每期的现金流量等基本数据之间建立了链接关系，当投资方案改变时，财务管理人员只须改变方案中的基本数据，新方案的净现值将自动计算出来。

2. 内含报酬率函数IRR()

语法：IRR(values，guess)

功能：返回连续期间的现金流量的内含报酬率。

参数：values必须是含有数值的数组或参考地址。它必须含有至少一个正数及一个负数，否则内含报酬率可能会是无限解。IRR() 函数根据values参数中数字的顺序来解释现金流量的顺序，所以在输入现金流入量及现金流出量时，必须按照正确的顺序排列。values参数中的正文、逻辑值或空白单元，都被忽略不计。

guess为猜想的接近IRR结果的数值。IRR() 函数从guess猜测数开始，反复计算直到误差值小于0.000 01%，如果在反复计算20次后，依旧无法求得结果，IRR() 函数则会返回错误值#NUM!。在大部分处理中，并不需要提供guess值。如果省略掉guess，IRR() 函数将假设它是0.1（即10%）。但是，如果IRR() 函数返回错误值#NUM!，则应使用不同的guess值再试一次。

[例5-3]

某企业投资110万元，以后4年每年年底将收回20万元、40万元、60万元、50万元，内含报酬率为多少？

内含报酬率＝IRR({－110,20,40,60,50}＝17%

用{}括起来表示数组，数组中的元素用“,”号隔开，这是一个1×5的数组，即含有5个元素的一维数组。

该公式中guess参数缺省。

[例5-4]

承例5-2，NPV() 函数与IRR() 函数的嵌套使用。

NPV(IRR(B4:B7),B4:B7)＝0

该式表示，先对A方案求内含报酬率，再用该方案的内含报酬率作为贴现率计算净现值，则净现值必定为0。

[例 5-5]

承例 5-3，假设某企业进行投资决策，有关数据如图 5-2 所示。

在工作表中 A 方案的内含报酬率，即 B9 单元公式为：

=IRR(B4：B7，10%)

即 guess 为 10%，B4：B7 为参考地址。

B 方案的内含报酬率，即 C9 单元的公式为：

=IRR(C4：C7)

C 方案的内含报酬率，即 D9 单元的公式为：

=IRR(D4：D7)

由图 5-2 可知，A，B 方案的内含报酬率大于资金成本率，可以接受；C 方案的内含报酬率小于资金成本率，应该放弃。

在工作表中，由于内含报酬率与投资额、每期的现金流量等基本数据之间建立了链接关系，当投资方案改变时，财务管理人员只须改变方案中的基本数据，新方案的内含报酬率将自动计算出来。在投资决策模型中运用 IRR() 函数，大大简化了内含报酬率的计算工作。

3. 修正内含报酬率函数 MIRR()

内含报酬率虽然考虑了时间价值，但是未考虑现金流入的再投资机会。根据再投资的假设，有学者提出修正内含报酬率法，以弥补内含报酬率法忽略再投资机会成本的缺点。

语法：MIRR(values，finance _ rate，reinvest _ rate)

功能：返回某连续期间现金流量（values）的修正内含报酬率。MIRR() 函数同时考虑了投入资金的成本（finance _ rate）及各期收入的再投资报酬率（reinvest _ rate）。

参数：values 必须是含有数值的数组或参考地址。这些数值分别代表各期的支出（负数）及收入（正数）数额。values 参数中必须含有至少一个正数及一个负数，否则 MIRR() 函数会返回错误值 #DIV/0!。MIRR() 函数根据 values 的顺序来解释现金流量的顺序，参数中的正文、逻辑值或空白单元，都会忽略不计。

finance _ rate 代表资金成本或必要报酬率。

reinvest _ rate 代表再投资资金机会成本或再投资报酬率。

[例 5-6]

如图 5-2，假设原始投资是向银行贷款，年利率为 10%，再投资报酬率为 12%，则修正内含报酬率的计算公式定义如下：

A 方案的修正内含报酬率，即 B10 单元的公式为：

=MIRR(B4：B7，10%，12%)

B方案的内含报酬率，即C10单元的公式为：

=MIRR(C4：C7，10%，12%)

C方案的内含报酬率，即D10单元的公式为：

=MIRR(D4：D7，10%，12%)

4. 现值指数的计算

在Excel中没有给出现值指数的计算函数，但是可以借助净现值函数NPV() 来完成，即

$$PVI=\frac{NPV\ ()}{\text{初始投资现值}}$$

此外，Excel还提供了两个投资决策函数：XIRR() 为返回一系列非周期现金流量的内含报酬率；XNPV() 为返回一系列非周期现金流量的净现值。

如果在投资决策中使用这两个函数，请参阅函数指南或Excel用户手册，在此不进行详细讨论。

5.2.3 投资决策相关函数——折旧函数分析

所得税是企业的一种现金流出，取决于利润的大小和所得税税率的高低，而利润大小受折旧方法的影响。折旧费用低估，则净利润高估；反之，折旧费用高估，则净利润低估。就固定资产更新决策而言，折旧尽管不是现金流量，但是会对净利润造成影响，从而间接产生抵税效果。因此，在进行固定资产投资分析时，选择适当的折旧方法是决策要考虑的重要因素之一。Excel为方便财务管理人员进行决策分析，提供了以下几种折旧函数。

1. 直线折旧法

(1) 直线折旧法（straight-line）是计算折旧常用的一种方法，其每期折旧额的公式为：

$$\text{年折旧额}=\frac{\text{原始成本}-\text{预计净残值}}{\text{使用年限}}$$

使用直线折旧法计算折旧时，每期的折旧额都一样。

(2) 直线折旧法函数SLN()。

语法：SLN(cost，salvage，life)

功能：返回某项固定资产每期按直线折旧法计算的折旧额。所有的参数值必须是正数，否则将返回错误值#NUM!。

参数：

- cost为固定资产的原始成本。
- salvage为固定资产报废时的预计净残值。
- life为固定资产可使用年限的估计数。

[例 5－7]

某自动化机床，可用期限 5 年，原始成本 110 万元，预计净残值 10 万元，用 SLN() 函数表示的每期折旧额的公式为：

=SLN(1 100 000，100 000，5)

其值等于 200 000 元。

如果公式为：

=SLN(−11 000，100 000，5)

则返回错误值#NUM!。

2. 年数总和法

(1) 年数总和法（sum-of-years'digits）是一种加速折旧方法，它以固定资产的原始成本减去预计残值后的余额乘以一个逐年递减的分数，作为该期的折旧额。这个分数的分母是固定资产使用年限的各年年数之和，分子是固定资产尚可使用年限。假设使用年限为 life，则递减分数的分母为：

$$\text{life}+(\text{life}-1)+(\text{life}-2)+\cdots+1=\frac{\text{life}(\text{life}+1)}{2}$$

自第 1 期至第 life 期分子分别为 life，life−1，life−2，…，1。年折旧额的计算公式为：

$$\text{年折旧额}=(\text{原始成本}-\text{预计净残值})\times\frac{\text{尚可使用年限}}{\text{使用年限之和}}$$

(2) 年数总和法函数 SYD()。

语法：SYD(cost，salvage，life，per)

功能：返回某项固定资产某期间的按年数总和法计算的折旧额。

参数：所有参数都应为正数，否则将返回错误值#NUM!。

- cost 为固定资产的原始成本。
- salvage 为固定资产报废时的预计净残值。
- life 为固定资产可使用年限的估计数。
- per 为指定要计算第几期的折旧额。
- life 与 per 参数应采用相同的单位，且 per 应小于或等于 life。

[例 5－8]

某自动化机床，原始成本 1 000 000 元，预计净残值 100 000 元，使用期限 5 年，用年数总和法函数 SYD() 计算 1～5 期的折旧额，计算公式为：

=SYD(1 000 000，100 000，5，1)，第 1 期折旧额等于 300 000 元

=SYD(1 000 000，100 000，5，2)，第 2 期折旧额等于 240 000 元

=SYD(1 000 000，100 000，5，3)，第 3 期折旧额等于 180 000 元

=SYD(1 000 000，100 000，5，4)，第 4 期折旧额等于 120 000 元

=SYD(1 000 000，100 000，5，5)，第 5 期折旧额等于 60 000 元

如果公式为：

=SYD(1 000 000，100 000，5，−5)

则返回错误值#NUM!。

3. 双倍余额递减法

（1）双倍余额递减法（double-declining balance）是一种加速折旧的方法，它是用直线法的双倍百分比，逐期乘以该期期初固定资产账面余额，作为该期的折旧额，直到折旧额小于按直线计算的折旧额为止。计算公式为：

年折旧额=期初固定资产账面余额×双倍直线折旧率

$$双倍直线折旧率=2\times\left(\frac{1}{预计使用年限}\times 100\%\right)$$

一般在最后两期计算的折旧额已经小于按直线法计提的折旧额，应按直线折旧法计提折旧。

（2）双倍余额递减法函数 DDB()。

语法：DDB(cost，salvage，life，period，factor)

功能：返回固定资产在某期间（period）的折旧额。折旧额是根据资产的原始成本（cost）、预计使用年限（life）、预计净残值（salvage）及递减速率（factor），按倍率递减法计算得出的。DDB 所有参数均需为正。

参数：

● cost 指固定资产的原始成本。

● salvage 指固定资产使用期限结束时的预计净残值。

● life 指固定资产预计使用年数。

● period 指所要计算折旧的期限。period 必须与 life 参数采用相同的计量单位。

● factor 参数为选择性参数，缺省值为 2，即为“双倍余额递减法”，但用户可改变此参数。

[例 5-9]

假设某公司购买自动化生产设备的成本为 20 000 元，预计使用年限为 5 年，预计净残值为 600 元，采用双倍余额递减法函数计算各期的折旧额，1～5 年计算公式为：

前 3 年采取双倍余额递减法计算折旧：

第 1 年折旧额=DDB(原始成本，残值，使用年限，1)

第 2 年折旧额=DDB(原始成本，残值，使用年限，2)

第 3 年折旧额=DDB(原始成本，残值，使用年限，3)

后两年采取直线法计算折旧：

第 4 年、第 5 年折旧额＝SLN(账面折余价值，残值，2)

4. 倍率余额递减法函数 VDB()

(1) 倍率 (factor) 余额递减法是指以不同倍率的余额递减法计算某个时期内折旧额的方法。双倍余额递减法是倍率等于 2 的倍率余额递减法，是倍率余额递减法的特例。

(2) 倍率余额递减法函数 VDB()。

语法：VDB(cost, salvage, life, start _ period, end _ period, factor, no _switch)

功能：返回某项固定资产某个时期内 (start _ period 与 end-period 之间) 的折旧额。如果 factor 被省略，此函数将根据该资产的原始成本 (cost) 及使用年限 (life)、预计净残值 (salvage)，采用双倍余额递减法计算折旧额。

说明：VDB() 函数的概念类似 DDB()，都采用某倍率余额递减法来进行折旧，但 VDB() 函数可计算某一期间的折旧额，而 DDB() 函数只计算某一期。即

$$VDB(i,j)=\sum_{n=i+1}^{j} DDB(n)\quad (i, j, n \text{ 都代表期数})$$

VDB() 函数亦为一加速折旧法，其公式为：

某一年折旧额(cost一前期折旧总数) * factor/life

如果 factor 省略，将假设为 2 (双倍余额递减法)。

如果 no _ switch 为 false 或被省略，则当直线折旧额大于倍率余额递减法算出的折旧时，VDB() 函数会将折旧额切换成直线法的折旧额。

如果 no _ switch 为 true，即使直线法的折旧额大于倍率余额递减法算出的折旧额，VDB() 函数也不会将折旧额切换成直线法的折旧额。

除了 no _ switch 参数为选择性参数外，其他的参数都必须是正数，否则会返回＃NUM! 错误值。

[例 5－10]

以例 5－9 的基本数据为例，用 VDB() 函数完成按双倍余额递减法计算折旧额，计算公式如图 5－3 所示，倍率为 2。

当倍率为 1.5 时：

第 1 年折旧额＝VDB(20 000,600,5,0,1,1.5,true)＝6 000(元)

第 1～3 期的累计折旧额＝VDB(20 000,600,5,0,3,1.5,true)

＝13 140(元)

倍率不同，则可以得到不同的结果。

	A	B
1		各年折旧额计算表
2	原始成本：	
3	使用年限：	
4	残值：	
5	年份	双倍余额递减法
6	1	=VDB(原始成本,残值,使用年限,0,1,2,FALSE)
7	2	=VDB(原始成本,残值,使用年限,1,2,2,FALSE)
8	3	=VDB(原始成本,残值,使用年限,2,3,2,FALSE)
9	4	=VDB(原始成本,残值,使用年限,3,4,2,FALSE)
10	5	=VDB(原始成本,残值,使用年限,4,5,2,FALSE)
11	合计	=SUM(B6:B10)

图5-3　VDB() 函数

5. 几种折旧函数的对比模型

企业常用的折旧法分别为直线折旧法、年数总和法和双倍余额递减法，这三种折旧的计算都可以通过Excel所提供的SLN()，SYD()，DDB()与VDB()函数来完成。现假设固定资产原始成本为20 000元，预计净残值为600元，使用期限为5年，各种不同折旧法下的各期折旧额如图5-4所示。

	A	B	C	D	E
1		各年折旧额计算表			
2	原始成本：	20000			
3	使用年限：	5			
4	残值：	600			
5	年份	双倍余额递减法	直线法	年数总和法	
6	1	8,000	3,880	6,467	
7	2	4,800	3,880	5,173	
8	3	2,880	3,880	3,880	
9	4	1,860	3,880	2,587	
10	5	1,860	3,880	1,293	
11	合计	19,400	19,400	19,400	
12					

图5-4　折旧方法比较

根据图5-4中的数据，绘制不同折旧方法对比分析图：

- 选择B5：D10单元区域；
- 单击图表指南工具；
- 选择分析图位置A13：D26；
- 选择折线图；
- 按【确定】按钮，如图5-5所示，它能够直观地反映出各种折旧方法对折旧额的影响。

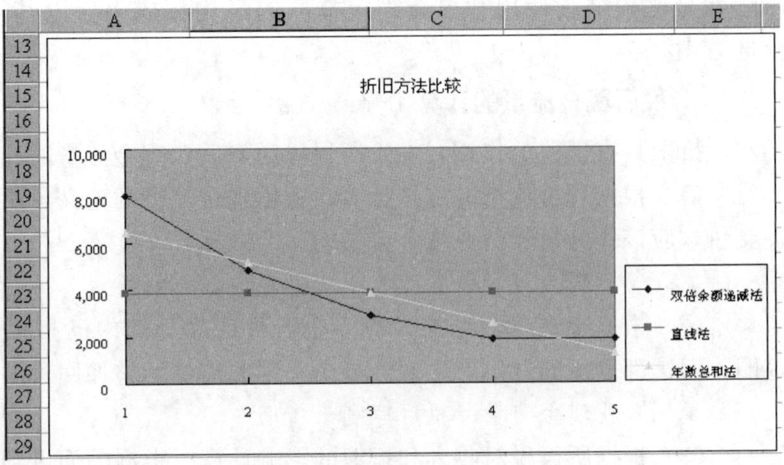

图 5－5　折旧方法对比分析图

● 增加标题“折旧方法比较”。由于表内数据之间建立了链接，同时表中数据与分析图之间也建立了链接，因此，对于不同的固定资产，只需改变其原始成本、残值等，各期折旧额将自动重新计算，分析图也将自动更新。

5.3　固定资产更新决策模型设计

随着科学技术的发展，固定资产更新换代的周期越来越短。旧设备在性能、耗费等方面往往落后于新设备。在这种情况下，企业要考虑是否进行更新，需要进行决策分析。固定资产更新决策主要研究两个问题：一是是否更新，即继续使用旧资产还是更换新资产；二是选择什么样的资产来更新。本节主要讨论在计算机环境下如何运用 Excel 提供的决策指标函数和折旧函数，建立固定资产更新决策模型的方法。

5.3.1　固定资产更新决策的基本问题讨论

1. 决策方法

在固定资产更新决策的过程中，会遇到新设备的经济寿命与旧设备的剩余寿命相等和不相等两种情况。

（1）对于寿命相等情况下的决策，可采用差额分析法计算两种设备的现金流量差额，并以此计算增减的净现值或内含报酬率，以判断是否更新。

（2）对于新设备的经济寿命与旧设备的剩余寿命不等的情况进行决策时，可以采用平均年成本法。固定资产平均年成本是使用年限内现金流出总现值与年金现值因素的比重，即平均每年的现金流出。平均年成本分析法就是比较继续使用和更新固定资产的平均年成本，以其较低的方案为优选方案。

2. 税后现金流量的计算

折旧具有抵税的作用，加入所得税因素后，现金流量的计算有三种方法。

（1）根据现金流量的定义计算。根据现金流量的定义，所得税是一种现金支付，应该作为每年营业现金流量的一个减项。

营业现金流量＝营业收入－付现成本－所得税

（2）根据年末营业结果计算。企业税后净利润中已扣减了当期计提的折旧，而这部分折旧并不产生现金流出，因此需要调整加回。

营业现金流量＝税后净利＋折旧

（3）根据所得税对收入和折旧的影响计算。根据前面讲到的税后成本、税后收入和折旧抵税，营业现金流量的计算如下：

营业现金流量＝税后收入－税后付现成本＋税负减少

5.3.2　建立固定资产更新决策模型

某公司考虑用一台新的效率高的设备代替旧设备，以减少成本，增加收益。新旧设备的有关资料如图5－6所示。

	A	B	C	D
1	项目	旧设备	新设备1	新设备2
2	原值	40 000	60 000	60 000
3	预计使用年限	10	5	5
4	已使用年限	5	0	0
5	年销售收入	50 000	80 000	80 000
6	每年付现成本	30 000	40 000	40 000
7	残值	0	10 000	10 000
8	目前变现价值	10 000		
9	折旧方法	直线法	直线法	年数总和法

图5－6　固定资产资料

从图5－6可以看出，这属于寿命相等的更新决策。决定是否应该更新，如果更新应选择哪种设备，就需要建立固定资产更新决策模型进行分析。

建立寿命相等的固定资产更新决策模型，主要是建立现金流量表结构或框架、净现值公式，然后将具体设备的数据填入模型中，净现值的计算结果将自动产生。图5－7给出了固定资产更新决策模型。

	A	B	C	D	E	F	G
1	固定资产更新决策模型						
2	资金成本：	10%	所得税税率：	25%	新旧设备净现值差	19,357	
3	旧设备:				新设备:		
4	初始投资	40000	净现值		初始投资	60000	净现值
5	预计使用年限	10	60,653		预计使用年限	5	70,010
6	已使用年限	5			已使用年限	0	
7	残值	0	变现收入		残值	10000	
8	折旧方法	直线法	10,000		折旧方法	年数总和法	
9	旧设备\剩余使用年限	1	2	3	4	5	
10	销售收入	50000	50000	50000	50000	50000	
11	付现成本	30000	30000	30000	30000	30000	
12	折旧额	4000	4000	4000	4000	4000	
13	税前净利	16000	16000	16000	16000	16000	
14	所得税	4000	4000	4000	4000	4000	
15	税后净利	12000	12000	12000	12000	12000	
16	营业净现金流量	16000	16000	16000	16000	16000	
17	终结现金流量						
18	现金流量	16000	16000	16000	16000	16000	
19							
20	新设备现金流量表						
21	新设备\剩余使用年限	1	2	3	4	5	
22	销售收入	80000	80000	80000	80000	80000	
23	付现成本	40000	40000	40000	40000	40000	
24	折旧额	16667	13333	10000	6667	3333	
25	税前净利	23333	26667	30000	33333	36667	
26	所得税	5833	6667	7500	8333	9167	
27	税后净利	17500	20000	22500	25000	27500	
28	营业净现金流量	34167	33333	32500	31667	30833	
29	终结现金流量					10000	
30	现金流量	34167	33333	32500	31667	40833	

图 5－7　固定资产更新决策模型

创建一个新的工作簿，将其命名为 cwgl05. xlsm，在工作簿中选择一个工作表，并将工作表名改为“固定资产模型”，下面讨论固定资产更新决策模型的建立。

1. 现金流量表中公式的建立

(1) 现金流量表一般公式的建立。进行固定资产更新决策，首先建立新旧固定资产现金流量表，如图 5－7 所示。现金流量表中存在以下勾稽关系：

税前净利＝营业收入－付现成本－折旧额

所得税＝税前净利×所得税税率

税后净利＝税前净利－所得税

营业现金流量＝税后净利＋折旧

=营业收入－付现成本－所得税

现金流量=营业现金流量+终结现金流量

具体在现金流量表上建立勾稽关系的方法是：先建立某期的一个公式，然后将该公式用【复制】工具复制下来，选择复制的范围（单元区域）后，用【粘贴】工具将其粘贴在该行其他的单元区域中。

[例5-11]

建立旧设备第1期“税前净利”的公式，将其复制到各期。

- 选择B13单元；
- 输入公式：=B10－B11－B12，即建立第1期的公式；
- 单击【开始】选项卡下的【复制】命令；
- 选择单元区域C13：F13；
- 单击【开始】选项卡下的【粘贴】命令。

粘贴过程将自动调整公式中的单元引用，将正确的公式复制到各期。

[例5-12]

建立旧设备第1期所得税、税后净利、营业现金流量、现金流量的公式：

- 选择B14单元，输入“所得税”公式：=B13*所得税税率；
- 选择B15单元，输入“税后净利”公式：=B13－B14；
- 选择B16单元，输入“营业现金流量”公式：=B15+B12；
- 选择B18单元，输入“现金流量”公式：=B16+B17。

将这四个公式一次复制到各期：

- 选择B14：B18单元区域；
- 单击【开始】选项卡下的【复制】命令；
- 选择单元区域C14：F18；
- 单击【开始】选项卡下的【粘贴】命令。

粘贴过程自动调整公式中的单元引用，将正确的公式复制到各期。

（2）折旧公式的建立。前面讨论过，对于不同的折旧方法，Excel提供了相应的折旧函数。因此，在模型中，先将新旧设备的主要数据单元定义名字（如用【公式】选项卡下的【定义名称】命令，将B4单元——旧设备的初始投资额的名称定义为“初始投资_旧”，将F4单元——新设备的初始投资额的名称定义为“初始投资_新”），再根据固定资产具体的折旧方法，在折旧行建立一个公式，然后将该公式用【复制】命令复制下来，选择复制的范围（单元区域）后，用【粘贴】命令将其粘贴在该行其他的单元区域中。

[例 5－13]

旧设备采用直线折旧法计提折旧，建立折旧的公式。

- 选择 B12 单元；
- 输入公式：＝SLN(初始投资_旧，残值_旧，使用年限_旧)；
- 单击【开始】选项卡下的【复制】命令；
- 选择单元区域 C12：F12；
- 单击【开始】选项卡下的【粘贴】命令。

2. 净现值计算公式的建立

净现值的计算公式可以使用上面讨论的 NPV() 函数来建立。

旧设备从第 6 年算起，尚可使用年限为 5 年，则现金流量的单元区域为 B18：F18，其公式为：

＝NPV(资金成本，B18：F18)

新设备从第 1 年算起，尚可使用年限为 5 年，则现金流量的单元区域为 B30：F30，净现值的公式为：

＝NPV(资金成本，B30：F30)－初始投资

净现值公式中要用到设备各年的现金流量，即现金流量是一个单元区域。对于不同的设备，尚可使用年限是不同的，当设备的尚可使用年限变化时现金流量的单元区域也发生变化，因此就要对净现值公式中的现金流量公式进行修改。为使固定资产更新决策的模型能适合各种设备，而不必修改净现值公式，就要将现金流量的单元区域定义名称。

将旧设备模型中现金流量单元区域（B18：F18）定义为“现金流量_旧”，这样净现值的公式就可以写成：

＝NPV(资本成本，现金流量_旧)

将新设备模型中现金流量单元区域（B30：F30）定义为“现金流量_新”，这样净现值的公式就可以写成：

＝NPV(资本成本，现金流量_新)－初始投资

当另一设备的使用年限发生变化时，只需用【公式】选项卡下的【定义名称】命令，重新定义现金流量单元区域，而不用修改净现值公式。

3. 新旧设备净现值差额公式的建立

新旧设备净现值差额＝新设备 NPV－旧设备 NPV＋变现收入

如果新旧设备净现值差额＞＝0，可更新；

如果新旧设备净现值差额＜0，不可更新。

5.3.3　固定资产更新决策模型的使用

固定资产更新决策模型的结构建立后，就可以根据具体设备，输入有关

数据：

- 资金成本；
- 所得税税率；
- 新旧设备的初始投资；
- 新旧设备的预计使用年限；
- 新旧设备的已使用年限；
- 新旧设备的残值；
- 新旧设备的营业收入和付现成本。

决策人员将这些数据输入模型，新旧设备净现值及其差额自动计算出来。通过对比差额大小，决定是否更新固定资产。

下面以图 5－6 中的数据为例，通过使用固定资产更新决策模型，做出是否更新以及用什么设备更新的决策。

［例 5－14］

（1）旧设备与新设备 1 对比。

输入新设备 1 的有关数据，并填入直线法折旧公式，即在 B24 单元输入公式：＝SLN(初始投资_新，残值_新，使用年限_新)。

然后将该公式拷贝到 C24：F24 单元区域，净现值将自动计算出其值为 69 410 元。旧设备的净现值为 60 653 元，新设备 1 的净现值为 69 410 元，加上变卖旧设备的机会成本 10 000 元，新设备 1 比旧设备的净现值多出 18 757 元（69 410＋10 000－60 653），如图 5－8（a）所示。

固定资产更新决策模型

资金成本：10%　　所得税税率：25%　　新旧设备净现值差　18 757

旧设备：			新设备：		
初始投资	40 000	净现值	初始投资	60 000	净现值
预计使用年限	10	60 653	预计使用年限	5	69 410
已使用年限	5		已使用年限	0	
残值	0	变现收入	残值	10 000	
折旧方法	直线法	10 000	折旧方法	直线法	

图 5－8（a）　旧设备与新设备 1 方案对比

（2）旧设备与新设备 2 对比。

旧设备数据不变，将新设备 2 的有关数据输入模型，并将折旧方法改为年数总和法，即在 B24 单元输入公式：＝SYD(初始投资_新，残值_新，使用年限_新，B21)。然后，将该公式拷贝到 C24：F24 单元区域，净现值自动计算出，其值为70 010 元，如图 5－8（b）所示。

旧设备的净现值为 60 653 元；新设备 2 的净现值为 70 010 元，加上变卖旧设备的机会成本 10 000 元，新设备 2 比旧设备的净现值多出 19 357 元

固定资产更新决策模型

资金成本：10%　　所得税率：25%　　新旧设备净现值差　19 357

旧设备：		
初始投资	40 000	净现值
预计使用年限	10	60 653
已使用年限	5	
残值	0	变现收入
折旧方法	直线法	10 000

新设备：		
初始投资	60 000	净现值
预计使用年限	5	70 010
已使用年限	0	
残值	10 000	
折旧方法	直线法	

图 5－8（b）　旧设备与新设备 2 方案对比

(70 010＋10 000－60 653)。

新设备 1 和新设备 2 的净现值都大于旧设备，因此可以更新。同时由于新设备 2 的净现值最大，因此可以将新设备 2 作为更新决策的所选设备。

这个模型虽然方便了财务管理人员进行固定资产更新决策，但它只是一个初级模型，还存在一些问题。比如，对新的固定资产进行更新决策，当折旧方法改变时，就要重新建立折旧公式，给决策人带来一定的不便；当新的固定资产使用年限变化时，净现值公式中现金流量的单元区域需要调整，如果忘记调整，将导致错误的决策。为了使模型具有适应性、通用性，可以在折旧方法处增加一个【下拉框控制项】按钮，通过驱动该按钮选择不同折旧方法，系统自动更改相应的折旧公式；净现值的计算用宏来实现，当使用年限变化时，先重新定义现金流量的单元区域，然后通过驱动【计算净现值】宏按钮，完成净现值的计算。关于下拉框控制项的建立、宏的建立等问题将在后面的章节详细讨论，以进一步完善该模型。

5.4　投资风险分析模型设计

前面在讨论投资决策时，曾经假设现金流量是确定的，即可以确定现金收支的金额及其发生时间。实际上，投资活动充满不确定性。如果决策面临的不确定性比较小，一般可忽略它们的影响，把决策视为确定情况下的决策。如果决策面临的不确定性风险比较大，足以影响方案的选择，那么就应该对它们进行计量并在决策时加以考虑。投资风险分析的常用方法主要有风险调整贴现率法和肯定当量法。本节以风险调整贴现率法为依据，讨论运用投资决策函数建立风险分析模型的基本方法。

5.4.1　风险调整贴现率法的含义

投资风险分析最常用的方法是风险调整贴现率法。这种方法的基本思想是对于高风险的项目采用较高的贴现率，即用一个包含了风险因素的贴现率来计算净现值，然后根据净现值法的规则选择方案。

风险调整贴现率 K 的计算公式为：

$$K=i+bQ$$

式中，i——无风险贴现率；

b——风险报酬率；

Q——风险程度。

假设 i 是确定的，为了确定 K 应先确定 Q 和 b。

1. 确定风险程度

(1) 计算现金流量的期望值 E。某期现金流量的期望值是某期各种可能的现金流量按其概率进行加权平均得到的现金流量，它可按下列公式计算：

$$E=\sum_{i=1}^{n} CFAT_i \times P_i$$

式中，E——某期的现金流量期望值；

$CFAT_i$——某期第 i 种可能的现金流量；

P_i——第 i 种可能现金流量的概率；

n——可能现金流量的次数。

(2) 计算各期现金流量期望值的现值 EPV。

$$EPV=\frac{E_1}{(1+i)}+\cdots+\frac{E_n}{(1+i)^n}$$

式中，EPV——各期现金流量期望值的现值；

E_i——第 i 期现金流量期望值；

i——无风险贴现率。

(3) 计算各期现金流量的标准离差 d。标准离差是各种可能的现金流量偏离期望现金流量的综合差异，某期现金流量标准离差按下列公式计算：

$$d=\sqrt{\sum_{i=1}^{n}(CFAT_i-E)^2 \times P_i}$$

(4) 计算各期现金流量综合标准离差 D。

$$D=\sqrt{\sum_{i=1}^{n}\frac{d_t^2}{(1+i)^{2t}}}$$

(5) 计算标准离差率——风险程度 Q。现金流量的离散程度，可以反映其不确定性的大小，但标准离差是一个绝对值，受后果值（现金流量金额）的影响，不便于比较不同规模项目的风险大小。用标准离差与期望值的比值，即标准离差率可以比较不同规模项目风险的大小。计算公式为：

$$Q=\frac{\text{综合标准离差}}{\text{现金流量期望值的现值}}=\frac{D}{EPV}$$

2. 确定风险报酬率

风险报酬率是直线方程 $K=i+bQ$ 的斜率，它的高低反映了风险程度变化对风险调整最低报酬率的影响大小。风险报酬率可以根据企业的历史资料通过统计的方法来测定，也可由投资者分析判断得出。如果投资者愿意冒险，风险报酬率就确定得小些；如果投资者不愿意冒险，风险报酬率就确定得大些。

3. 用风险调整贴现率计算方案的净现值

Q 和 b 确定后，风险调整贴现率也就确定了，用风险调整贴现率计算净现值，然后根据净现值法的规则选择方案。计算公式为：

$$EPV=\frac{E_1}{(1+K)}+\cdots+\frac{E_n}{(1+K)^n}+\frac{E_0}{(1+K)^0}$$

5.4.2　建立投资风险分析模型

下面通过一个实例讨论投资风险分析模型的设计方法。

在 cwgl05. xlsm 工作簿中，选择一个工作表，将该工作表名字改为“投资风险”。

1. 建立基本数据区域

该区域存放企业投资方案及无风险报酬率、风险报酬率等基本数据，如图 5-9 所示。

对于不同的企业或同一企业的不同方案，可以根据具体方案改变基本数据区域的数据。

2. 建立分析区域

按照风险调整贴现率法，我们需要在分析区域建立每种方案、每期的现金流量期望值、标准离差的计算公式；建立每种方案的期望现值、综合标准离差、风险程度及风险调整贴现率的计算公式。

（1）现金流量期望值公式和现金流量标准离差公式的建立方法。

$$E=\sum_{i=1}^{n}CFAT_i\times P_i$$

$$d=\sqrt{\sum_{i=1}^{n}(CFAT_i-E)^2\times P_i}$$

首先，建立方案 1 第 1 期的公式：

- 选择 B22 单元，建立 E 的公式；
- 输入公式：=B8 * C8+B9 * C9+B10 * C10；
- 选择 C22 单元，建立 d 的公式；
- 输入公式：=SQRT((B8-B22)^2 * C8+(B9-B22)^2 * C9+(B10-B22)^2 * C10)。

	A	B	C	D	E	F	G
1		投资风险分析模型					
2	无风险报酬率	0.06					
3	风险报酬率 *b*	0.1					
4							
5		方案1		方案2		方案3	
6	*t* 期数	现金流量*CFAT*	概率P_i	现金流量*CFAT*	概率P_i	现金流量*CFAT*	概率P_i
7	0	5 000		2 000		2 000	
8		3 000	0.25				
9	1	2 000	0.5				
10		1 000	0.25				
11		4 000	0.2				
12	2	3 000	0.6				
13		2 000	0.2				
14		2 500	0.3	2 000	0.2	3 000	0.1
15	3	2 000	0.4	4 000	0.6	4 000	0.8
16		1 500	0.3	6 000	0.2	5 000	0.1
17							
18			分析区域				
19							
20		方案1		方案2		方案3	
21	*t* 期数	现金流量期望值*E*	标准离差*d*	现金流量期望值*E*	标准离差*d*	现金流量期望值*E*	标准离差*d*
22	1	2 000	707	0	0.00	0	0.00
23	2	3 000	632	0	0.00	0	0.00
24	3	2 000	387	4 000	1 265	4 000	447
25		期望现值*EPV*	6 236	期望现值*EPV*	3 358	期望现值*EPV*	3 358
26		综合标准差*D*	931.44	综合标准差*D*	1 062	综合标准差*D*	375
27		风险程度*Q*	0.15	风险程度*Q*	0.32	风险程度*Q*	0.11
28		调整风险贴现率*F*	7.5%	调整风险贴现率*K*	9.2%	调整风险贴现率*K*	7.1%
29		净现值*NPV*	1 067	净现值*NPV*	1 075	净现值*NPV*	1 254

图 5-9　投资风险分析模型

其次，使用【复制】和【粘贴】，或者通过使用拖动填充建立方案 2、方案 3 的第 1 期公式。

复制与粘贴的方法如下：

- 选择 B22：C22 单元区域；
- 选择【开始】选项卡下的【复制】命令；
- 选择 D22：G22 单元区域；
- 选择【开始】选项卡下的【粘贴】命令。

拖动填充柄的方法如下：

- 选择 B22：C22 单元区域；
- 拖动填充柄至 G22 单元。

通过这种方式我们能够很快地建立各方案的公式。

（2）期望现值 EPV、综合标准离差 D、风险程度 Q、风险调整贴现率 K 的公式的建立方法。

首先，建立方案 1 的各公式：

- 选择 C29 单元，建立方案 1 的净现值公式；
- 输入公式：＝NPV(C28，B22，B23，B24)－B7；

(其他公式略)

- 选择 B25：B29（第 1 方案的公式区域）。

其次，使用【复制】和【粘贴】或者通过使用拖动填充，完成方案 2、方案 3 各公式的建立。

5.4.3　投资风险分析模型的使用

投资风险分析模型中存在如下的勾稽关系，如图 5－10 所示。

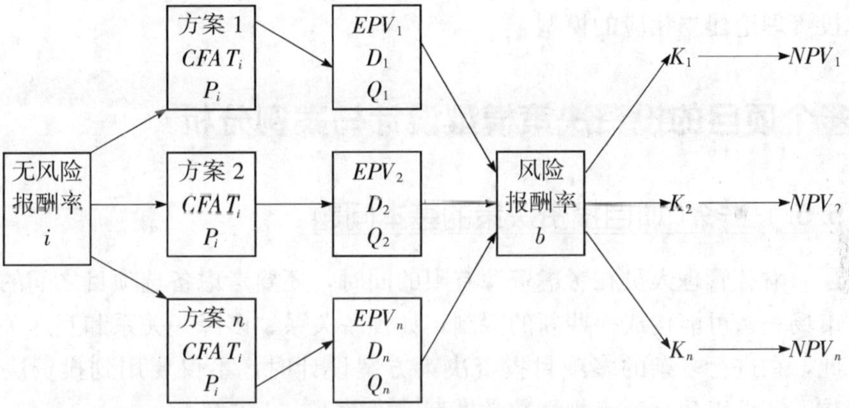

图 5－10　投资风险分析模型中的勾稽关系

从图 5－10 中可以看到，无风险报酬率 i、风险报酬率 b 两个要素对任意方案的净现值都产生影响。

在每个方案中，现金流量 $CFAT$、概率 P、无风险报酬率 i 决定着期望值的现值 EPV、综合标准离差 D、标准离差率 Q 的值；EPV，D，Q 和风险报酬率 b 又决定着每种方案的调整风险报酬率 K 的值；调整风险报酬率 K 又决定着每种方案的净现值。财务管理人员可以根据需要改变其中的要素，并将得到的不同的结果进行对比，最后找出最优的方案。

1. 调整无风险报酬率

无风险报酬率就是加上通货膨胀率以后的货币时间价值，一般把投资于国库券的报酬率视为无风险报酬率。当国家经济环境发生变化时，i 可能发生变化，当财务管理人员调整 i 时，所有方案的 NPV 将自动调整，此时可以根据净现值原理选择方案。

2. 改变风险报酬率

风险报酬率由决策者根据企业的历史资料通过统计方法测定，或者由投资者、有关专家分析判断确定。如果投资者愿意冒险，风险报酬率就确定得小些；如果投资者不愿意冒险，风险报酬率就确定得大些。

财务管理人员可以通过改变 b，得到不同的方案结果，并从中选择最优的方案。

3. 改变方案的现金流量和概率

当新的投资项目出现时，不需要重新建立模型，只需要改变方案的现金流量和概率，就自动得出新投资方案的净现值。因此，用同一模型可以对多组投资项目进行分析。

通过以上学习，我们掌握了应用投资决策函数建立投资决策模型的基本方法。在实际工作中，可以根据不同的投资决策问题，应用这些投资决策函数和投资理论建立相应的模型。

5.5 多个项目的投资决策模型设计与案例分析

5.5.1 多个项目投资决策的基本问题

财务管理人员在考虑资源有限的同时，还要考虑备选项目之间的技术或者市场关系可能构成一些新的限制，如预备关系、多择一关系和互斥关系等。因此，在进行复杂的多项目投资决策方案设计时，不仅要用到投资决策基本函数，还可以建立0—1规划数学模型，借助 Excel 求解。

北京博创是一家高新技术股份公司，2×08 至 2×10 年效益非常好。董事会决定在 2×10 年后进行重要投资，经战略规划部、投资部、财务部的初步评估，有 6 个备选项目通过了单个项目评估，投资期都为 2 期，即分别在 2×11 年和 2×12 年年初投资。

按照公司的长期财务计划，这两期的总投资限额分别为 8 亿元和 5 亿元，每个项目的净现值已由财务部和投资部计算出来（计算过程省略），相关数据如表 5-1 所示。

表 5-1 单位：百万元

项目	投资额		净现值
	2×11 年	2×12 年	
1. 嵌入式软件 Ⅰ	120	120	180

续前表

项目	投资额		净现值
	2×11 年	2×12 年	
2. 嵌入式软件Ⅱ	170	60	100
3. 嵌入式软件Ⅲ	300	160	240
4. 手机	180	230	300
5. 导航仪	200	140	210
6. 控制器	600	80	400
资本限制	800	500	

由于技术或市场原因，项目 1、项目 2 和项目 3 为三择一项目，项目 2 为项目 4 的预备项目，项目 5 和项目 6 为互斥项目。

总经理要求财务部从财务视角给出投资组合方案。

为这类问题建模时，不仅包含每个投资项目的净现值计算，还包括项目的选择与规划。净现值计算前面讨论过，下面重点讨论 0—1 整数规划模型的设计。

5.5.2 多个项目投资决策的数学模型设计

1. 设计变量

设 $X_i(i=1, 2, \cdots, 6)$为 6 个项目选择权变量，若选择该项目则赋值为 1，否则为 0。

设 Y 为使投资总的净现值最大的目标值。

2. 目标函数

$$\text{Max}: Y=NPV_1\times X_1+NPV_2\times X_2+NPV_3\times X_3+NPV_4\times X_4 +NPV_5\times X_5+NPV_6\times X_6$$

求对应所选项目净现值之和最大。

3. 约束条件

设 $I_{1i}(i=1, 2, \cdots, 6)$为 6 个项目 2×11 年的投资额，$I_{2i}(i=1, 2, \cdots, 6)$为 6 个项目 2×12 年的投资额。

- 2×11 年资本供应限制：

$$I_{11}\times X_1+I_{12}\times X_2+I_{13}\times X_3+I_{14}\times X_4+I_{15}\times X_5+I_{16}\times X_6<=800$$

- 2×12 年资本供应限制：

$$I_{21}\times X_1+I_{22}\times X_2+I_{23}\times X_3+I_{24}\times X_4+I_{25}\times X_5+I_{26}\times X_6<=500$$

- 项目 1、项目 2、项目 3 为三择一项目，即三个项目中有一个且仅有一个被选中，故

$$X_1+X_2+X_3=1$$

- 项目 2 为项目 4 的预备项目，即若项目 4 上马，项目 2 必上马，故

  $X_4 <= X_2$

或者

  $X_4 - X_2 <= 0$

- 项目 5 和项目 6 为互斥项目，故

  $X_5 + X_6 <= 1$

- 6 个项目或者选中或者不选中，故

  $X_1, X_2, X_3, X_4, X_5, X_6 = 0$ 或者 1

5.5.3 多个项目投资决策的 Excel 模型设计与应用

根据数学模型，运用规划求解工具，设计模型，并得到最优解。

（1）在基础数据区输入已知数据，如图 5-11 所示。

	A	B	C	D	E	F	G	H
1	基础数据区							
2	北京博创备选项目基础数据						单位：百万元	
3	项目		项目1	项目2	项目3	项目4	项目5	项目6
4	投资额	2×11年	120	170	300	180	200	600
5		2×12年	120	60	160	230	140	80
6	净现值		180	100	240	300	210	400

图 5-11　输入数据

（2）建立 0—1 整数规划模型区，如图 5-12 所示。主要包括：

- 投资总的净现值最大。目标函数 E8 单元。
- 最优解区。C11：H11。
- 项目选择区。C12：H12，用 IF() 函数表示。
- 约束条件区。E14：G19，约束条件的左边、约束条件、约束条件的右边。

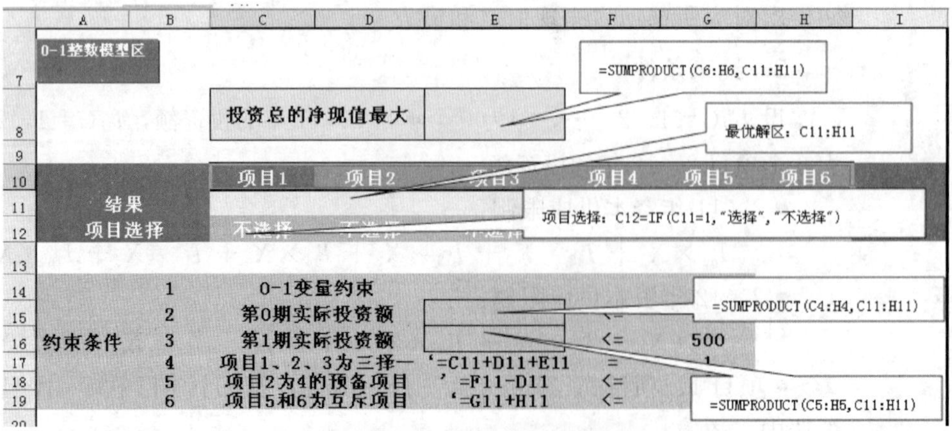

图 5-12　整数规划模型区

(3) 应用规划求解工具建立相关要素，如图 5-13 所示。

【设置目标】到最大值；

设置【通过更改可变单元格】最优解区域；

应用【添加】按钮一一输入 6 个约束条件。

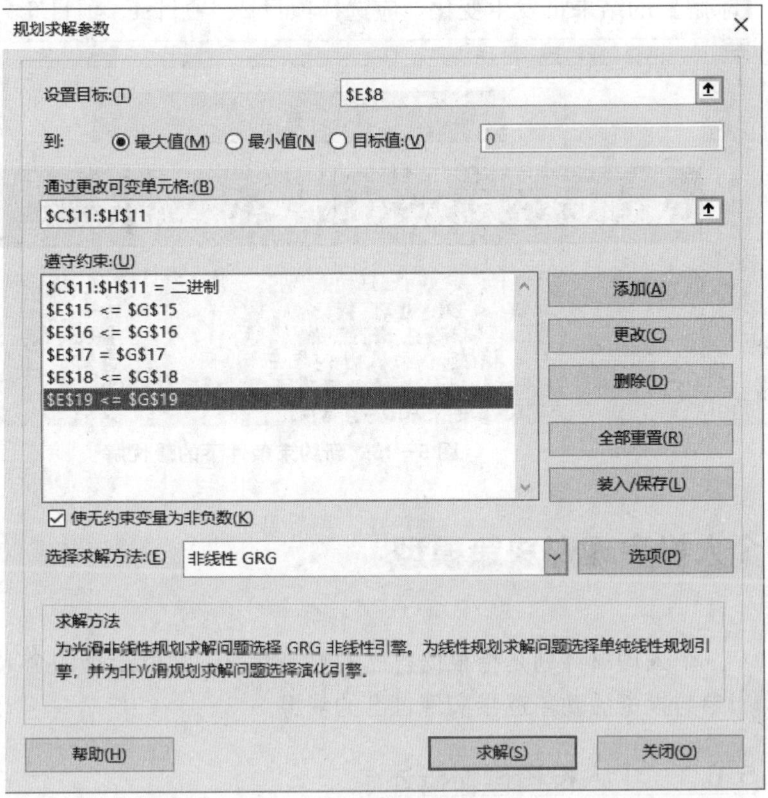

图 5-13　规划求解工具设置

(4) 求解。应用 Excel 规划求解工具【求解】，得到最优解，如图 5-14 所示。

投资总净现值	610

项目	1.嵌入式软件Ⅰ	2.嵌入式软件Ⅱ	3.嵌入式软件Ⅲ	4.手机	5.导航仪	6.控制器
结果	0	1	0	1	1	0
项目选择	不选择	选择	不选择	选择	选择	不选择

投资约束条件	1	0、1变量约束			
	2	第0期资本限制	550	≤	800
	3	第1期资本限制	430	≤	500
	4	项目1、2、3选1	1	=	1
	5	项目2为4的预备	0	≤	0
	6	项目5和6互斥	1	≤	1

图 5-14　运行结果

从图 5 - 14 中可知，最优解为：在现行的约束条件下，选择项目 2、项目 4 和项目 5，使得北京博创投资项目总的净现值最大。

如果公司投资项目资金有所改变，第一期的资本限额可以增加到 10 亿元，第二期的资本限额则要减少到 4 亿元。约束条件发生变化，应用规划求解工具【求解】的结果将发生变化，应选择项目 2、项目 4、项目 6。如图 5 - 15 所示。

	A	B	C	D	E	F	G	H
7								
8			投资总的净现值最大		800			
9								
10			项目1	项目2	项目3	项目4	项目5	项目6
11	结果		0	1	0	1	0	1
12	项目选择		不选择	选择	不选择	选择	不选择	选择
13								
14	约束条件	1	0-1变量约束					
15		2	第0期实际投资额		950	<=	1000	
16		3	第1期实际投资额		370	<=	400	
17		4	项目1、2、3为三择一		1	=	1	
18		5	项目2为4的预备项目		0	<=	0	
19		6	项目5和6为互斥项目		1	<=	1	

图 5 - 15　新约束条件下的最优解

5.6　个人投资理财决策模型

个人理财计划是指根据自己的财务状况，建立合理的个人财务规划，并适当参与投资活动，逐步实现自己的梦想。

5.6.1　个人投资理财概述

近几年，个人投资理财市场迅速发展，银行、保险、证券、基金、信托都为个人投资理财提供了越来越广阔的空间。

个人投资理财规划一般包括保险规划、换房规划、子女教育规划、股票基金投资规划、子女创业基金等，这些规划都需要用到投资决策的方法和技术。

5.6.2　个人投资理财的一般步骤

（1）确定理财目标。理财目标可以减少情绪化的决定，理性面对市场变化。

（2）明确投资期限。理财目标有短期、中期和长期之分，不同的理财目标决定着不同的投资期限，而投资期限不同，又会决定不同的风险水平。例如，3 个月后要用的钱是绝对不能做高风险投资的。反之，3 年后要用的钱如果不用来投资，则会失去获得更高回报的可能。

（3）制定适合自己的投资方案。投资人确定了自己的理财目标及投资期限后，就需要确定这一方案通常包括多个项目的投资，一个可行性方案在投资上我们称之为投资组合。投资人的风险承受力是考虑所有投资问题的出发点，风险承受力高，可以考虑较高风险的股票型基金；风险承受力低，可以考虑低风险的债券型基金。基金投资人因年龄、资产不同，风险承受力也会不同，投资组合有保守型、一般风险型、高风险型。个人理财目标需要通过合理的投资规划来实现。

5.6.3　个人教育投资理财模型设计

教育投资是许多家庭的主要投资之一。选择投资方向，设计合理的投资规划成为个人投资理财的核心问题。本小节以教育投资理财案例为背景，讨论教育投资理财模型设计的基本思路。

1. 个人教育投资理财的目标与期限

苗君是一位善于谋划的家长，他有一个正在读高中的孩子，成绩非常优秀，明年高中毕业，希望到国外名牌大学读本科和研究生。为了帮助孩子实现在国外上大学的理想，苗君教育投资理财的目标是：为孩子准备一笔教育投资资金，以保证孩子在国外四年大学与二年研究生的学习费用。

经过对国外大学进行咨询后得知，每年平均费用如图 5－16 所示。

学习费用							
年份	大一	大二	大三	大四	研一	研二	研三
费用（千元）	200	180	180	210	150	150	160

图 5－16　国外大学学费

2. 制定投资方案

H 银行的理财专家得知苗君的需求，主动与他讨论教育投资理财计划。

理财专家首先介绍了我国投资产品概况，目前可供投资的产品包括高风险的股票、小盘基金、债券型基金、可转换债券、银行储蓄等。苗君的风险偏好是投资风险小的产品，因此，H 银行的理财师为他推荐了投资组合方案：由于目前银行存款利息比较低，理财师建议苗君在孩子上大学前准备一笔教育资金，并将资金分为两部分，一部分资金在年初存入银行，每年可以获得一部分利息收入，另一部分资金在孩子上大学第一年年初购买风险比较小、收益比较高的债券，每年可以获得固定的回报，利用这两部分的收入和自有资金，支持孩子上学。

为了让苗君能够清楚理解理财方案，理财师设计了理财模型，如图 5－17 所示。

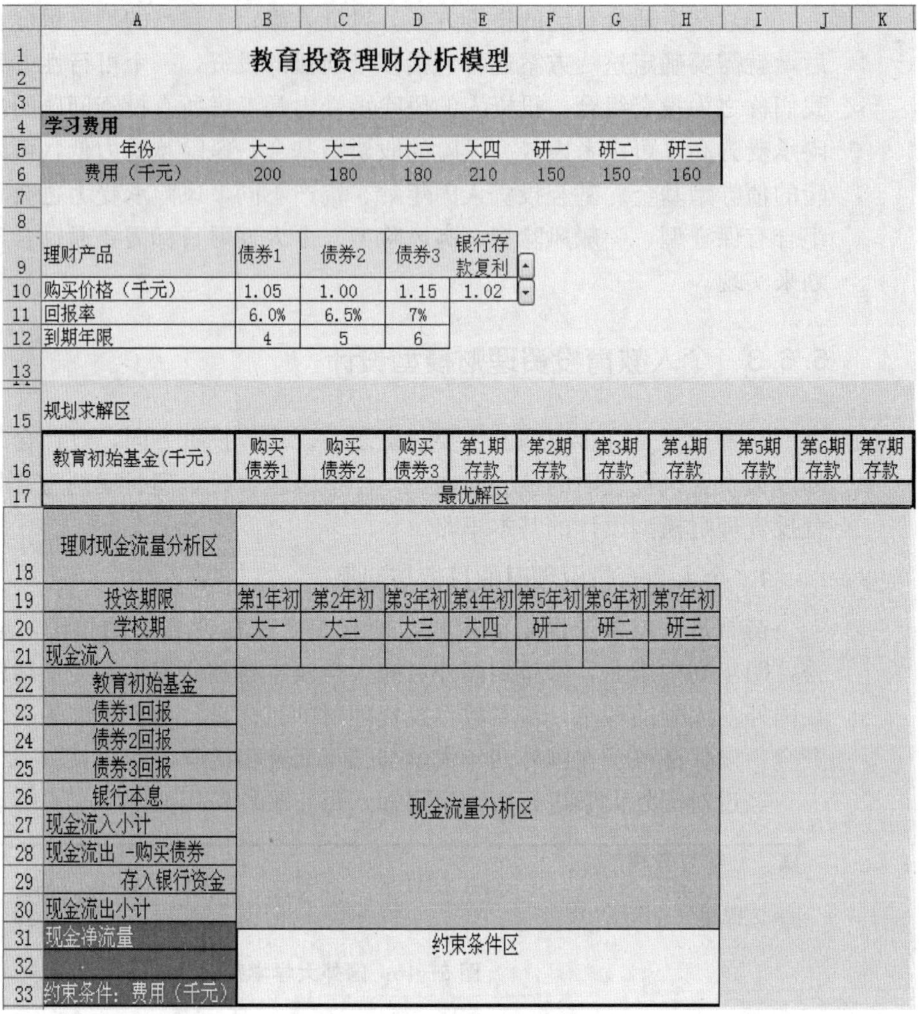

图 5-17　教育投资理财模型

通过动态规划求解得知：如果只将准备的教育投资资金存入银行，需要准备教育投资资金 114.1 万元，如果采用理财师的方案，则需要准备教育投资资金 109 万元，这将为苗君节约部分资金。苗君非常满意地接受了理财师提供的方案。

3. 建立数学模型

理财师要为客户提供优质的理财服务，必须具备以下能力：通过用科学的方法建模，改变相关影响因素动态求解，提供客户满意的方案。下面我们讨论建模方法。

（1）设计决策变量。

- 设准备的教育投资资金为 F；
- 设 $X_i(i=1,2,3)$为第一年购买的三种债券的数量（每份1 000 元）；

● 设每年年初存入银行的资金为 C_i($i=1$，2，3，4，5，6，7)。

(2) 目标函数。使得教育投资资金 F 最小（F 既是决策变量，又是目标函数）$\min F$。

每年总投入资金分为五个部分，其中：

三类现金流入项目：初始准备的教育投资资金、每年债券投资收益（包括利息和本金)、从银行取出的上一年的存款利息和本金。

两类现金流出项目：第一次投资债券的资金、每年存入银行的资金。

净现金流量＝现金流入－现金流出

(3) 约束条件。

每年净现金流量＝每年的学费

每年现金流入－每年现金流出＝ 每年的学费

● 第一年：现金流入为初始准备的教育投资资金；现金流出为购买债券及存入银行的资金，即约束条件为净现金流量满足第一年学费：

$$F-1.05X_1-X_2-1.15X_3-C_1=200$$

● 第二年：现金流入为债券的回报以及扣除第一年存款后的资金（本息之和)；现金流出为第二年存入银行的资金，即约束条件为净现金流量满足第二年学费：

$$6\%X_1+6.5\%X_2+7\%X_3+1.02C_1-C_2=180$$

● 同理，第三、四年的约束条件为：

$$6\%X_1+6.5\%X_2+7\%X_3+1.02C_2-C_3=180$$

$$6\%X_1+6.5\%X_2+7\%X_3+1.02C_3-C_4=210$$

● 第五年：现金流入除了债券回报和第四年存款的本息外，由于债券 1 已经到期，还可得到债券 1 的本金；现金流出为第五年存入银行的资金，即约束条件为净现金流量满足第五年学费：

$$(1+6\%)X_1+6.5\%X_2+7\%X_3+1.02C_4-C_5=150$$

● 同理，第六、七年的约束条件：

$$(1+6.5\%)X_2+7\%X_3+1.02C_5-C_6=150$$

$$(1+7\%)X_3+1.02C_6-C_7=160$$

● 三只债券购买数量为整数，即

$$X_i(i=1,2,3)=\text{整数}$$

● 最后是非负约束：

$$F,X_i(i=1,2,3),C_i(i=1,2,3,4,5,6,7)\geqslant 0$$

5.6.4 教育投资理财的 Excel 模型设计与应用

运用规划求解工具，设计模型，并得到最优解。

(1) 在基础数据区输入已知数据。在基础数据区输入学费和债券的相关信息。

(2) 设计 Excel 模型区。主要包括：

- 教育投资准备资金：目标函数 B22 单元；
- 最优解区：A17：K17；
- 现金流入区；
- 现金流出区；
- 约束条件区。

图 5－18 给出了现金流量区的 Excel 公式。

理财现金流量分析区							
投资期限	第1年初	第2年初	第3年初	第4年初	第5年初	第6年初	第7年初
学校年级	大一	大二	大三	大四	研一	研二	研三
现金流入							
教育初始基金	=A17						
债券1回报		=$B17*$B11	=$B17*$B11	=$B17*$B11	=$B17*$B11+B17		
债券2回报		=$C17*$C11	=$C17*$C11	=$C17*$C11	=$C17*$C11	=$C17*$C11+C17	
债券3回报		=$D17*$D11	=$D17*$D11	=$D17*$D11	=$D17*$D11	=$D17*$D11	=$D17*$D11+D17
银行本息		=E17*$E10	=F17*$E10	=G17*$E10	=H17*$E10	=I17*$E10	=J17*$E10
现金流入小计	=SUM(B22:B26)	=SUM(C22:C26)	=SUM(D22:D26)	=SUM(E22:E26)	=SUM(F22:F26)	=SUM(G22:G26)	=SUM(H22:H26)
现金流出-购买债券	=SUMPRODUCT(B17:D17,B10:D10)						
存入银行资金	=E17	=F17	=G17	=H17	=I17	=J17	=K17
现金流出小计	=B28+B29	=C28+C29	=D28+D29	=E28+E29	=F28+F29	=G28+G29	=H28+H29

图 5－18　现金流量区的公式

(3) 应用规划求解工具建立相关要素，如图 5－19 所示。

【设置目标】到最小值；

设置【通过更改可变单元格】最优解区域；

应用【添加】按钮一一输入约束条件。

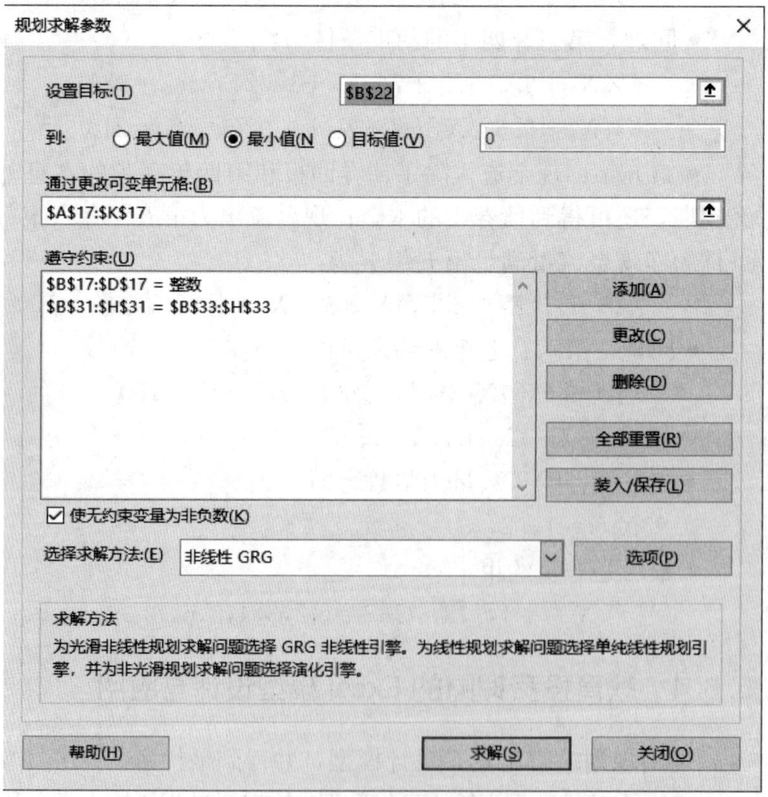

图 5－19　约束条件设置

（4）求解。应用 Excel 规划求解工具【求解】，得到最优解，如图 5 - 20 所示。

	A	B	C	D	E	F	G	H	I	J	K
15	规划求解区										
16	教育初始基金（千元）	购买债券1	购买债券2	购买债券3	第1期存款	第2期存款	第3期存款	第4期存款	第5期存款	第6期存款	第7期存款
17	1,090.1	124.0	288.0	0.0	471.9	327.5	180.2	0.0	0.2	156.9	0.0
18	理财现金流量分析区										
19	投资期限	第1年初	第2年初	第3年初	第4年初	第5年初	第6年初	第7年初			
20	学校年级	大一	大二	大三	大四	研一	研二	研三			
21	现金流入										
22	教育初始基金	1,090.1									
23	债券1回报		7	7	7	131					
24	债券2回报		19	19	19	19	307				
25	债券3回报		0	0	0	0	0	0			
26	银行本息		481	334	184	0	0	160			
27	现金流入小计	1,090	508	360	210	150	307	160			
28	现金流出-购买债券	418.2									
29	存入银行资金	472	328	180	0	0	157	0			
30	现金流出小计	890	328	180	0	0	157	0			
31	现金净流量	200	180	180	210	150	150	160			
32		=	=	=	=	=	=	=			
33	约束条件：费用（千元）	200	180	180	210	150	150	160			

图 5 - 20 求解结果

从图 5 - 20 中可知，苗君的最优教育投资理财计划是：购买债券 1 和债券 2 的面值分别是 12.4 万元、28.8 万元；在满足支付学费的条件下，第一年最少准备教育投资资金 109 万元。

当理财师发现更好的债券或者银行利率发生变化时，可直接在基本数据区调整基础数据，并应用规划求解工具，得到新的投资理财规划结果。

5.7 投资项目解决方案设计

通过上述分析，我们学习了投资决策的基本方法和建模方法，为投资项目决策方案的制定提供了基础。本节以一个具体投资项目为例，讲解投资项目解决方案的设计思路。

5.7.1 项目背景分析

城市绿化不仅可以美化生活环境，而且有利于改善城市小气候，消除环境污染，清洁空气，防风防沙，减弱噪音污染等。据有关资料介绍，只有当城市的绿化覆盖率超过 60%时，植物才能真正起到绿色卫士的作用，而我国城市的绿化水平远远达不到这一指标。

随着我国经济的迅猛发展，人民生活水平日益提高，人们对于居住的生态环境要求也越来越高。但由于大中城市人口密度高、楼房密度大、楼间距窄、城市空地少，仅靠种植一些树、开辟几个城市公园、建立少数绿化小区等传统的平面绿化措施是难以大幅提高绿化水平的。屋顶绿化、墙体立面绿化的出现将极大地拓展城市绿化的空间，改善人们的居住环境，美化城市整体景观。

屋顶被称为城市建筑的“第五面”，屋顶绿化是在有限的城市空间提高绿化率最有效的方式，有利于保护生态、调节气候、净化空气、降低室温和城市热岛效应、节水节能。同时，其经济效益同样不容忽视。以绿化成本为例，在城市中心地区，绿化1万平方米土地，加上征地、拆迁补偿费用在内，约需6 000万元，而1万平方米屋顶绿化的投入只需300万元左右，约为前者的1/20。

墙体立面也是城市绿化可利用的重要资源。利用先进的科技对墙体进行绿化，不仅可以增加城市绿化的立体层次感、改善环境质量、保护建筑物，而且可以突破传统墙体蔓生植物的限制，开发出墙面绿色广告发布平台等新的使用价值。

将单调的建筑变成一片葱绿已经成为世界潮流。德国、日本等发达国家对屋顶绿化非常重视，并通过立法来促进其发展。为了丰富城市的绿化景观，提高绿化的生态功能，增加城市的绿化容量，国内一些大城市开始重视城市立体绿化的问题，这为城市建筑立体绿化产业的发展带来了契机。

5.7.2 宏观分析——SWOT分析

在宏观分析时首先应该进行竞争力分析，从竞争产品和竞争对手、竞争影响力等方面进行分析。如采用波特的五力模型进行分析：供应商议价能力、购买者议价能力、潜在竞争者、替代品竞争、行业内原有竞争；然后进行SWOT分析，即应用SWOT分析方法就本项目的优势、劣势、机会和威胁进行分析，从宏观上把握项目的可行性。

1. 优势

财务管理人员与业务经理合作可以分析投资该项目的优势。如公司拥有先进的技术、享有专利权保护、有一流的科技专家、有优秀的管理团队等，可以通过市场细分，按照区域、城市、渠道进行分析，发现公司的优势。

2. 劣势

公司与竞争对手相比有哪些劣势，如在人员、技术、流程、产品、IT等方面。

3. 机会

就项目来看，政策法规的影响带来了很好的机遇。城市建筑立体绿化市场属于园林绿化市场中一个新的领域，受到了政府主管部门、企事业单位、房地产开发商、业主和物业管理部门等社会各方面越来越多的关注，一些城市和地区已经开始进行试验和小范围的推广。例如，北京市出台了《北京地区城市屋顶绿化指导书》，深圳市政府颁布了《深圳市屋顶美化绿化实施办法》，上海市组织编制了《屋顶绿化三年实施计划》等，这些都为城市立体绿化市场的启动提供了契机。

4. 威胁

除机会外，该项目的投资会带来哪些威胁和风险，财务部门和业务部门应该一起认真分析，达成共识，具体见表 5－2，并提出相应的企业应对策略。

表 5－2　　项目 SWOT 分析

外部环境的机会与威胁 / 策略 / 企业内部的优势与劣势	机会： ● 城市立体绿化市场需求潜力巨大 ● 政府对环保事业的扶持 ● 竞争企业有限，市场处于启动阶段 ● 国内市场同类企业具有明显的技术缺陷，难以满足市场需求 ● 绿色奥运的推动	威胁： ● 新技术的研发和实践应用 ● 房地产市场的萎缩 ● 政策法规对城市绿化工程要求趋于严格和规范，对行业标准要求提高 ● 国外竞争者的进入
优势： ● 公司拥有先进的技术 ● 公司技术享有专利权保护 ● 有一流的科技专家 ● 有优秀的管理团队	● 迅速扩大经营规模，抢占市场份额 ● 整合同类企业，扩大企业规模	● 加大科技投入，提高技术水平 ● 与国外企业实行强强联合 ● 拓展业务领域，寻找新的利润增长点
劣势： ● 企业规模小，资金匮乏 ● 缺乏大规模工程建设经验 ● 还没有建立营销网络 ● 缺少技术熟练、经验丰富的工程人员	● 寻求外部资源，获得资金支持 ● 迅速组建有丰富经验的工程队伍 ● 通过多种手段建立营销网络	● 利用小规模工程逐步积累经验和资金实力 ● 集中力量于样板工程，树立形象 ● 与大企业合作，寻求资金、技术支持

5.7.3　微观分析——财务分析视角

任何一个投资项目除从宏观视角进行分析外，还必须从财务视角进行分析，用具体的数据告诉管理者投资项目的可行性。财务分析需要通过大量的数据进行测算，并且各种假设因人员不同而不同。因此，需要用 Excel 建立投资决策模型，根据各种因素的变化进行实时调整得到结果，以满足动态决策的需求。具体如图 5－21 所示。

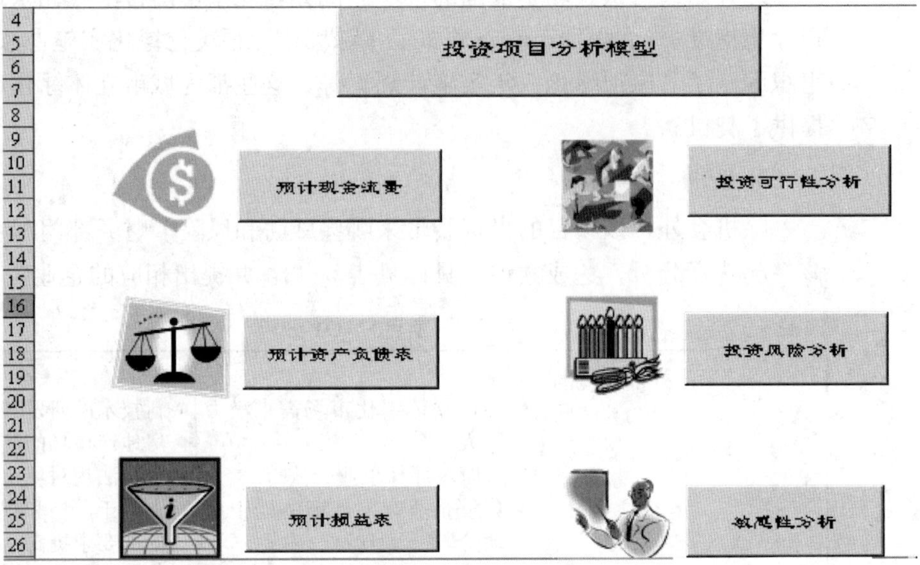

图 5－21　投资项目解决方案

1. 资金来源与运用

公司初期需要投入资金 600 万元，其中 100 万元用于购买施工机器及办公设备，500 万元用于流动资金。为满足初期公司对流动资金的需要，公司拟向金融机构借 1 年期短期借款 100 万元（利率 5.31%）作为流动资金。所借资金主要用于生产中所需的直接原材料、直接人工、制造费用及其他各类期间费用等。

2. 投资可行性分析

主要假设：公司原材料供应商的信誉足够好，原材料在一个星期内到货，能够保证施工质量；租赁的办公室在中关村高科技园区，付租金即可运营。

投资可行性分析模型如图 5－22 所示。

	A	B	C	D	E	F	G
3							
4			投资可行性分析模型				
5	年份	初期	第1年	第2年	第3年	第4年	第5年
6	固定资产投资	-1 000 000					
7	流动资金	-5 000 000					
8	现销收入		17 280 000	32 168 000	57 038 400	112 474 400	224 548 800
9	减：成本支出		13 243 500	23 110 240	38 718 800	69 595 240	130 854 432
10	税收		505 535	953 412	1 667 040	9 992 933	20 489 227
11	营业现金净流量		3 530 965	8 104 348	16 652 560	32 886 227	73 205 141
12	净现金流量	-6,000,000	3 530 965	8 104 348	16 652 560	32 886 227	73 205 141
13	贴现率	6%					
14	净现值	=NPV(B13,C12:G12)+B12					
15	内含报酬率	=IRR(B12:G12)					

图 5－22　投资可行性分析模型

（1）投资净现值。其公式如下：

$$NPV=\sum_{t=1}^{n}(CI_t-CO_t)(1+i)^{-t}\text{（在模型中用相应的函数表示）}$$

银行短期借款（1年期）利率为5.31%，长期借款利率为5.76%。无风险贴现率 i 取6%，此时 NPV=99 277 862.30元，远大于0。计算期内盈利能力很好，投资项目可行。

（2）内含报酬率。根据投资现金流量表计算内含报酬率：

$$NPV=\sum_{t=1}^{n}(CI_t-CO_t)(1+IRR)^{-t}=0\text{（在模型中用相应的函数表示）}$$

内含报酬率达到139.90%，远大于资本成本率6%，主要是因为公司提供的施工方案优质优价，使得销售利润率较高，而且前5年内市场成长性很好。

（3）投资回收期。回收期是指投资引起的现金流入累计到与投资额相等所需要的时间。它代表收回投资所需要的年限，根据净现金流量、投资额等数据计算，投资回收期为1年4个月，投资方案可行。计算过程如表5-3所示。

表5-3　　投资回收期计算表　　金额单位：元

	现金流量	回收额	未回收额
原始投资	−6 000 000		
现金流入			
第1年	3 530 965	3 530 965	2 469 035
第2年	8 104 348	2 469 035	—
回收期	1年4个月		

3. 投资风险分析模型

对项目的风险有两种处置方法：

（1）风险调整贴现率法。通过Excel工具可以对贴现率进行调整。通过计算得到，当贴现率为8%时调整后的净现值为91 431 470.68元；当贴现率为12%时，调整后的净现值为77 904 701.97元；可见，将贴现率进行风险调整后，净现值远远大于0，项目可行。

（2）调整现金流量法。在贴现率为6%的情况下，对每期净现值调整后，净现值为43 612 202.75元，内含报酬率为111.95%。

投资风险分析模型如图5-23所示。

4. 项目敏感性分析

公司在营业收入、经营成本上存在来自各方面的不确定因素，我们对这两者按提高10%和降低10%的单因素变化做敏感性分析，计算净现值和内含报酬率。其模型如图5-24所示。

	A	B	C	D	E	F	G
1			投资风险分析模型				
2	无风险报酬率	8%					
3							
5	年份	初期	第1年	第2年	第3年	第4年	第5年
6	固定资产投资	-1 000 000					
7	流动资金	-5 000 000					
8	现销收入		17 280 000	32 168 000	57 038 400	112 474 400	224 548 800
9	减：成本支出		13 243 500	23 110 240	38 718 800	69 595 240	130 854 432
10	税收		505 535	953 412	1 667 040	9 992 933	20 489 227
11	营业现金净流量		3 530 965	8 104 348	16 652 560	32 886 227	73 205 141
12	净现金流量	-6 000 000	3 530 965	8 104 348	16 652 560	32 886 227	73 205 141
13	肯定当量系数	1.00	5.00	0.80	0.70	0.60	0.50
14	肯定现金净流量	-6 000 000	17 654 825	6 483 478	11 656 792	19 731 736	36 602 570
15	未调整NPV	=NPV(B2,C12:G12)+B12					
16	未调整IRR	=IRR(B12:G12)					
17	调整后NPV	=NPV(B2,C14:G14)+B14					
18	调整后IRR	=IRR(B14:G14)					

图 5-23 投资风险分析模型

	A	B	C	D	E	F	G
1	敏感性分析						
2	贴现率	6.00%					
3	销售收入变动百分比	-10.00%					
4	成本变动百分比	0.00%					
5	年份	初期	第1年	第2年	第3年	第4年	第5年
6	固定资产投资	-1 000 000			-400 000		
7	流动资金	-5 000 000					
8	现销收入		15 552 000	28 951 200	51 334 560	101 226 960	202 093 920
9	减：成本支出		13 243 500	23 110 240	38 318 800	69 595 240	130 854 432
10	税收		505 535	953 412	1 667 040	9 992 933	20 489 227
11	营业现金净流量		1 802 965	4 887 548	11 348 720	21 638 787	50 750 261
12	净现金流量	-6 000 000	1 802 965	4 887 548	10 948 720	21 638 787	50 750 261
13	净现值	64 307 060					
14	内含报酬率	104.36%					

图 5-24 敏感性分析模型

此项目对营业收入的提高和降低最为敏感，经营成本次之。在其他因素不变、公司营业收入降低10%的情况下，内含报酬率为104.36%；在其他因素不变、公司成本提高10%的情况下，内含报酬率为116.06%，均高于无风险贴现率6%。说明公司能承担风险，项目极具可靠性。

一个投资项目的决策涉及很多因素，总体来讲可以分为两类：定性因素，如政治、环境、竞争策略等；定量因素，如NPV，IRR等。只有将定量和定性相结合，才能进行科学的决策。

本章小结

本章学习了有关投资决策的大量函数，讨论了运用这些投资决策函数建立投资决策模型的基本方法。下面对本章所学的投资决策函数进行总结。

一、投资决策指标函数

函数名称	功能
IRR()	计算现金流量的内含报酬率
MIRR()	计算现金流量的修正后内含报酬率
NPV()	计算现金流量的净现值＝NPV()－投资额
	计算现金流量的现值指数＝NPV()/投资额

二、固定资产折旧函数

函数名称	功能
SLN()	按直线法计算固定资产的某期折旧额
DDB()	按双倍余额递减法计算固定资产的某期折旧额
VDB()	按倍率余额递减法计算固定资产某个时段的折旧总额
SYD()	按年数总和法计算固定资产的某期折旧额

习　题

1. 某企业一台固定资产的原始成本为 55 000 元，预计净残值 5 000 元，使用期限为 10 年。应用 Excel 提供的 SLN()，SYD()，DDB() 与 VDB() 函数计算各年的折旧额，并绘制分析图。

2. 已知贴现率为 10%，有三种投资机会，有关数据如表 5－4 所示。

表 5－4　　各方案数据　　单位：元

期间	A 方案现金净流量	B 方案现金净流量	C 方案现金净流量
0	(20 000)	(9 000)	(12 000)
1	11 800	1 200	4 600
2	13 240	6 000	4 600
3		6 000	4 600
合计	5 040	4 200	1 800

应用 NPV()，IRR() 函数分别计算三种方案的净现值、内含报酬率、现值指数。

3. 光华公司原有一台 4 年前购入的机床，设备成本为 200 000 元，估计尚可使用 6 年。假定期满无残值，已提折旧 80 000 元（按直线折旧法），账面折余价值为 120 000 元。使用该设备每年可获营业收入 298 000 元，每年支付的直接材料和直接人工为 226 000 元。该公司为提高产品的产量和质量，准备另外购置一台全自动机床，约需价款 300 000 元，估计可使用 6 年，期满有残值 15 000 元。购入新机床时，旧机床可作价 70 000 元。使用新设备每年可增加营业收入 50 000 元，同时每年节约直接材料和直接人工 20 000 元。

建立固定资产更新决策模型，在该公司资金成本为12%、新设备采用不同折旧方法（直线法、年数总和法）的条件下，根据净现值法和内含报酬率法对该公司的设备更新方案做出决策。

4. H公司董事会决定将20万元用于债券投资。投资部理财师提议，现有三类五只债券是比较好的投资对象：

第一类：银行债券，见表5-5。

表5-5

发债主体	债券代码	发行日期	付息方式	票面利率	债券期限
厦门银行	1020002	2010-03-08	附息固定利率	6.38%	10年
上海银行	092007	2009-11-17	附息固定利率	3.65%	3年

第二类：高新技术产业债券，见表5-6。

表5-6

发债主体	债券代码	发行日期	付息方式	票面利率	债券期限
北京中关村有限公司	111036	2008-01-21	半年固定利率	6.68%	3年
苏州新区高新技术	122997	2008-10-28	年付固定利率	6.14%	5年

第三类：电信类债券，见表5-7。

表5-7

发债主体	发行时间	付息方式	利息率	期限	信用评级
中国电信	2009-11-16	附息式固定利率	3.65%	3年	AAA

减少的风险建议如下：

- 银行类债券投资不得超过12万元；
- 高新类债券投资不得超过8万元；
- 对上海银行的债券投资不得超过对整个银行债券投资的70%；
- 对电信债券的投资不得低于对银行类债券投资的20%。

要求：

(1) 该公司应该如何投资，才能在满足董事会要求的前提下使总回报额最大？请给出数学模型和Excel模型及其结果。

(2) 财务部经理发现投资部理财师选择的五只债券并不合理，要求财务部有经验的理财师重新给出投资方案：

- 投资组合的理论基础；
- 债券市场的调查报告（包括新的五只债券的选择依据、风险规避的约束条件）；
- 建立债券投资决策模型；
- 给出新的投资组合结果。

5. 小组讨论——股票投资模型分析。本杰明·格雷厄姆在投资股票时的基本思路是“通过对所能获得的事实的认真分析，确定当前价格低于其真实价值的股票与债券”，具体到中国股市还需要结合具体情况辩证地分析运用，因为中国证券市场法制尚不健全、监管不力；多数投资人不理性；上市公司还存在恶意欺骗行为。所以，我们应当拿起三种武器进行快速有效的股票投资决策：利用价值投资理念筛选股票；利用财务分析“拧干”虚假数字的水分；利用 Excel 建立模型辅助投资决策。

（1）选股，查询每股净收益以及进行相应的安全股价计算；

（2）对比当前股价，如果当前股价小于安全股价，则作为备选股，否则淘汰；

（3）分析去伪，淘汰大于安全股价的备选股；

（4）分析成长性，净资产收益率（ROE）是否高于同行业平均水平，是否高于总体平均水平，淘汰不符合要求的备选股；

（5）加入安全性指标，淘汰抵抗风险能力弱的备选股；

（6）计算 P 值确定投资比例，最大不能超过分配给该股资金量的 2/3。

6. KAD 有限公司刚刚支付了每股 67 美分的年度股利，未来 3 年预期股利以每年 6.7%的增长率增长，该股票股利趋于某固定增长率。如果必要报酬率为 12%，并且目前该股票的售价为 10.50 美元，那么未来 3 年股利的固定增长率为多少？

思考：如何构建模型？应用何种工具解决这个问题？

第 6 章

筹资决策模型

学习目标

随着经济的发展，企业筹集资金已由过去的主要靠财政拨款和银行贷款两种形式逐步发展成为长期借款、股票筹资、债券筹资、融资租赁筹资等多种形式。企业筹资方式和筹资渠道日趋多样化，对企业筹资管理人员提出了新要求。财务管理人员应该掌握现代化的工具建立筹资管理与决策模型，分析不同的筹资方式和渠道带来的成本和风险，从而选择合理的筹资渠道和最佳的筹资方式。本章主要讨论各种筹资决策函数，以及应用筹资决策函数、模拟运算表工具、图形控件工具——内部宏，建立筹资决策模型的基本方法和技术。学完本章后应该掌握：

- 筹资分析与决策模型设计
- 现金流量的时间价值及函数的概念和应用
- 长期借款筹资双变量分析模型设计
- 租赁筹资图形控件模型设计
- 租赁筹资与借款筹资方案对比分析模型的设计和分析

6.1 筹资决策模型概述

6.1.1 建立筹资决策模型的意义

企业筹集资金是指企业根据其生产经营、对外投资和调整资金结构的需要，通过筹资渠道和资金市场，运用筹资方式，经济有效地筹措资金的过程。企业筹资一般分为长期筹资（资金使用期在一年以上或超过一年的一个营业周期以上）和短期筹资（资金使用期在一年以内或超过一年的一个营业周期以内）。筹资决策是企业财务管理中的一项重要内容，是企业开展经营的前提，在很大程度上影响着企业的投资活动、分配方案等。其中，长期资金筹集的决策即资本决策涉及的金额大、期间长，对企业的投资、分配、风险、效益和发展等有着深远的影响，其决策效果对企业有重大的意义。

在市场经济条件下，企业筹集资金的方式发生了很大变化，出现了股票筹资、债券筹资、长期借款筹资、融资租赁筹资等筹资方式。

下面我们讨论几种主要的筹资方式。

1. 股票筹资

股票筹资是企业通过发行股票筹集自有资本的一种筹资方式，股票筹资有优先股、已发行普通股和留存收益以及新发行普通股等形式。在股票筹资中，不仅要考虑国家政策、经济环境等因素，还要考虑股票的发行价格以及股票的资金成本。

不同类型股票的发行价格不同，需要通过测算决定其按平价、时价和中间价发行。与此同时，不同类型股票筹资的资金成本计算也不同。

如发行优先股，需花费筹资费用，并定期支付股利，而股利与长期负债的利息不同，要用所得税税后利润支付，企业不能由此享有所得税利益。其资金成本的计算公式为：

$$\text{资金成本}=\frac{\text{优先股成本}}{\text{优先股发行总额}}\times\frac{1}{1-\text{优先股筹资费用率}}$$

又如新发行普通股，由于会发生较高的筹资费用，故其成本高于留存收益成本，其资金成本的计算公式为：

$$\text{资金成本}=\frac{\text{第 1 年支付的股利}}{\text{股票市价}}\times\frac{1}{1-\text{筹资费用率}}$$

2. 债券筹资

债券筹资是指企业通过发行债券筹集资本的一种筹资方式。在债券筹资方式下，不仅要考虑国家政策、经济环境等因素，还要考虑债券的发行价格、资金成本等。债券的发行价格包括平价发行、溢价发行和折价发行三种。债券的发行价格与其面值不一致，主要是由于企业债券上标明的利率一经印出就无法改变，但从债券印出到正式发行期间，市场上的利率可能会发生变化。为此，根据不同的市场利率测算债券的发行价格对企业发行债券是非常重要的。债券发行价格的公式为：

$$\text{发行价格}=\sum_{i=1}^{n}\frac{\text{年利息}}{(1+\text{市场利率})^{n}}+\frac{\text{面值}}{(1+\text{市场利率})^{n}}$$

与此同时，企业发行债券筹集资金所支付的利息，也通常在税前支付，这样就可少缴一部分所得税，企业实际担负的利息应为：债券利息×(1－所得税税率)。因此，利用债券筹资时要正确地测算债券成本，其计算公式为：

$$\text{债券成本}=\frac{\text{债券每年实际利息}\times(1-\text{所得税税率})}{\text{债券发行总额}\times(1-\text{债券筹资费用率})}$$

3. 长期借款筹资

长期借款筹资是指企事业单位通过向银行等金融机构以及其他单位借入长期借款进行的筹资。在借款筹资方式中，企业不仅要考虑国家的贷款政策、经济环境、借款的程序等因素，还要考虑贷款利率、期限等因素对每期还款额的影响，以便根据自己的偿还能力，做出相关决策。企业对长期借款所支付的利息，无论是否资本化，通常是在所得税前扣除，可以少缴一部分所得税。另外，也需要考虑长期借款的成本，其计算公式为：

长期借款成本＝长期借款利率×(1－所得税税率)

4. 融资租赁筹资

在市场经济中，融资租赁也成为企业筹集资金的一种方式，它是企业通过融资租赁取得资产的长期使用权而融通资金的一种筹资方式。在融资租赁中，除了要考虑国家的经济政策、租赁方的信誉等因素外，还要考虑支付租金的方法、付款次数、租赁年利率等条件对每期应付租金的影响，以便与企业的偿还能力相比较，做出相应的决策。

就一个企业而言，几乎不可能只使用单一的筹资方式，因此，还需要根据各种不同的资金所占的比重——资本结构来测试和分析企业的加权平均资金成本。此外，一个企业无法以某一固定的资金成本来筹措无限的资金，因此，又需要测试和分析企业的边际资金成本。通过上述分析可知，无论企业采用哪种或哪几种筹资方式都需要进行一系列的定量分析，即测算和分析其资金成本，这样企业才能以尽可能低的资金成本取得源源不断的资金供应，才能迅速发展并显示出勃勃生机。此外，是否能正确地测试和分析股票和债券发行价格、恰当地确定各种筹资政策，也将对企业今后的筹资能力产生深远的影响。

在手工条件下，不少企业采用简单定性分析草率决定筹资方式从而影响了决策的质量；有些企业已意识到应该将定量分析和定性分析相结合做出有效的筹资方案，却因计算的复杂和模型建立的艰辛望而却步。计算机技术的发展为筹资分析和决策工作的定量分析创造了条件。Excel 提供了很多函数和工具，我们可以利用这些函数和工具建立筹资分析和决策模型，进行定量分析，帮助管理者做出正确的决策。本章通过列举长期借款和融资租赁模型，阐述在 Excel 中如何应用计算机技术建立筹资分析与决策模型的基本思路和方法。

6.1.2 筹资分析与决策模型的内容

如图 6－1 所示，筹资分析与决策模型主要包括借款分析、双变量分析、租赁分析和借款租赁对比分析等。点击不同的按钮和图形，便进入相应的分析模型进行定量分析。

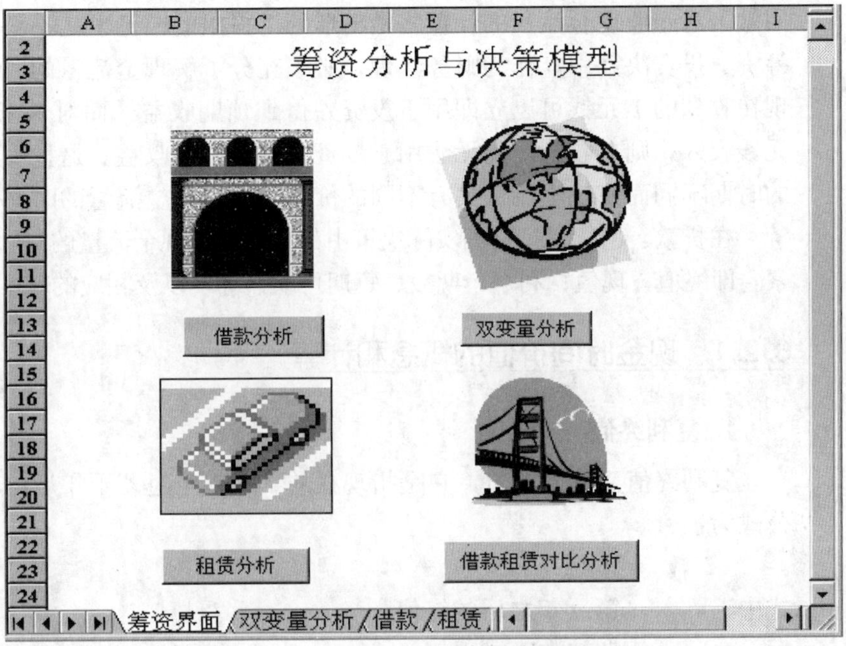

图 6－1　筹资分析决策模型界面

1. 借款分析模型

在借款分析模型中，财务人员可以根据不同的借款金额、借款年限、每年还款期数中任意一个或几个因素的变化，来分析每期偿还金额的变化，从而做出相应的决策。

2. 双变量分析模型

双变量分析模型通过分析两个变量不同组合下的长期借款偿还情况，以便根据分析的结果做出决策。

3. 租赁分析模型

在租赁分析模型中，财务人员可以通过选择承租的设备，根据不同的承租条件计算出每期应付租金，并与企业所能承担的租金对比，做出相应的决策。

4. 借款租赁对比分析模型

在该模型中，把租赁筹资和借款筹资分析模型放置在两个窗口，并排在屏幕上，财务人员将得到的租赁和借款筹资的成本对比，从而做出是租赁还是借款筹资的决策。

6.2　筹资决策模型的主要函数

任何企业的生产经营活动都是在一定的时空环境中展开的，如果撇开时间因素，对企业现金流量的计量将是畸形的，得出的结论也是不科学的。尤其在筹资、投资决策中，作为财务经理，必须充分了解现金流量的时间价值。因为现在收到的1元钱可以立即用于投资并得到预期收益，而对未来某一时期的1元钱收入，则在收到之前无法用于投资并获得预期收益。这种因现金流量发生的时期不同而使现金流量具有不同的价值，就是现金流量的时间价值。

在贷款、租赁、投资等实际决策中都要考虑与现金流量的时间价值相关的要素，即终值、现值、利率、期数、每期付款数等，以及相应的基本计算方法。

6.2.1 现金时间价值的概念和计算

1. 复利终值

复利终值又称未来值，它是指现在的1元钱经过若干年后的本利和，计算公式为：

$$V_f=V_p(1+I)^n$$

式中，V_f——第 n 年之后的终值；

V_p——期初数额或现值；

I——利率；

n——时间，通常以年为单位。

如果每年复利 m 次，则每期的利率为 I/m，时间为 $m\times n$（即 mn），此时复利终值的计算公式为：

$$V_f=V_p\left(1+\frac{I}{m}\right)^{mn}$$

2. 复利现值

复利现值是指未来某一时期一定数额的货币折合成现在的价值，其计算公式为：

$$V_p=V_f\frac{1}{(1+I)^n}$$

同终值计算一样，每年复利 m 次时复利现值的计算公式为：

$$V_p=V_f\frac{1}{(1+I/m)^{mn}}$$

3. 年金终值

年金是指定期、等额的系列收支。年金按复利计算，于若干期期末后可得的本利和，称为年金终值。

（1）普通年金终值（年金终值）。每次收支发生在每期期末，称为普通年金或后付年金，每期复利一次，计算公式为：

$$\begin{aligned}FV&=A+A(1+I)+A(1+I)^2+\cdots+A(1+I)^{n-1}\\&=A\frac{(1+I)^n-1}{I}\end{aligned}$$

式中，I——年利率；

n——年金处理中的期数；

A——年金，即每年固定支付或收入的数额；

$\frac{(1+I)^n-1}{I}$——年金终值系数，用（FV/A，I，n）表示。

如果每年固定支付或收入 m 期，每期收支为 A，则每期利率为 I/m，总期数为 mn，计算公式为：

$$FV=A\frac{(1+I/m)^{mn}-1}{I/m}$$

（2）先付年金终值。每次收支发生在每期期初，称为期初年金或先付年金，计算公式为：

$$\begin{aligned}FV&=A(1+I)+A(1+I)^2+\cdots+A(1+I)^n\\&=A\left[\frac{(1+I)^{n+1}-1}{I}-1\right]\end{aligned}$$

式中，$\left[\frac{(1+I)^{n+1}-1}{I}-1\right]$为预付年金终值系数，用［($FV/A$，$I$，$n+1$)$-1$］表示。

4. 年金现值

（1）普通年金现值（年金现值）。普通年金现值是指在每期期末取得相等金额，现在需要投入的金额，每期复利一次，计算公式为：

$$\begin{aligned}PV&=A(1+I)^{-1}+A(1+I)^{-2}+\cdots+A(1+I)^{-n}\\&=A\frac{1-(1+I)^{-n}}{I}\end{aligned}$$

式中，$\frac{1-(1+I)^{-n}}{I}$为年金现值系数，用（PV/A，I，n）表示。

如果每年固定支付或收入 m 期，每期收支为 A，则每期利率为 I/m，总期数为 mn，计算公式为：

$$PV=A\frac{1-(1+I/m)^{-mn}}{I/m}$$

（2）先付年金现值。先付年金现值是指在每期期初取得相等金额，现在需要投入的金额，每期复利一次，计算公式为：

$$\begin{aligned}PV&=A+A(1+I)^{-1}+A(1+I)^{-2}+\cdots+A(1+I)^{-(n-1)}\\&=A\left[\frac{1-(1+I)^{-(n-1)}}{I}+1\right]\end{aligned}$$

式中，$\left[\frac{1-(1+I)^{-(n-1)}}{I}+1\right]$为预付年金现值系数，用［($PV/A$，$I$，$n-1$)$+1$］表示。

如果每年固定支付或收入 m 期，每期收支为 A，则每期利率为 I/m，总期数为 mn，计算公式为：

$$PV=A\left[\frac{1-(1+I/m)^{-(mn-1)}}{I/m}+1\right]$$

5. 永续年金

如果年金定期等额支付一直持续到永远，则称为永续年金，计算公式为：

$$\text{永续年金的现值}=\frac{\text{每期的等额支付}}{\text{利率}}=\frac{A}{I}$$

6. 年金的计算

根据上面讨论的年金现值公式或年金终值公式进行推导，便可计算出年金。

（1）普通年金（后付年金）的计算公式：

$A=FV/(FV/A,I,n)$

$A=PV/(PV/A,I,n)$

（2）预付年金（先付年金）的计算公式：

$A=FV/[(FV/A,I,n+1)-1]$

$A=PV/[(PV/A,I,n-1)+1]$

7. 利率、期数的计算

根据上述年金现值、年金终值公式进行推导，求出现值系数或终值系数，然后查现值系数或终值系数表，便可求出利率和期数。手工计算比较复杂。

[例6-1]

已知贷款为400 000元，贷款期限为15年，每年摊还本息为58 729元，求年利率。

根据年金现值公式：

$PV=A\times(PV/A,I,n)$

$400\,000=58\,729\times(PV/A,I,15)$

得　$(PV/A,\ I,\ 15)=6.810\,9$

查年金现值系数表得：

$I=12\%$

已知贷款为400 000元，年利率为12%，每年摊还本息为58 729元，求期数。

根据年金现值公式：

$PV=A\times(PV/A,I,n)$

$400\,000=58\,729\times(PV/A,12\%,n)$

得　$(PV/A,12\%,n)=6.810\,9$

查年金现值系数表得：

$n=15$(年)

6.2.2 现金流量的时间价值函数

Excel 提供了有关年金现值、年金终值、年金、利率、期数等现金流量的时间价值函数；由于复利现值、复利终值、永续年金等时间价值的计算比较简单，在工作表中定义也很容易，因此没有提供相应的函数。

关于现金流量时间价值函数的参数说明如下：

rate：每期利率。

nper：年金处理中的总期数。

pmt：每期固定支付或收入的数额，即年金。

pv：初始值，为一选择性参数。如果此参数省略，则假设其值为 0。

fv：终值，为一选择性参数。如果此参数省略，则假设其值为 0。

type：年金类型。其值可以为 0 或 1，type 参数值为 0，表示普通年金或后付年金；type 参数值为 1，表示先付年金。如果此参数缺省，则默认值为 0。

在参数的使用上，若是付出的金额，则需以负数表示；如为收入，则以正数表示。

1. 年金终值函数 FV ()

语法：FV(rate，nper，pmt，pv，type)

功能：在已知期数、利率及每期付款额的条件下，返回年金终值数额。FV 是函数名。

[例 6-2]

5 年中每年存入银行 100 元，存款利率为 8%，求第 5 年年末的年金终值。

每年年底存入 100 元，计算公式为：=FV(8%,5,-100)，其值为 586.66 元。

每年年初存入 100 元，计算公式为：=FV(8%,5,-100,1)，其值为 633.59 元。

2. 年金现值函数 PV ()

语法：PV(rate，nper，pmt，fv，type)

功能：在已知期数、利率及每期付款额的条件下，返回年金现值数额。PV 是函数名。

[例 6-3]

现在存入一笔钱，准备在以后 5 年中每年得到 100 元，如果存款利率为 8%，现在应该存入多少钱？

每年年底得到 100 元，计算公式为：=PV(8%,5,100)，其值为-399.27 元。

每年年初得到100元，计算公式为：=PV(8%，5，100，1)，其值为−431.21元。

3. 年金、年金中的本金、年金中的利息函数

(1) 年金函数PMT()。

语法：PMT(rate，nper，pv，fv，type)

功能：在已知期数、利率及现值或终值的条件下，返回年金，即投资（或贷款）的每期付款额（包括本金和利息）。PMT是年金函数名。

(2) 年金中的利息函数IPMT()。

语法：IPMT(rate，per，nper，pv，fv，type)

功能：在已知期数、利率及现值的条件下，返回投资（或贷款）的每期付款额中所含有的利息。IPMT是计算年金中利息的函数名。

(3) 年金中的本金函数PPMT()。

语法：PPMT(rate，per，nper，pv，fv，type)

功能：在已知期数、利率及现值的条件下，返回投资（或贷款）的每期付款额中所含有的本金。PPMT是计算年金中本金的函数名。

以上三个函数之间存在以下关系：

PMT()=PPMT()+IPMT()

[例6-4]

某企业租用一设备，租金为36 000元，年利率为8%，每年年末支付租金，租期为5年。

每期支付的租金，计算公式为：=PMT(8%，5，−36 000)，其值为9 016.43元。

第2年支付的本金，计算公式为：=PPMT(8%，2，5，−36 000)，其值为6 627.35元。

第2年支付的利息，计算公式为：=IPMT(8%，2，5，−36 000)，其值为2 389.08元。

4. 期数函数NPER()

语法：NPER(rate，pmt，pv，fv，type)

功能：返回每期付款金额及利率固定的某项投资或贷款的期数。NPER为计算年金中期数的函数名。

[例6-5]

某企业租用一设备，租金为36 000元，年利率为8%，每年年末支付租金。若每年支付9 016元，需要多少年付完租金？

计算公式为：=NPER(8%，9 016，−36 000)，其值为4.95年。

5. 利率函数 RATE()

语法：RATE(nper，pmt，pv，fv，type，guess)

功能：在已知期数、每期付款及现值的条件下，返回年金的每期利率。RATE 为年金函数名。

参数：guess 是对利率的估计数。如果 guess 被省略，将假设它是 10%。如果 RATE() 函数无法收敛，需要使用不同的 guess 估计数再试一次。

[例 6-6]

某企业租用一设备，租金为 36 000 元，年利率为 8%，每年年末支付租金。若租期为 5 年，每年支付9 016元，则支付利率为多少?

计算公式为：=RATE(5，9 016，−36 000)，其值为 8%。

6.2.3 INDEX () 函数

在建立筹资分析模型时，我们使用了 INDEX() 函数，该函数应用很广，在工作表中需要从参考地址或数组中选取对应数据时都可以使用该函数。INDEX()函数有两种形式：参考地址（reference）型和数组（array）型。

1. 参考地址型 INDEX() 函数

语法：INDEX(reference，row_num，column_num，area_num)

功能：返回参考地址范围中根据行、列数(row_num，column_num)所决定的单元范围的参考地址的内容。

参数：

- reference：一个单元或单元区域的引用。
- row_num：指定要选取的对象位于第几行，该参数可为 0。
- column_num：指定要选取的对象位于第几列，该参数可为 0。
- area_num：指定要选取的对象位于单元区域的第几个区域，单元区域中的第一个区域的编号为 1，第二个区域为 2，依此类推。如果此参数被省略了，则 INDEX() 函数将采用第一个区域。

说明：

若 row_num 与 column_num 都为 0，则 INDEX () 函数会返回 reference 参数的参考地址。

若只有 row_num 为 0，则表示采用 reference 参数区域中的整列。

row_num，column_num 及 area_num 必须能对应 reference 里的某一单元，否则 INDEX() 函数会返回错误值“#REF!”。

[例 6 - 7]

INDEX(A1：C6，2，3)表示 A1 到 C6 单元区域中第 2 行第 3 列，即 C2 单元。

[例 6 - 8]

INDEX(A1：A6，2)表示 A 列第 2 个单元，即 A2 单元。

[例 6 - 9]

INDEX(A1：A6，2，3)的值为“＃REF”，由于 A1：A6 代表一列数据，故当 column _ num 参数为“3”时，找不到对应的单元。

[例 6 - 10]

INDEX((A1：C6，D1：F6)，2，3，2)表示第 2 个区域（D1：F6）的第 2 行第 3 列，即 F2 单元。

[例 6 - 11]

INDEX((A1：C6，D1：F6)，0，0，2)的值为“＃VALUE”，设 row _ num 与 column _ num 为 0 时，返回 reference 的参考地址，此时 reference 代表的为一多单元的区域，故返回值为“＃VALUE”。

2. 数组型 INDEX（）函数

语法：INDEX(array，row _ num，column _ num)

功能：返回数组中一个元素的值，它由行和列的序号索引来选定。

参数：

- array：以数组方式输入的单元范围。
- row _ num：指定所要返回的元素位于数组里的第几行，如果要省略该参数，则一定要输入 column _ num 参数。
- column _ num：指定所要返回的元素位于数组里的第几列，如果要省略该参数，则一定要输入 row _ num 参数。

说明：

若同时使用了 row _ num 与 column _ num 参数，则 INDEX() 函数会返回 row _ num 与 column _ num 交叉决定的单元的值。

若 array 仅含单一的行或列元素，则相对应的参数 row _ num 或 column _ num 将变为可选择性的参数。

若 array 仅有多行或列元素，但只使用参数 row _ num 或 column _ num，则 INDEX() 函数将返回数组中的某一整行或列。

在工作表格中输入数组时，请按下 Ctrl，Shift，Enter 组合键。

row _ num 与 column _ num 参数值必须能对应到 array 中的某一单元，否则 INDEX() 函数会返回错误值“＃REF!”。

[例 6-12]

含有数组型 INDEX() 函数的简单公式是：＝INDEX({“a”，“b”；“c”，“d”}，2，1)，其值为 c。

6.2.4　逻辑判断函数

我们在筹资分析模型中使用了逻辑判断函数。在实际应用中，还会遇到大量有关逻辑判断的问题，如判断产品等级、判断信用状况等。为了便于财务管理人员建立各种分析模型，Excel 提供了若干逻辑判断函数。

1. 条件函数 IF ()

语法：IF(logical _ test，value _ if _ true，value _ if _ false)

功能：执行真假值判断，根据逻辑条件（logical _ test）的真假值，返回不同的结果。

如 logical _ test 为真（true)，返回 value _ if _ true 值；如 logical _ test 为假（false)，返回 value _ if _ false 值。

参数：

- logical _ test：条件，是可以产生 true 或 false 的表达式。
- value _ if _ true：“动作一”。当条件为 true 时，执行此参数或返回此参数的结果，此参数不得省略。
- value _ if _ false：“动作二”。当条件为 false 时，执行此参数或返回此参数的结果，该参数可以为空白或省略。省略时，若条件为 false，则整个 IF() 函数返回 false 值。

说明：value _ if _ true 与 value _ if _ false 可以为任意数据，甚至可以为另一 IF() 函数，以构成嵌套的判断。嵌套结构可以是多层嵌套。

[例 6-13]

含有 IF() 函数的简单公式：

＝IF(true,“a”,“b”)，其返回值为 a。

＝IF(false,“a”,“b”)，其返回值为 b。

[例 6-14]

假设某公司对其销售额进行评价：

销售额＞100 万元，销售评价值为“A 级”；

70 万元＜销售额＜＝100 万元，销售评价值为“B 级”；

销售额＜＝70 万元，销售评价值为“C 级”。

计算公式为：IF(销售额＞100，“A 级”，IF(销售额＞70，“B 级”，“C 级”))。

2. AND（）函数

语法：AND(logical1，logical2，…)

功能：逻辑“与”函数，如果所有参数的逻辑值均为 true，才返回 true 值；如果有任何一个参数的逻辑值为 false，则返回 false。

说明：这些参数都是值为逻辑值的表达式。若指定的范围中不含逻辑值，AND() 函数将返回错误值“#VALUE!”。

[例6-15]

假设某公司对其销售额进行评价：

销售额>100 万元，并且销售毛利>25 万元，则销售评价值为“A 级”；

70 万元<销售额<=100 万元，且销售毛利>17.5 万元，则销售评价值为“B 级”；

销售额<=70 万元，则销售评价值为“C 级”。

计算公式为：=IF(AND(销售额>100，销售毛利>25)，“A 级”，IF(AND(销售额>70，销售毛利>17.5)，“B 级”，“C 级”))。

3. OR() 函数

语法：OR(logical，logical2，…)

功能：逻辑“或”函数，只要所有参数的逻辑值有一个为 true，其返回 true 值；否则返回 false。

说明：这些参数都是值为逻辑值的表达式。若所指定的范围中不含逻辑值，OR() 函数将返回错误值“#VALUE!”。

[例6-16]

假设某公司对其销售额进行评价：

销售额>100 万元或者销售量>300 件，销售评价值为“A 级”；否则为“B 级”。

计算公式为：=IF(OR(销售额>100，销售量>300)，“A 级”，“B 级”))。

4. NOT（）函数

语法：NOT(logical)

功能：逻辑“非”函数，改变 logical 参数的逻辑值。

说明：若 logical 为 true，其返回 false；若 logical 为 false，其返回 true。

[例6-17]

假设某公司对其销售额进行评价：

销售额达不到 100 万元，则输出“公司目标未实现”。

计算公式为：=IF(NOT(销售额>=100),“公司目标未实现”))。

6.3　长期借款筹资双变量分析模型设计

长期借款是指企事业单位向银行等金融机构以及其他单位借入的期限在一年以上的各种借款，主要用于小额的固定资产投资和流动资产的长期占用。取得长期借款是各类企事业单位筹集长期资金必不可少的方式。在进行长期借款前，财务管理人员除了要了解我国长期借款的种类、程序、借款合同等基本内容，最重要的是对借款中的各因素进行分析，即对借款金额、借款利率、借款期限和归还期限等因素进行分析，根据多种借款分析结果，确定一个比较合理的借款方案，这样才能提出借款申请，签订借款合同。

本节主要讨论在计算机环境下建立长期借款分析模型的技术和方法。

6.3.1　长期借款基本内容

1. 长期借款的种类

长期借款可以按照一定的标准分类，企事业单位应该根据自身情况和有关条件选择适当种类的长期借款进行筹资。

（1）按提供的机构单位可分为政策性银行借款、商业银行借款和保险公司借款等。

（2）按有无抵押品可分为抵押借款和信用借款。

（3）按行业分为工业企业借款、商业借款、农业借款等。

2. 长期借款的程序

以银行借款为例，简略介绍申请长期借款的基本程序。

（1）提出借款申请。企事业单位申请借款必须符合借款原则和借款条件，提出的借款申请应说明借款原因和借款金额、使用时间、使用计划、归还期限和归还计划等。

（2）银行审核申请。银行针对企事业单位的申请，按照借款条件，对申请单位进行调查，依据审批权限，核定申请单位的借款金额和用款计划。

（3）签订借款合同。经银行审核，借款申请获得批准后，银行与借款单位双方可进一步协商借款的具体条件，签订正式的借款合同，规定借款的数额、利率、期限和一些限制性条款。

（4）企事业单位取得借款。借款合同签订后，企事业单位可以在核定的借款指标范围内，根据用款计划和实际需要，一次或分次将借款转入自己的存款结算户，以便支用。

（5）企事业单位归还借款。借款到期时，借款单位应该依照借款合同的规定按期清偿借款本金和利息或续签合同。一般归还借款的方式有三种：到期日一次归还；分期偿还相等金额，在借款到期日还清全部本息；分批偿还，每次金额不一定相等。

3. 借款合同的内容

借款合同是规定借贷双方权利和义务的契约，必须采用书面形式。借款方提出的借款申请经贷款方审查认可后，双方即可在平等协商的基础上签订借款合同。借款合同依法签订后，即具有法律约束力，当事人双方必须严格遵守合同条款，履行合同规定的义务。

（1）借款合同的基本条款。借款合同应该包含的基本条款如下：借款种类、借款用途、借款金额、借款利率、借款期限、借款资金来源及还款方式；保证条款；违约责任等。

（2）借款合同的限制条款。由于长期借款的风险较高，因此，除合同基本条款外，银行对借款企业都有以下三类限制性条款：一般性限制条款、例行性限制条款、特殊性限制条款。

6.3.2 建立长期借款基本模型

在了解了我国长期借款的种类、程序、借款合同等基本内容后，财务管理人员应用Excel提供的筹资函数和工具，建立长期借款分析模型，对借款金额、借款利率、借款期限和归还期限等因素进行多种测算，在多种方案中选择一种比较合理的贷款方案。下面以建立分期偿还借款模型为例进行讨论。

1. 建立分期偿还借款基本模型工作表

创建一个新的工作簿，将其命名为cwgl06.xlsm，在工作簿中选择一个工作表，将名字改为“借款模型”。在“借款模型”工作表上建立分期偿还借款基本模型，如图6-2所示。

	A	B	C	D
1		中财公司分期偿还借款分析模型		
2				
3				
4		借款类型	工业贷款	
5		借款金额	15200	
6		借款年利率	8%	
7		借款年限	2	
8		每年还款期数	2	
9		总付款期数	4	
10		每期偿还金额	4187	

图6-2　分期偿还借款分析的基本模型

2. 定义各因素间的勾稽关系

(1) 总付款期数。总付款期数等于借款年限与每年还款期数的乘积。

总付款期数（C9 单元）＝借款年限 * 每年还款期数

(2) 每期偿还金额。在付款期分期偿还固定金额，财务管理中也称为年金问题。若每期偿还金额在期末发生，则属于后付年金。因此应用 Excel 提供的 PMT() 函数，可以方便地完成每期偿还金额的计算。

$$\begin{matrix}\text{每期偿还金额}\\ \text{（C10 单元）}\end{matrix}=\text{PMT}\left(\frac{\text{借款年利率}}{\text{每年还款期数，总付款期数，借款金额}}\right)$$

PMT() 函数返回值为每期付款额，所以用负数表示。为使其值为正数，在公式中加入 ABS() 绝对值函数，则每期偿还金额（C10 单元）的公式为：＝ABS(PMT(借款年利率/每年还款期数，总付款期数，借款金额))。

3. 分期偿还借款基本模型的使用

分期偿还借款模型建立之后，每期应偿还金额与借款金额、借款年利率、借款年限、每年还款期数等因素之间建立了动态链接。财务管理人员可以通过直接输入数据的方式改变图 6－2 中 C5 单元到 C8 单元的数值，即改变借款金额、借款年利率、借款年限、每年还款期数中的任意一个或几个因素的值，来观察每期应偿还金额的变化，选择一种当前企业能力所及的固定偿还金额进行借款。

6.3.3　长期借款双变量分析模型的设计方法

在现实环境下，长期借款分析中各种因素是相互影响的。借款期限的长短可能影响其借款利率，借款利率的变动又会对长期借款分析产生较大的影响，故财务人员有时希望操纵两个因素，观察两个因素在不同组合下的结果。如上所述，财务管理人员每次改变 C5 单元到 C8 单元中的两个，再将结果记录下来以辅助分析决策。但是这种方式既费时又缺乏效率。

Excel 提供了模拟运算表工具，财务管理人员通过使用该工具，能以表格的方式显示出在两个因素不同值组合下的分析结果。

1. 模拟分析

模拟分析工具是 Excel 提供的一种只需一步操作就能计算出所有变化的分析工具。在工作表中输入公式，就可以进行“模拟”分析操作，查看公式中某些数据的改变对公式结果的影响。模拟分析要在模拟运算表中进行，模拟运算表是一个单元区域，这些单元格显示的内容为多个不同数值代入一个或多个公式后的结果，是一组存放一个或多个公式中替换不同数据结果的单元区域。

(1) 模拟分析的功能。模拟分析有两个功能：一是提供一种计算捷径，在一次操作过程中，完成多组不同数值的计算；二是提供一种显示和比较方式，在工作表上一起显示与比较多组不同数值的操作结果。

（2）模拟分析的类型。模拟分析有三种类型：

1）方案管理器。Excel 方案管理器提供了层次性的数据管理方案与计算功能。每个方案在变量与公司计算定义的基础上，能够通过定义一系列可变单元格和对应各变量（单元格）的取值，构成一个方案。在方案管理器中可以同时管理多个方案，从而达到对于多变量、多数据以及多方案的计算和管理。

2）单变量求解。Excel 的单变量求解，是在待求解问题数学模型（公式）确定的前提下，根据对模型所描述目标的确定要求，利用数学模型倒推条件（自变量）指标的逆向分析过程。

3）数据表。模拟运算数据表为用户提供对指定数学模型中变量变化的观察手段，支持用户观察模型限制条件在指定范围内变化时，及模型中 1～2 个变量发生变化时的模型最终结果的变化情况。

（3）模拟分析工具的使用。在【数据】选项卡下选择【模拟分析】命令。

2. 应用模拟运算表建立长期借款双变量分析模型

下面以借款利率和总付款期数两因素的变化对每期偿还金额的影响为例，说明长期借款双变量分析模型的设计方法。

（1）设置双变量分析表。

1）选择 LOAN 工作表。

2）在 A 列输入各种可能的借款年利率。

3）在 15 行输入各种可能的总付款期数。

4）在行与列的交叉单元输入目标函数 PMT()，即在 A15 单元键入公式：＝PMT(借款年利率/每年还款期数，总付款期数，借款金额)。

设置一个双变量数据表，用 15 行的各种总付款期数替换第一个变量的值，即替换 C9 单元总付款期数的值，并且用 A 列的各种年利率替换第二个变量的值，即替换 C6 单元借款年利率的值，与此对应的每期偿还金额将放在第 15 行下、A 列右方的单元区域中，如图 6－3 所示。

	A	B	C	D	E	F
10		每期偿还金额	4,187.45			
11						
12						
13		中财公司分期偿还贷款双变量分析表				
14	借款年利率 \ 总付款期数					
15	4,187.45	4	8	12	16	24
16	6.60%					
17	7.00%					
18	7.50%					
19	8.00%					
20	8.50%					
21	9.00%					
22	10.00%					
23	10.50%					

图 6－3　双变量分析表

（2）给双变量分析表填值。

1）选择 A15：F23 单元区域。

2）从【数据】选项卡下选择【模拟分析】下的【模拟运算表】命令，出现如图 6-4 所示的对话框。

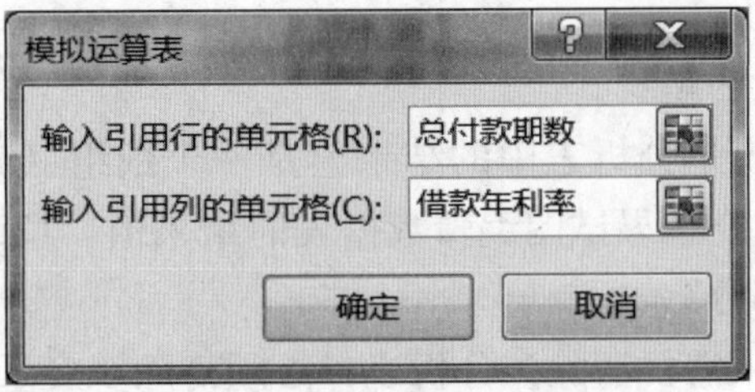

图 6-4　模拟运算表对话框

3）在“输入引用行的单元格”框中输入行因素，即输入“总付款期数”，或者用粘贴名字的方法输入，即选择【公式】-【定义名称】命令下的【粘贴】命令，在“粘贴名字”框中选择“总付款期数”。

4）在“输入引用列的单元格”框中输入列变量，即输入“借款年利率”，或者在“粘贴名字”框中选择【公式】-【定义名称】命令下的【粘贴】命令，在“粘贴名字”框中选择“借款年利率”。

5）选择【确定】按钮。

这时分析值自动填入双变量分析表中，长期借款双变量分析模型就建好了，如图 6-5 所示。

	A	B	C	D	E	F
1						
2		中财公司分期偿还借款分析模型				
3						
4		借款种类	工业贷款			
5		借款金额	15,200			
6		借款年利率	8%			
7		借款年限	2			
8		每年还款期数	2			
9		总付款期数	4			
10		每期偿还金额	4,187.45			
11						
12						
13		中财公司分期偿还贷款双变量分析表				
14	借款年利率＼总付款期数					
15	4,187.45	4	8	12	16	24
16	6.60%	4,118.59	2,192.83	1,554.50	1,238.01	926.77
17	7.00%	4,138.22	2,211.25	1,572.96	1,256.81	946.55
18	7.50%	4,162.80	2,234.38	1,596.19	1,280.52	971.57
19	8.00%	4,187.45	2,257.62	1,619.59	1,304.46	996.92
20	8.50%	4,212.15	2,280.99	1,643.17	1,328.64	1,022.60
21	9.00%	4,236.90	2,304.47	1,666.93	1,353.03	1,048.60
22	10.00%	4,286.58	2,351.77	1,714.95	1,402.50	1,101.56
23	10.50%	4,311.50	2,375.60	1,739.21	1,427.57	1,128.50

图 6-5　双变量分析模型

（3）双变量长期借款分析模型的使用。有了图6－5所示的模型，财务管理人员就可观察在两个因素的不同组合下长期借款分析的结果。当长期借款各因素的值发生变化时，财务管理人员只需改变第一变量或第二变量所在的行和列的值或者其他因素的值，系统就会自动重新计算双变量分析表中的所有值。

要注意的是：

1）双变量分析表中的结果值是一个数组（array），所以不能对单个结果值进行编辑。如果试图编辑数据表的结果值，Excel将提示一个信息“不能改动表的一部分”。

2）如果需要清除该分析表，必须清除双变量分析表的全部值。

6.4 租赁筹资模型设计

租赁是指出租人在承租人给予一定报酬的条件下，在契约或合同规定的期限内，将财产租给承租人使用。出租人主要是租赁公司，承租人主要是企事业单位。租赁活动由来已久，很多企业将租赁作为筹措长期资金的一种重要方式，其原因是企业在投资扩大生产经营业务时，可以不必由自己直接筹措大量的资金去购置所需的固定资产。通过租赁合同，企业只要支付租金就可以按计划使用急需的设备和其他设施，而不必立即支付购置设备或设施的全部价款。

6.4.1 租赁的基本概念

1. 租赁的种类

租赁的种类很多，目前在我国主要有经营租赁和融资租赁两类。

（1）经营租赁。经营租赁又称为服务性租赁，IBM是经营租赁的首创者之一。计算机、办公室、复印机、汽车等都是经营租赁的主要标的物。一般来说，经营租赁有以下特点：承租单位可以随时向出租人提出租赁资产的请求；租赁期短，不涉及长期固定的义务；租赁合同比较灵活，在合理限制条件范围内，可以解除租赁契约；租赁期满，租赁的资产一般归还给出租人；出租人提供专门服务，如设备的保养、维修和保险等。

经营租赁的租金包括租赁资产购买成本、租赁期间利息。

（2）融资租赁。融资租赁又称为财务租赁或资本租赁。它与经营租赁的不同点在于：一般由承租人向出租人提出正式申请，由出租人筹措资金引进用户所需设备，然后再租给用户使用；租期较长，一般在租赁资产寿命的一半以上；租赁合同比较稳定，在租赁期内承租人必须连续支付租金，中途不能退租；出租期满，可以选择多种办法处理租赁资产，如将设备作价转让给出租人、由出租人收回、延长租期等，通常由承租人留用；租赁期间，出租人一般不提供维修服务。

融资租赁的租金包括设备价款和租息，租息又可分为租赁公司的融资成本、租赁手续费等。

2. 租金的计算

在租赁筹资方式下，承租单位要按合同规定向租赁公司支付租金。租金的数额和支付方式对承租单位的未来财务状况具有直接的影响，因此租金的计算是租赁筹资决策的重要依据。

（1）租金的支付方式。租金的支付方式也影响到租金的计算。支付租金的方式一般有以下几种：

1）按支付期长短分为年付、半年付、季付和月付。

2）按支付期先后分为先付租金和后付租金。先付租金是指在期初支付，后付租金是指在期末支付。

3）按每期支付金额分为等额支付和不等额支付。

（2）租金的计算方法。我国融资租赁业务中，租金一般采用定期等额支付的方式，因此，此处讨论定期等额支付租金方式下租金的计算方法。定期等额支付租金实际上可以归入年金计算问题，将年金现值的计算公式变换后，便可计算每期支付的租金。

1）定期等额后付租金的计算。承租单位与租赁公司商定的租金支付方式大多为后付等额租金。后付租金的计算公式为：

$$PV=A\times(PV/A,I,n)$$

式中，A——每年年末等额支付的租金，即年金；

I——利息率；

n——计息期数；

PV——年金现值；

$(PV/A, I, n)$——年金现值系数。

经推导可得定期等额后付租金方式下每年年末后付租金额（A）的计算公式：

$$A=\frac{PV}{(PV/A,I,n)}$$

2）定期等额先付租金的计算。承租单位与租赁公司商定的租金支付方式也可为先付等额租金的方式。先付年金的计算公式为：

$$\begin{aligned}PV&=A\times(PV/A,I,n-1)+A\\&=A\times[(PV/A,I,n-1)+1]\end{aligned}$$

经推导可得定期等额先付租金方式下每年年初先付租金额（A）的计算公式：

$$A=\frac{PV}{(\mathrm{PV}/A,I,n-1)+1}$$

租赁已经成为目前企事业单位的一种筹资方式，无论承租人还是出租人，借助计算机建立租赁分析模型进行租赁分析越来越重要。

6.4.2 建立租赁筹资基本模型

租赁分析与长期借款分析有相似之处。在租赁分析中，承租单位要按合同规定向租赁公司支付租金，因此，财务管理人员也需要对不同的租赁途径、租金数额、利息率、租赁期限、支付方式等进行分析，对多个可选方案进行比较，选择当前本单位能力所及的方案，为本单位的租赁筹资决策提供重要依据。在工作簿 cwgl06. xlsm 中，选择一个新工作表改名为“租赁”。在“租赁”工作表中建立租赁筹资基本模型时，仍可以采用长期借款基本模型的设计方法，租赁筹资基本模型如图 6-6 所示。

	A	B	C
1		中财公司租赁分析模型	
2			
3			
4		租赁项目名称	TY220机床
5		租金	2500000
6		支付租金方法	先付
7		每年付款次数	1
8		租赁年利率	10%
9		租赁年限	5
10		总付款次数	5
11		每期应付租金	599540

图 6-6　租赁筹资基本模型

租赁筹资每期应付租金的计算要受到租金支付方式（先付或后付）的影响。因此，在建立租赁筹资基本模型时，要特别考虑“每期应付租金”公式的建立，即在公式中应该能够判断租金支付的方式，针对不同的支付方式，建立不同的计算公式。如何建立带有逻辑判断的公式呢？Excel 提供了逻辑判断函数——IF() 函数，它可以帮助定义这类公式。

每期应付租金的公式，即 C11 单元的公式为：＝IF(支付租金方法＝“先付”，ABS(PMT(租赁年利率/每年付款次数，总付款期数，租金，0，1))，ABS(PMT(租赁年利率/每年付款次数，总付款期数，租金)))。

该公式的含义为：如果所选设备的支付租金方法的值为“先付”，那么，将 ABS(PMT(租赁年利率/每年付款次数，总付款期数，租金，0，1))的值返回 C11 单元，即按先付年金的计算公式求出年金，并将该值返回 C11 单元；否则，将 ABS(PMT(租赁年利率/每年付款次数，总付款期数，租金))的值返回 C11 单元，即按后付年金的计算公式求出年金，并将该值返回 C11 单元。

租赁筹资基本模型建立后，财务管理人员可以从租赁公司选择一种需要承租的设备，将租金的数额、利息率、租赁期限、支付方式等数据输入模型，租赁筹资基本模型将会自动算出每期应付租金。财务管理人员再从租赁公司选择一种设备，输入有关数据，又可得出一种方案。重复上述操作可以得出多个可选方案，对多个方案进行比较后，选择当前本单位能力所及的方案。

如果租赁公司提供的可承租设备较多，不同设备的租赁条件又不尽相同，用租赁筹资基本模型进行分析就显得有些不方便。下面讨论将 Excel 内部宏技术应用于租赁筹资基本模型上，建立一个具有友好界面和控制功能的租赁分析模型。

6.4.3　租赁筹资扩展模型的设计方法

租赁价目表给承租单位提供了各种设备的租赁选择，无论承租单位选择哪种设备，都有对应的租金、支付租金的方法等信息，同时对租赁年利率、租赁期限等也有一定的限制范围。因此，把租赁公司的价目表纳入租赁分析模型中，以便承租单位的财务管理人员通过驱动按钮选择所需的设备；把内部宏——图形控制项建立在租赁分析模型中，限定各参数的选择范围，以便减少计算中的失误。具有友好界面和控制功能的图形接口租赁分析模型如图 6－7 所示。

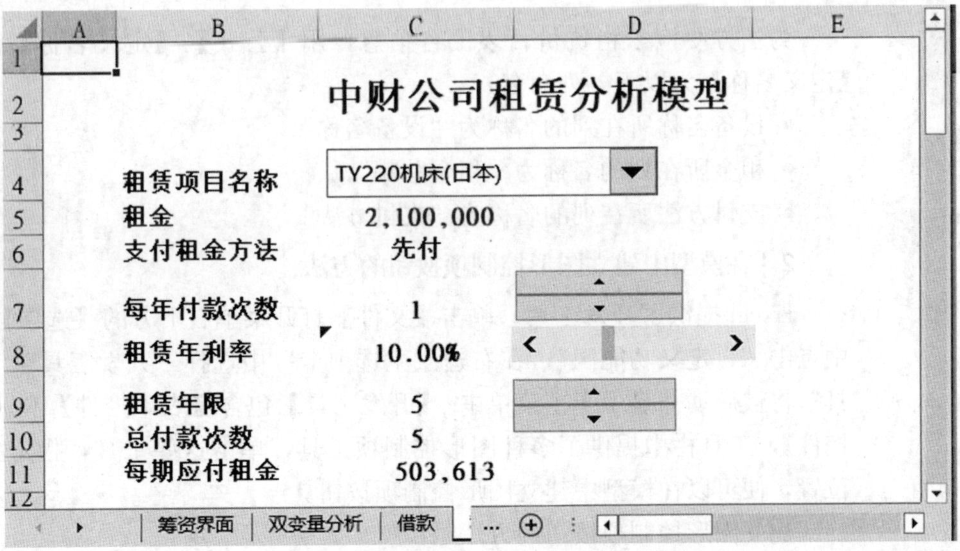

图 6－7　图形接口租赁分析模型

下面讨论图形接口租赁分析模型的建立技术和方法。

1. 租赁价目表的建立

在租赁筹资分析中，需要了解租赁公司租赁价目表，并根据租赁价目表选择所需的设备，租赁公司租赁价目表是租赁筹资模型的重要组成部分。在租赁分析模型中建立租赁公司的租赁价目表，并将其与相应的控制项连接，就可以通过驱动控制项按钮选择所需的设备。租赁价目表如图 6－8 所示。

	H	I	J	K	L
2					
3			租赁公司价目表		
4		生产厂家	设备名称	租金总额	支付方法
5		德国	TY220机床(德国)	2,500,000	先付
6		美国	TY220机床(美国)	2,300,000	先付
7		日本	TY220机床(日本)	2,100,000	先付
8		美国	计算机(AST)	20,000	后付
9		美国	计算机(IBM)	10,000	后付
10		美国	TY110机床(美国)	1,000,000	先付
11		日本	TY110机床(日本)	1,500,000	先付

图 6－8　租赁价目表

为了方便检索租赁价目表的各信息，用【公式】－【定义名称】命令下的【定义名称】为以下各列命名：

- 设备名称所在列的名称为“设备名称”；
- 租金所在列的名称为“租金总额”；
- 支付方法所在列的名称为“支付方法”。

2. 在模型中建立图形控制项按钮的方法

Excel 提供了开发工具。单击【文件】打开菜单右下方的【选项】，在选项中点击“自定义功能区”，在右边“主选项卡”中选择“开发工具”。“开发工具”将被启动并显示于主菜单中。【开发工具】包含【表单控件】和【ActiveX 控件】，工具栏中提供了多种图形控制项工具，单击这些工具，指定控制项的位置，便可以在模型中建立图形控制项按钮。

建立图形控制项按钮的方法是：

- 从【开发工具】选项卡选择【插入】命令，图形控制项工具栏就会显示在屏幕上，如图 6－9 所示。
- 选择【表单控件】和【ActiveX 控件】工具栏上的控制项工具。
- 指定其在工作表中的位置并拖拽为需要的尺寸。

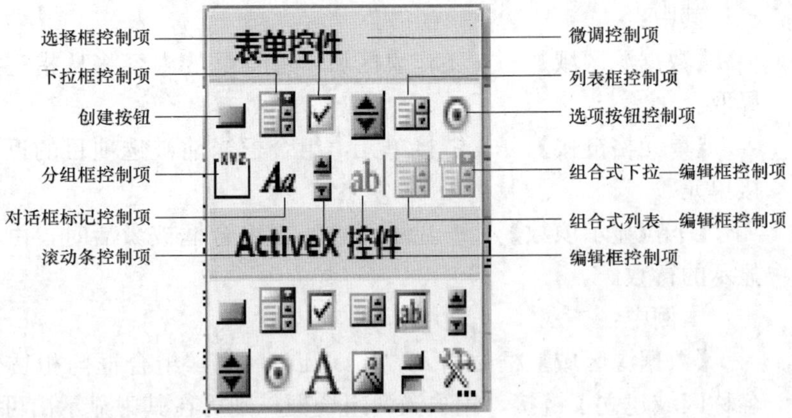

图 6-9　控件工具栏

3. 建立租赁项目名称的组合框

在租赁分析模型中，首先在租赁项目名称处（图 6-7 所示的 C4：D4 单元区域）建立一组合框，其目的是使管理人员通过下拉框控制项方便地选择所需的租赁设备，当选中某一设备后，相应的租金和支付方式将自动从租赁价目表中获取，并填入租赁分析模型中。

（1）建立组合框的方法。

1）选择【组合框】按钮。单击【表单控件】工具栏中的【组合框】按钮。

2）指定组合框的位置。在工作表上指定组合框的位置：在 C4 单元的左上角至 D4 单元右下角拖拽出一个矩形的组合框。

3）建立组合框与租赁价目表的设备名称的链接。选中控件，点击鼠标右键，选中【设置控件格式】，显示【对象格式】对话框，选择【控制】项标签，如图 6-10 所示。

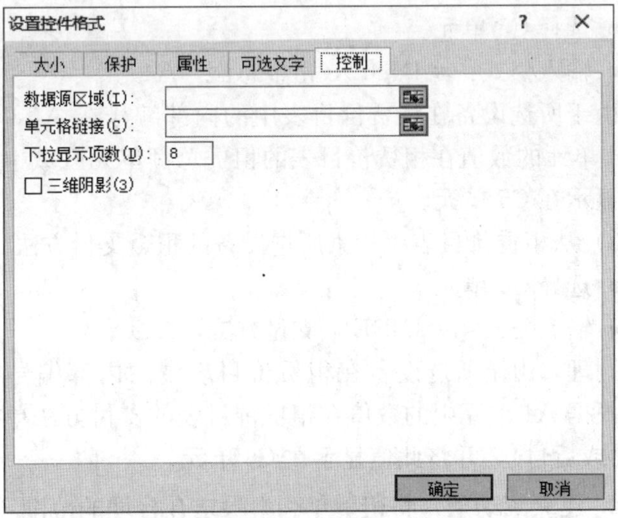

图 6-10　对象格式对话框（组合框）

其中：

【数据源区域】——工作表区域，组合框的内容将从指定的工作表区域中提取。

【单元格链接】——链接单元，组合框当前被选项目的返回值存入该“链接单元”。

【下拉显示项数】——显示行数，当组合框被激活时，由该值决定下拉框显示的行数。

本例中：

【数据源区域】框中输入“J5：J11”，这样组合框与租赁价目表中的设备名称区域建立了链接，用户激活组合框，则可在其中显示出可供租赁的各种设备名称。

【单元格链接】框中输入“A4”单元引用，当用户从组合框中选择了其中的某一设备时，被选设备的内部编号将存放在A4单元。例如，选择第2项设备，A4单元的值为2。用户以后可以用该编号查到该设备的其他信息，如租金、支付方式等。

【下拉显示项数】框中输入数字5，当用户激活组合框时，将会有5条设备名称列出。

4）完成链接。单击图6-10中的【确定】按钮，组合框与租赁价目表的设备名称建立了链接。

（2）从租赁价目表中检索所选设备的租金及支付租金的方式。当从下拉框中选择了某种设备，希望将所选设备的租金和支付租金的方式自动检索出来，并且显示在分析模型中（见图6-7）时，就需要借助INDEX()函数完成此项工作。

1）从租赁价目表中检索所选设备的租金。

- 选择C5单元。
- 输入公式：=INDEX(租金总额，A4)。

由于所选设备在租赁价目表中的内部编号在A4单元，INDEX()函数根据A4单元的数值在租赁价目表的租赁总额单元区域中找到相应的租金，并将租金显示在C5单元。

2）从租赁价目表中检索所选设备的租金支付方法。

- 选择C6单元。
- 输入公式：=INDEX(支付方法，A4)。

同理，由于所选设备在租赁价目表中的内部编号在A4单元，INDEX()函数根据A4单元中的数值在租赁价目表的支付方法单元区域中找到相应的值（先付或后付），并将此值显示在C6单元。

4. 建立滚动条，将租赁年利率限定在合理的范围

租赁公司提供的租赁利率一般会给出可选择范围。在租赁分析模型中，为了使利率的选择方便、合理，可在租赁利率处建立一个“滚动条”，财务管理人员通过使用滚动条，可以按一定的百分比变化幅度在合理的范围内选择利率。

建立滚动条的方法如下：

（1）选择【滚动条】按钮。单击【表单控件】工具栏中的【滚动条】按钮。

（2）指定“滚动条”的位置。在工作表上指定“滚动条”的位置：从 D8 单元的左上角拖拽鼠标到 D8 单元的右下角，此时一个矩形的“滚动条”出现在 D8 单元。

（3）设置利率的选择范围。选中控件，点击鼠标右键，选中【设置控件格式】，显示【对象格式】对话框，如图 6 - 11 所示，选择【控制】标签。

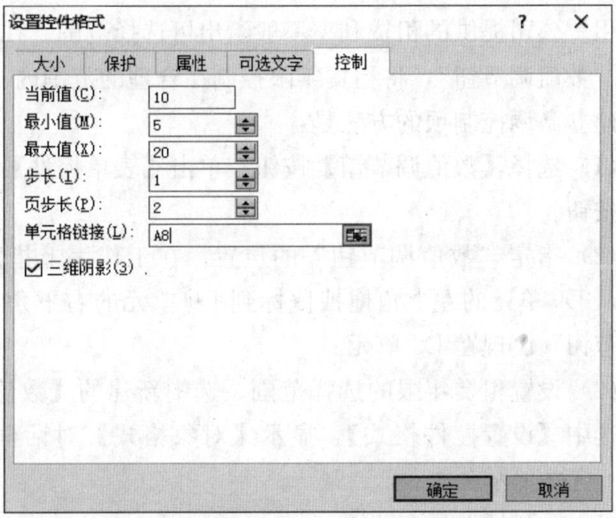

图 6 - 11　对象格式对话框（滚动条控制项）

其中：

【当前值】——此选项决定在由【最大值】和【最小值】定义的区域内滚动栏的默认值。

【最大值】【最小值】——此选项定义由滚动条控制表示的值的区域。

【步长】——当用户单击选定滚动条一端箭头时滚动的单位数。

【页步长】——当用户在滚动条内单击时滚动的单位数。

【单元格链接】——将选定滚动条的值链接到工作表上的一个单元格，若值在某一位置发生变化，则它在另一位置也发生变化。

【三维阴影】——决定该控制项是否有一个三维外观。

本例中租赁利率的范围为 5%～20%，并且希望租赁利率以 1%的幅度变化，在各选项框中不能输入小数，因此在各选项框中先输入整数，并将选择的值链接到 A8 单元，即【当前值】框输入 10，【最小值】框输入 5，【最大值】框输入20，【步长】框输入1，【页步长】框输入2，【单元格链接】框输入A8。

(4) 完成滚动条的建立。单击【确定】按钮。

(5) 试用滚动栏。每单击一次滚动栏两端的箭头，A8单元中的数值以增量1变化。在滚动框与两端之间单击滚动条，A8单元中的数值以“页步长”增量2变化。

(6) 建立利率公式。选择C8单元，输入公式：=A8/100，并将C8单元格式变为百分比格式。

利用上述公式，就可以在操作滚动栏的情况下在C8单元获得给定范围的百分比。

5. 建立数值调节钮，将租赁年限限定在合理的范围内

租赁公司提供的租赁利率一般给出可选择范围。在租赁分析模型中，可以建立“数值调节钮”，将租赁年限控制在合理的范围内。

建立微调控制项的方法是：

(1) 选择【数值调节钮】按钮。单击【表单控件】工具栏中的【数值调节钮】按钮。

(2) 指定“数值调节钮”的位置。在工作表上指定“数值调节钮”的位置：从D9单元的左上角拖拽鼠标到D9单元的右下角，此时一个矩形的“数值调节钮”出现在D9单元。

(3) 设置租赁年限的选择范围。选中新建的【数值调节钮】，点击鼠标右键，选中【设置控件格式】，显示【对象格式】对话框，选择【控制】标签，如图6-12所示。

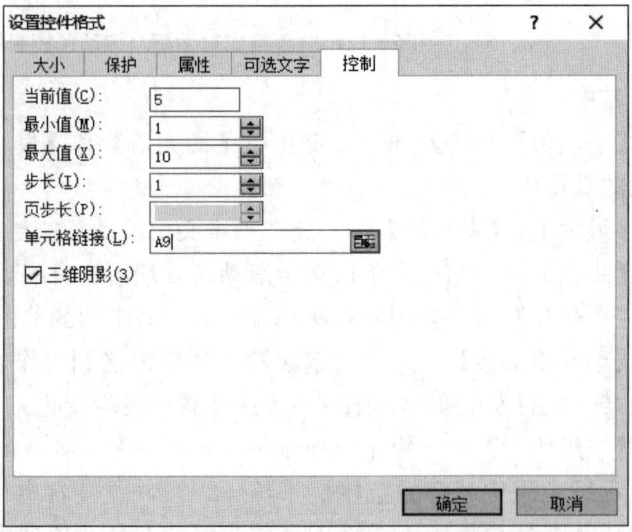

图6-12 对象格式对话框（数值调节钮）

其中：

【当前值】——此选项决定在由【最大值】和【最小值】定义的区域内微调的默认值。

【最大值】和【最小值】——此选项定义由微调控制表示的值的区域。

【步长】——当用户单击选定微调的一端箭头时滚动的单位数。

【单元格链接】——将选定微调的值链接到工作表上的一个单元格，若值在某一位置发生变化，则它在另一位置也发生变化。

【三维阴影】——决定该控制项是否有一个三维外观。

本例中租赁年限的范围为 1～10 年，并且希望租赁年限按 1 的幅度变化，将选择的值链接到 A9 单元，则【当前值】框输入 5，【最小值】框输入 1，【最大值】框输入 10，【步长】框输入 1，【单元格链接】框输入 A9。

（4）完成数值调节钮按钮的建立。单击【确定】按钮。

（5）建立租赁年限公式。选择 C9 单元，输入公式：＝A9。

6.4.4　租赁分析模型的使用

1.【组合框】

在租赁项目名称处建立【组合框】按钮，管理人员用鼠标驱动【组合框】按钮，租赁设备将显示在组合框列表中，如图 6－13 所示。

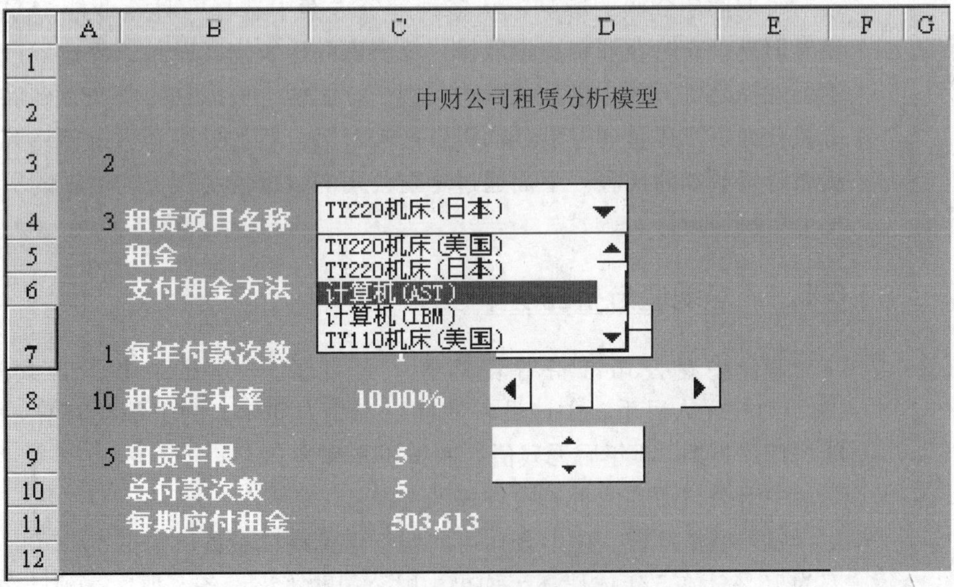

图 6－13　下拉框控制项的使用

此时可以用鼠标选择列表中的设备，当选中某一设备时，单击鼠标左键，该设备名称、租金和支付方式将自动从租赁价目表中获取，并填入分析模型中。

2.【滚动条】

在租赁利率处建立一个【滚动条】按钮，财务管理人员用鼠标单击【滚动条】按钮的两端箭头或滚动条，就可以在合理的范围内选择利率。

3.【数值调节钮】

在租赁年限处建立【数值调节钮】按钮，财务管理人员可以用鼠标单击微调按钮的一端箭头，在合理的年限控制范围选择所需的租赁年限。

有了图6-7所示的图形接口模型后，财务管理人员只需在控制项上单击鼠标键就可以在合理的范围内任意改变与租赁分析有关的因素，并立即得到每期应付租金的结果，且不必担心会在租赁分析模型中输入不合理的值，这是图形接口模型的优点。通过上述讨论可以看到，在Excel工作表中，不需要编写任何程序就可建立图形接口，这将给财务管理人员设计各种分析模型带来便利。

6.5 租赁筹资与借款筹资方案对比分析模型的设计

前面我们着重讨论了长期借款模型、租赁分析模型的建立，这些模型可以帮助财务管理人员在一种筹资方式下（租赁筹资或借款筹资），根据不同的因素对每期偿还金额的影响，从多种筹资方案中选择一种企业能接受的最佳方案。但是，有时企业在决定取得一项特殊的建筑物或设备等固定资产时，往往需要选择筹资方式。借款可以购买资产，租赁也可以获得资产，到底是以租赁方式获得资产还是通过借款购买资产呢？最合适的方法是进行租赁筹资成本与借款筹资成本的比较。下面通过中财公司的数据说明租赁与借款购买设备的对比分析模型设计。

6.5.1 净现值分析的基本原理

假设中财公司准备筹资购置一台设备——TY220机床，共需要花费2 000 000元人民币。预计设备的使用寿命为5年。为了简化核算，设备按直线法计提折旧，5年后无残值，所得税税率为25%。

中财公司面临两种筹资方式的选择：

（1）举债筹资。中财公司可向银行借到购置设备所需的2 000 000元，年利率为10%，在5年内偿还。如果中财公司购买该设备，那么，预计在5年后报废。

（2）租赁筹资。向租赁公司租用该设备。租赁公司给出不同厂家生产的TY220机床，并要求在5年内摊销，资金收益率为10%，租赁契约规定由出租人维修设备，中财公司不支付附加的费用，租金在期初预付。

到底是以租赁方式获得资产还是通过借款购买资产呢？借款购买资产时，借款利息、折旧等费用可以抵税，租赁资产时支付的租金也可抵税。因此，按净现值进行分析，在借款分析模型中增加借款分期偿还分析表，在租赁分析模型中增加租赁摊销分析表，分别计算出各自的税后现金流量，把它们变成现值，分别得到拥有资产的成本现值和租赁资产的成本现值，然后选择成本现值较小的方案进行筹资。

在用 NPV 方法进行分析时，用什么比率对借款的税后现金流量进行折现呢？由于在租赁和借款两种情况下的现金流量都相对稳定，因此应该用相对较小的比率进行折现，即将公司的负债成本率作为折现率。税后折现率为 $K(1-T)$。其中，K 表示租赁的资金收益率或借款的年利率；T 表示所得税税率。

若年利率为 10%，所得税税率为 25%，则税后折现率为：

$$10\%\times(1-25\%)=7.5\%$$

6.5.2　设计租赁筹资摊销分析表

在租赁模型工作表中建立租赁筹资摊销分析表，如图 6-14 所示。

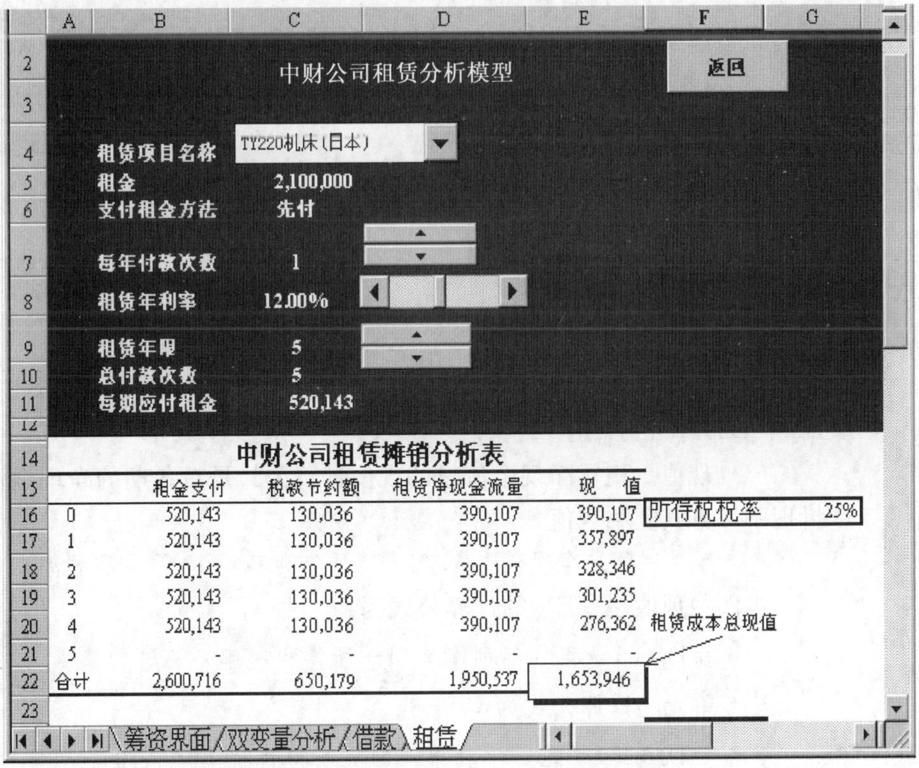

中财公司租赁分析模型　返回

租赁项目名称	TY220机床(日本)
租金	2,100,000
支付租金方法	先付
每年付款次数	1
租赁年利率	12.00%
租赁年限	5
总付款次数	5
每期应付租金	520,143

中财公司租赁摊销分析表

	租金支付	税款节约额	租赁净现金流量	现　值
0	520,143	130,036	390,107	390,107
1	520,143	130,036	390,107	357,897
2	520,143	130,036	390,107	328,346
3	520,143	130,036	390,107	301,235
4	520,143	130,036	390,107	276,362
5	-	-	-	-
合计	2,600,716	650,179	1,950,537	1,653,946

图 6-14　租赁筹资摊销分析表

下面讨论表中各栏计算公式的定义。

（1）租金支付。租金支付的计算仍可采用IF（）、PMT（）等函数结合来完成。

租金支付＝IF(支付租金方法＝“先付”,IF(租赁期数＞＝0,ABS(PMT(租赁年利率/每年付款次数,总付款次数,租金,0,1),0),IF(租赁期数＞＝1,ABS(PMT(租赁年利率/每年付款次数,总付款次数,租金)),0))

在该租赁筹资摊销分析表中，B16可输入公式：

＝IF（C6＝“先付”,IF(A16＞＝0,ABS(PMT(C8/C7,C10,C5,0,1)),0),IF(A16＞＝1,ABS(PMT(C8/C7,C10,C5),0))

在B16单元输入此公式后，用【复制】和【粘贴】命令将该公式复制到B17：B20单元区域。

（2）税款节约额。

税款节约额＝租金支付＊所得税税率

本例中税后支付租金栏（C栏）的计算公式为：

＝B*i*＊所得税税率

C16单元的计算公式为：

＝B16＊所得税税率

在C16单元输入此公式，用【复制】和【粘贴】命令将该公式复制到C17：C20单元区域。

（3）租赁净现金流量。

租赁净现金流量＝租金支付－税款节约额

本例中租赁净现金流量栏（D栏）的计算公式为：

＝B*i*－C*i*

D16单元的计算公式为：

＝B16－C16

在D16单元输入此公式，用【复制】和【粘贴】命令将该公式复制到D17：D20单元区域。

（4）现值。租赁净现金流量的现值计算公式是对各期的净现金流量按税后折现率计算其复利现值。

现值＝租赁净现金流量/(1＋租赁年利率＊(1－所得税税率)^租赁期数)

本例中现值栏（E）的计算公式为：

＝D*i*/(1＋租赁年利率＊(1－所得税税率)^A*i*)

E16单元的计算公式为：

＝D16/(1＋租赁年利率＊(1－所得税税率)^A16)

在E16单元输入此公式，用【复制】和【粘贴】命令，用租赁成本率做折现率将该公式复制到E17：E20单元区域。

（5）租赁成本总现值。租赁成本总现值（E22 单元）的计算公式有两种，一种是直接对各期的现值求和。

租赁成本总现值＝SUM(E16：E20)

另一种是直接用租赁净现金流量计算年金现值，因为每期的租赁净现金流量是相同的，所以计算出的年金现值为租赁成本总现值。Excel 提供求年金现值的函数 PV()，用该函数可以方便地计算出年金现值。

租赁成本总现值＝PV(租赁年利率/每年付款次数,总付款次数,
　　　　　　　　　　　一租赁净现金流量)

或　租赁成本总现值＝ABS(PV(租赁年利率/每年付款次数,总付款次数,
　　　　　　　　　　　一租赁净现金流量))

6.5.3　设计借款筹资分期偿还分析表

在“借款”工作表中建立借款筹资分期偿还分析表，如图 6－15 所示。

中财公司借款分期偿还分析模型

借款种类	TY220机床
借款金额	2,000,000
借款年利率	10%
借款年限	5
每年还款期数	1
总付款期数	5
每期偿还金额	527,595

中财公司借款分期偿还分析表

年	还款额	偿还本金	偿还利息	折　旧	税款节约额	净现金流量	现　值
1	527,595	327,595	200,000	400,000	150,000	377,595	351,251
2	527,595	360,354	167,241	400,000	141,810	385,785	333,832
3	527,595	396,390	131,205	400,000	132,801	394,794	317,793
4	527,595	436,029	91,566	400,000	122,892	404,703	303,042
5	527,595	479,632	47,963	400,000	111,991	415,604	289,493
合计	2,637,975	2,000,000	637,975	2,000,000	659,494	1,978,481	1,595,412

借款成本总现值

筹资界面　双变量分析　借款　租赁

图 6－15　借款筹资分期偿还分析表

借款筹资分期偿还分析表中，最重要的除了每期固定偿还额的计算外，还包括每期所还利息和本金、折旧的计算。

（1）还款额。还款额是指每期固定偿还额，用 PMT() 函数可以完成还款额的计算。

还款额＝ABS(PMT(借款年利率/每年还款期数，总付款期数，借款金额))

在 B14 单元输入此公式后，用【复制】和【粘贴】命令将 B14 单元的公式复制到 B15：B18 单元区域。还款额栏的公式建立完毕。

（2）偿还本金和利息。由图6－15可以看出，随着期数的增加，偿还的本金和利息分别递增或递减，它们之间存在以下勾稽关系：

前期期末余额＝本期期初余额

本期利息＝本期期初余额×利率

本期本金＝本期还款额－本期利息

本期期末余额＝本期期初余额－本期本金

本金和利息的计算依赖于前期期末余额、本期期末余额的计算等，如果在借款筹资分期偿还分析表中将有关的项目都列出，则太烦琐了。Excel提供了IPMT()和PPMT()函数，可以用这两个函数方便地计算出表中的利息和本金。

由于PMT()函数求得的是每期固定支付额为本金加利息，因此PMT()，PPMT()，IPMT()函数之间存在如下关系：

PMT()＝IPMT()＋PPMT()

在本例中，每期偿还本金和每期偿还利息可以用这两个函数计算完成，其中有关期数（per）参数则直接通过图6－15中的“年”列即第A列来处理。

每期偿还本金（C列）公式为：

＝PPMT(借款年利率/每年还款期数，A*i*，总付款期数，借款金额)

C14单元的公式为：

＝PPMT(借款年利率/每年还款期数，A14，总付款期数，借款金额)

在C14单元输入此公式后，用【复制】和【粘贴】命令或工具将C14单元的公式复制到C15：C18单元区域。

每期偿还利息（D列）的公式为：

＝IPMT(借款年利率/每年还款期数，A*i*，总付款期数，借款金额)

D14单元的公式为：

＝IPMT(借款年利率/每年还款期数，A14，总付款期数，借款金额)

在D14单元输入此公式后，用【复制】和【粘贴】命令或工具将D14单元的公式复制到D15：D18单元区域。

（3）折旧。Excel提供了多种计算折旧的函数，如直线折旧法函数SLN()、年数总和法函数SYD()、倍率余额递减法函数VDB()、固定余额递减法函数DB()、双倍余额递减法函数DDB()等。

在本例中，固定资产原始成本是借款额，净残值为0，使用年限为5年，则按直线法计提折旧，折旧栏（E列）的计算公式为：

＝SLN(借款金额，0，5)

（4）税款节约额。折旧和借款利息都会对利润造成影响，从而间接产生抵税效果，因此在进行借款筹资方案分析时，要考虑它们的影响。

税款节约额=(每期偿还利息+折旧额)*所得税税率

在本例中，税款节约额（F 列）的计算公式为：

=(Di+Ei)*所得税税率

F14 单元的计算公式为：

=(D14+E14)*所得税税率

在 F14 单元输入此公式后，用【复制】和【粘贴】命令将 F14 单元的公式复制到 F15：F18 单元区域。

（5）净现金流量。

净现金流量=还款额-节约税负

在本例中税后现金流量（H 列）的计算公式为：

=Bi-Fi

H14 单元的计算公式为：

=B14-F14

在 H14 单元输入此公式后，用【复制】和【粘贴】命令将 H14 单元的公式复制到 H15：H18 单元区域。

（6）净现金流量的现值。净现金流量的现值计算公式是对各期的净现金流量按税后折现率计算其复利现值。

净现金流量的现值=净现金流量/(1+借款年利率*(1-所得税税率)^借款期数)

本例中现值栏（I 列）的计算公式为：

=Hi/(1+借款年利率*(1-所得税税率)^Ai)

I14 单元的计算公式为：

=H14/(1+借款年利率*(1-所得税税率)^A14)

在 I14 单元输入此公式后，用【复制】和【粘贴】命令将 I14 单元的公式复制到 I15：I18 单元区域。

（7）借款成本总现值。借款成本总现值（I19 单元）的计算公式是对各期的税后现金流量的现值求和。

借款成本总现值=SUM(I14:I18)

6.5.4　应用模型对租赁筹资与借款筹资方案比较分析

租赁筹资与借款筹资方案对比分析模型建立后，便可以对两种筹资方式的方案进行分析。

1. 将两种方案分别放置在两个窗口中

（1）从【视图】选项卡下选择【新建窗口】命令，增开一个窗口。

（2）从【视图】选项卡下选择【全部重排】命令，选择【垂直并排】方式，将两个窗口垂直并排显示在屏幕上，如图 6-16 所示。

图 6-16　两种筹资方案的选择

在借款分析模型中，在 C5 到 C8 单元中输入不同的值，借款分期偿还分析表就会自动计算出不同的结果。按前面给出的举债筹资方案，在 C5 到 C8 单元依次输入：借款金额 2 000 000，借款年利率 10%，借款年限 5，每年还款期数 1。分析表即刻计算出每期偿还金额、借款购买设备的成本现值等数据。

在租赁分析模型中，通过改变租赁分析模型中的各种控制项，便可选择不同的租赁项目及相关数据；对应不同的选择，租赁摊销分析表就会自动计算出不同结果。按前面给出的租赁筹资方案，现需要承租 TY220 机床。用鼠标驱动打开【组合框】，此时租赁公司提供的各种设备就显示在下拉框控制项中，其中 TY220 设备就有多个国家（美国、德国、日本等）生产的，从中选择要租赁的设备后，便自动从租赁价目表中取到租金（2 100 000）及支付租金的方法（先付）；用鼠标驱动【滚动条】，直到租赁年利率为 10%；用鼠标驱动【数值调节钮】，直到租赁年限为 5。分析表即刻计算出每期应支付的金额、租赁成本现值等数据。

2. 分析对比

现对图 6-16 的结果进行对比分析。

（1）对比分析“每期偿还金额”。借款购入的设备每期偿还金额为527 595元；租赁此设备每期应付租金为520 143元，借款方式比租赁方式每期要多付款，只看此结果似乎应该选择租赁方案。

（2）对比分析“成本总现值”。借款购买设备的成本总现值为1 595 412元，租赁的成本总现值为1 653 946元。根据净现值的基本原理，应该选择成本现值小的方案，即选择借款购买设备方案。

借款筹资的净收益＝租赁的成本总现值－借款的成本总现值

＝1 653 946－1 595 412＝58 534（元）

当借款条件不发生变化时，我们可以在租赁分析模型中非常方便地选择不同生产厂家提供的 TY220 机床，分析其成本现值，选择最合理的筹资方案。

当借款条件发生变化时，我们也可以在借款分析模型中改变相应的条件，然后再回到租赁分析模型中选择不同生产厂家的设备，经过对比分析，选择一个最合理的筹资方案。值得注意的是：在会计准则下，融资租赁机器设备视同自有设备，计提折旧，而租金不在税前扣除。因此，公司的模型应根据当时的准则进行修正。

有了租赁分析模型和借款分析模型，财务管理人员就可以非常方便地对多种方案进行比较，选择成本现值较小的方案。筹资分析尤其适合在计算机上进行，无论承租人、出租人、借款人、贷款人都应建立相应的计算机分析模型，谈判进行中尤为有效。

本章小结

本章我们学习的内容如下：

一、现金流量的时间价值函数

函数名称	功能
PV( )	计算年金现值
FV( )	计算年金终值
PMT( )	计算年金
PPMT( )	计算年金中的本金
IPMT( )	计算年金中的利息
RATE( )	计算利率
NPER( )	计算期数

二、筹资相关函数

函数名称	功能
INDEX( )	使用索引从引用位置或数组中选择值
AND( )	逻辑“与”：只有当所有参数的逻辑值为 true 时，才返回 true
OR( )	逻辑“或”：只要有一个参数的逻辑值为 true，就返回 true
NOT( )	逻辑“非”：将参数的逻辑值求反
IF( )	执行真假判断，根据所测试条件的真假值返回不同的结果

三、模拟运算表工具的使用

选择【数据】选项卡下的【模拟运算表】命令，建立双变量分析表和单变量分析表。

四、图形接口界面的设计

命令	操作
【开发工具】选项卡下的【插入】命令	选择【表单控件】工具栏
【表单控件】工具栏中的【组合框】工具	建立【组合框】按钮
【表单控件】工具栏中的【滚动条】工具	建立【滚动条】按钮
【表单控件】工具栏中的【数值调节钮】工具	建立【数值调节钮】按钮

习　题

1. 某公司 5 年中每年年底存入 1 000 元，存款利率为 10%，第 5 年年末本利和为多少？建立公式并观察：

（1）当每年年底存入数发生变化、存款利率不变时，第 5 年年末本利和如何变化。

（2）当每年年底存入数不变、存款利率发生变化时，第 5 年年末本利和如何变化。

2. 某公司 5 年中每年年初存入银行 1 000 元，存款年利率为 10%，第 5 年年末本利和为多少？建立公式并观察：

（1）当每年年初存入数发生变化、存款利率不变时，第 5 年年末本利和如何变化。

（2）当每年年初存入数不变、存款利率发生变化时，第 5 年年末本利和如何变化。

3. 某企业租用一台设备，在 10 年中每年年初支付租金 5 000 元，年利率为 10%，租金的现值是多少？建立公式并观察：

（1）当 10 年中每年年初支付的租金发生变化、年利率不变时，租金现值如何变化。

（2）当 10 年中每年年初支付的租金不变、年利率发生变化时，租金现值如何变化。

4. 某企业向银行借入一笔款项，银行贷款的年利率为 10%，银行规定前 10 年不用还本付息，第 11 至第 20 年每年年末偿还本息 1 000 元，这笔款项的现值为多少？建立公式并观察：

（1）银行贷款的年利率不变、每年年末偿还本息发生变化时，其现值如何变化。

（2）银行贷款的年利率发生变化、每年年末偿还本息不变时，其现值如何变化。

5. 向银行存入6 000元，利率为多少时，才能保证在以后10年中每年得到750元？建立公式并观察存款额变化时利率如何变化。

6. 建立一个通用的图形接口借款筹资分析模型，即可以通过控制按钮选择借款金额、借款利率、借款期限，并自动计算每期偿还金额的分析模型。

7. 中财公司需要安装10万元的新设备。它可以从银行借款获得所需的全部资金，也可以与租赁公司达成一项租赁协议。假定：

（1）设备采用加速折旧法，寿命为3年。

（2）预计折现率为9%～10%。

（3）中财公司的所得税税率为25%。

（4）假设此款是借来的，银行贷款利率为15%，分三次等额偿还，每年年底支付。

（5）暂定的租赁条件为3年，每年年底支付32万元的租金。

（6）如果中财公司打算继续使用该设备，它要在租约到期时得到此资产。根据租赁条件，可按当时的公平市价买下设备，设备的残值为20万元。

为了协助决策者做出合适的购买或租赁决策，要求建立筹资决策模型，并通过测试和分析回答下列问题：

（1）中财公司应该租赁设备还是借款购买设备？

（2）租金为多少时，购买或租赁对中财公司来说无区别（即租赁成本的现值等于购买成本的现值）？提示：在模型中使用单变量求解工具。

（3）改变中财公司适用的所得税税率，观察其对两个方案的影响，如果所得税税率降到0，将会产生什么样的结果？

（4）中财公司的财务管理人员对公司的折现率有不同的看法，分析折现率的变化对决策有何影响。

第 7 章

销售与利润管理模型

学习目标

面对激烈的市场竞争，越来越多的企业开始注重销售与利润的管理，并应用计算机技术建立相应的模型，将定量分析与定性分析相结合，及时、准确地掌握企业销售业绩和经营成果，对存在的问题进行分析，提高其竞争力。本章主要讨论应用 Excel 提供的预测函数、数据透视表技术和工具、单变量求解工具等建立销售分析模型、销售预测模型、保本和保利模型的方法与步骤，并通过实战案例揭示企业动态利润管理的思路。学完本章后应该掌握：

- 销售流向分析模型的建立和多角度分析方法
- 数据透视表的基本构建原理
- 销售业绩分析模型的建立和分析方法
- 预测方法和预测函数的基本概念和应用
- 销售预测模型的设计方法
- What-if 分析工具的基本原理
- 利润管理——本-量-利分析模型的设计和应用

7.1 销售与利润管理模型概述

7.1.1 销售与利润管理模型建立的意义

在全球经济一体化的今天，中国企业越来越多地面对来自国内和国际市场的竞争，如何在不断变化的经营环境中保持竞争优势，是大多数企业需要解决的问题。市场竞争日趋激烈，企业必须形成以客户为中心的服务理念，销售管理在企业经济活动中的地位越来越重要。为了实现目标利润，不断提高利润水平，企业必须加强对利润的预测和管理。建立销售与利润管理模型，可以及时准确地从企业的账务处理子系统或销售子系统中提取数据，对企业普遍关心的销售经营情况进行定量的动态分析，即正确评价企业过去的经营业绩，全面反映销售业务现状，准确预测销售业务的潜力，充分揭示销售业务经营中存在的风险；同时可以通过使用模型改变影响企业利润的各种因素，分析影响企业利润的真正原因，为指导企业组织、调整销售计划与销售策略，提高销售与利润的管理和控制水平服务。

7.1.2　销售与利润管理模型的基本功能

销售与利润管理模型的基本功能如图 7－1 所示。

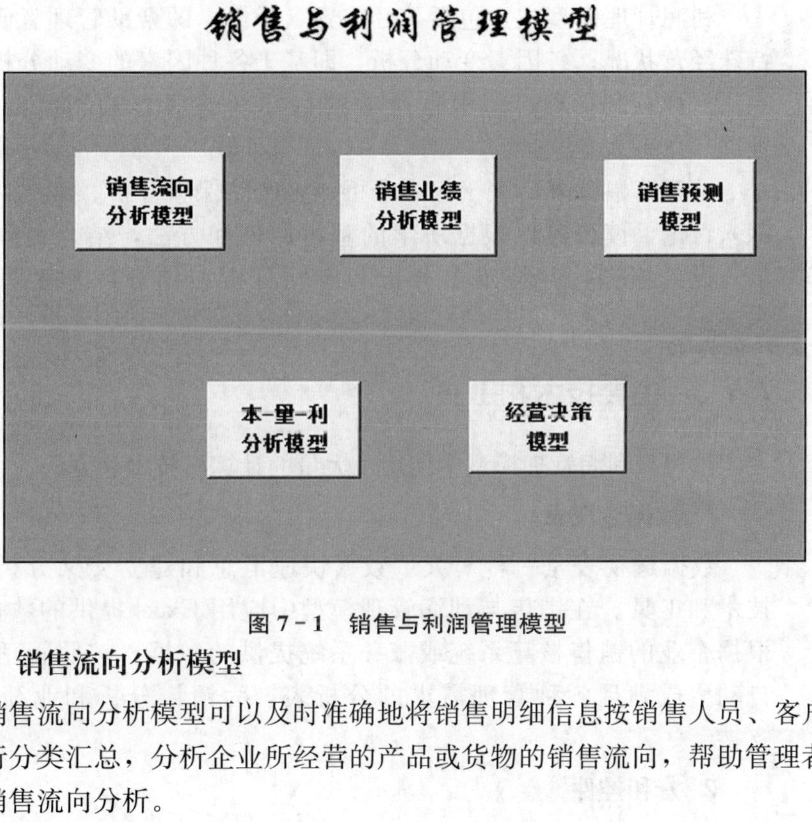

图 7－1　销售与利润管理模型

1. 销售流向分析模型

销售流向分析模型可以及时准确地将销售明细信息按销售人员、客户、地区进行分类汇总，分析企业所经营的产品或货物的销售流向，帮助管理者进行产品销售流向分析。

2. 销售业绩分析模型

销售业绩分析模型可以从集团管理的视角出发，及时准确地提供各销售网点或分公司、子公司不同时期和不同产品的销售情况分析表和分析图，以及整个集团不同时期和不同产品的销售情况分析表和分析图，为管理者有效地进行销售业绩评价提供支持。同时按环比、定基比及时准确地提供各销售网点和总公司的销售增长情况，为管理者动态掌握销售增长情况提供支持。

3. 销售预测模型

（1）利用回归直线方程进行销售预测。回归直线方程销售预测模型是以销售核算文件的数据为历史数据，自动建立可以反映销售增减变动的回归直线模型：销售（Y）$=A\times$日期（X）$+B$，进行销售预测。

（2）利用多元回归方程进行销售因果分析和预测。多元回归方程销售预测模型是以销售核算文件的数据为历史数据，利用销售额（量）和影响销售额（量）的各种因素之间的因果关系建立因果分析模型：销售（Z）$=A\times X+B\times Y+C$，推测销售发展趋势。

4. 利润管理模型

利润管理模型主要包括盈亏临界点分析，即帮助管理者研究利润为零的特殊经营状况；各因素变动分析，即基于各种因素的变动分析其对利润的影响；目标利润管理，即根据企业的目标利润对影响利润的各种因素进行管理。

由于篇幅有限，关于保本分析、多产品保本分析、敏感性分析等不进行深入讨论，读者可以根据所学的基本原理和方法，结合具体企业的管理需求，设计模型，并将定量分析和定性分析相结合，理解动态经营决策的内涵。

7.1.3 主要技术和工具

销售与利润管理模型中使用了大量的计算机技术和方法。

1. 数据透视表

数据透视表是一种对大量数据快速汇总和建立交叉分析表的数据分析技术和工具。在销售与利润管理模型中应用Excel提供的数据透视表技术，根据企业的销售核算系统或账务系统提供的数据，按照管理和分析的需要自动生成满足各种管理需求的分析表，为销售分析和业绩评价提供技术支持。

2. 宏和控件

销售与利润管理模型中利用VBA编写程序和控件技术，自动完成销售分析、销售预测和利润管理等各项工作，从而减少操作的出错概率，使分析操作简洁、方便、高效。

3. 数据分析

销售与利润管理模型中使用了数据分析技术，主要包括：（1）数据排序技术，即根据某一指定列的数据顺序，对数据库或选定区域排序；（2）数据筛选技术，即根据管理者的需要按照某一两个条件从数据库或选定区域中挑选出一部分数据使用；（3）数据分类汇总技术，即根据管理者的需要对数据库或选定区域的数据进行统计汇总。

4. 单变量求解技术和工具

单变量求解技术和工具可以根据目标值的要求不断改变某一变量，直到自动计算出目标值预期的结果。在销售与利润管理模型中应用该技术和工具实现目标利润的管理和分析。

下面将讨论利用 Excel 提供的技术和工具建立销售与利润管理模型的方法。

7.2　销售流向分析模型的建立

本节结合 Excel 提供的排序、筛选以及分类汇总等数据分析工具讨论销售流向分析模型建立的方法。

7.2.1　获取销售流向分析模型的基础数据

管理者要按销售人员、客户、地区进行分类汇总，分析企业所经营的产品或货物的销售流向，首先要获取各分公司或销售网点的销售汇总数据。那么，如何获取销售数据呢？

1. 集中式财务管理模式下的销售数据获取方法

如果企业采用集中式财务管理模式，各分公司或销售网点的销售数据就会定期传递到集团总部的中心数据库中，如图 7－2 所示。

在这种模式下，销售流向分析模型获取销售数据的方法有两种：

（1）利用 Access 从外部数据库中获取数据。前面讨论过利用 Access 从外部数据库中获取数据的方法，在销售流向分析模型中，可以利用 Access 从外部数据源——集团总部中心数据库的销售文件中获取数据，并返回 Excel 表——SALES 工作表中，即单击【数据】选项卡下的【自 Access】命令，选择中心数据库中的销售汇总文件，便可获得所需的销售数据。

（2）利用数据透视表技术从外部数据库中获取数据。方法是：

- 选择【插入】选项卡下的【数据透视表】或【数据透视图】命令，出现“创建数据透视表及数据透视图”向导；
- 在“数据透视表和数据透视图”向导的引导下，从外部数据库中获取销售数据。

2. 分散式财务管理模式下的销售数据获取方法

如果企业采用分散式财务管理模式，各分公司或销售网点的销售数据就保

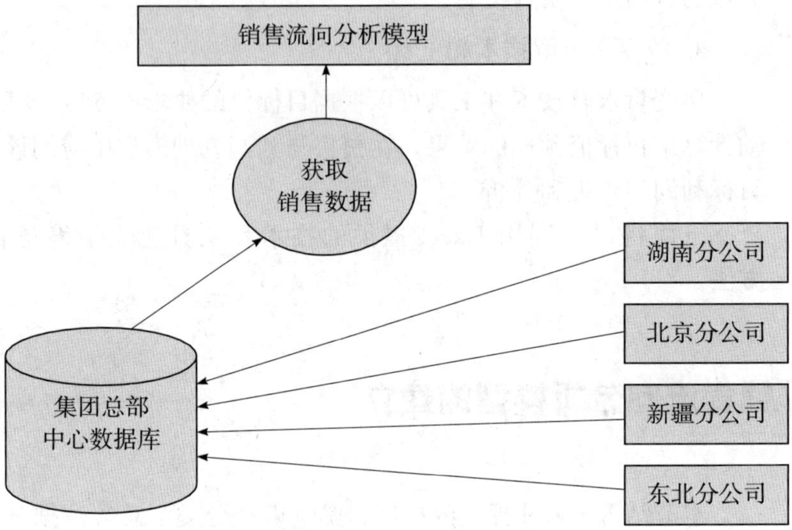

图 7-2 从外部数据库获取数据

存在当地的数据库中。此时各分公司可以将销售数据转换为 Excel 表数据或 TXT 数据，通过互联网发送到集团总部的销售分析模型中，为销售分析模型提供基本数据，如图 7-3 所示。

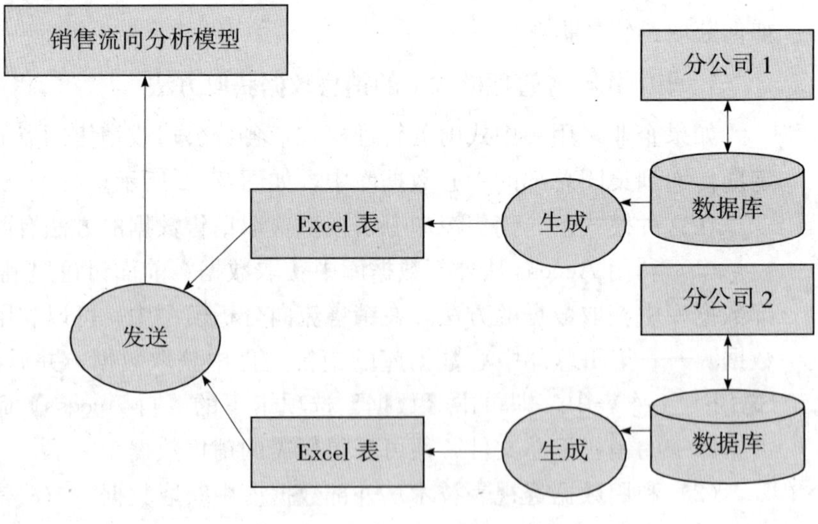

图 7-3 从 Excel 表中获取销售数据

按照上述方法获得的销售明细数据，保存在 Excel 工作表中，如图 7-4 所示。

	A	B	C	D	E	F	G	H
1	日期	销售网点	产品名称	单价	数量	金额	客户	销售员
2	1/7/18	东北	电风扇	100	1200	120,000	大连商场	李光
3	1/27/18	东北	电子琴	1000	190	190,000	大连商场	李光
4	1/8/18	东北	电风扇	100	2900	290,000	大连商场	李光
5	1/3/18	东北	电子琴	1000	500	500,000	大连商场	李光
6	1/6/18	东北	录音机	80	14000	1,120,000	大连商场	李光
7	1/5/18	东北	录音机	80	49900	3,992,000	大连商场	李光
8	1/24/18	北京	电风扇	100	800	80,000	当代商场	王苹
9	1/16/18	北京	录音机	80	3990	319,200	当代商场	王苹
10	1/24/18	北京	录音机	80	4888	391,040	当代商场	王苹
11	1/23/18	北京	电子琴	1000	398	398,000	当代商场	王苹
12	1/7/18	北京	电风扇	100	4000	400,000	当代商场	王苹
13	1/29/18	北京	电子琴	1000	613	613,000	当代商场	王苹
14	1/7/18	北京	电子琴	1000	700	700,000	当代商场	王苹
15	1/5/18	湖南	电风扇	100	1190	119,000	湖南商场	李军
16	1/5/18	湖南	电子琴	1000	230	230,000	湖南商场	李军
17	1/5/18	湖南	电风扇	100	2400	240,000	湖南商场	李军
18	1/5/18	湖南	录音机	80	7800	624,000	湖南商场	李军
19	1/5/18	湖南	电子琴	1000	700	700,000	湖南商场	李军
20	1/5/18	湖南	录音机	80	48908	3,912,640	湖南商场	李军
21	1/11/18	东北	电子琴	1000	300	300,000	华联商场	张涛
22	1/11/18	东北	电子琴	1000	321	321,000	华联商场	张涛
23	1/11/18	东北	电风扇	100	4000	400,000	华联商场	张涛
24	1/23/18	东北	电风扇	100	4710	471,000	华联商场	张涛
25	1/23/18	东北	录音机	80	8900	712,000	华联商场	张涛
26	1/11/18	东北	录音机	80	25301	2,024,080	华联商场	张涛

图 7-4　销售明细数据

7.2.2　按客户进行销售流向分析

1. 对销售明细数据按客户进行排序

- 选择【数据】选项卡下的【排序】命令，出现【排序】对话框，如图 7-5 所示。

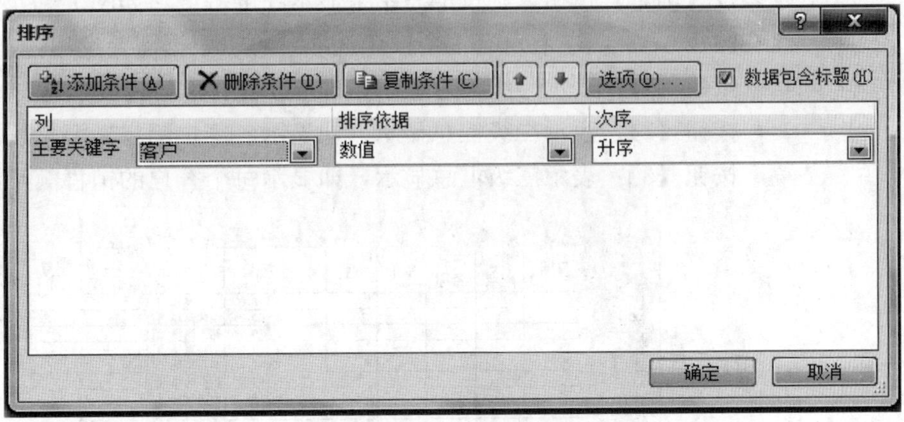

图 7-5　排序对话框

- 在【主要关键字】选项下选择“客户”。
- 按【确定】按钮，则系统对销售明细数据按客户进行排序。

2. 对销售明细数据按客户进行汇总

● 选择【数据】选项卡下的【分类汇总】命令，出现【分类汇总】对话框，如图7-6所示。

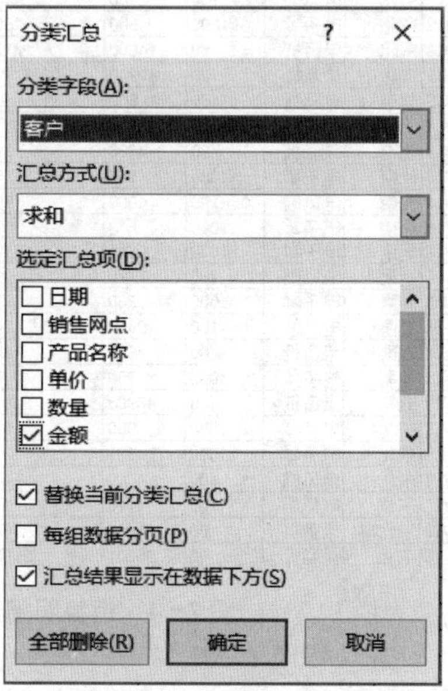

图7-6 分类汇总对话框

● 在【分类字段】选项下，选择“客户”。

● 在【汇总方式】选项下，选择“求和”。

● 在【选定汇总项】选项下，选择需要汇总计算的项目，如金额。

● 按【确定】按钮，则按汇总结果显示在屏幕上，如图7-7所示。

在图7-7中，左上角有三个按钮选项，可以根据需要选用：

● 按钮【1】：表示一级汇总显示，即显示全体客户总销售额。

● 按钮【2】：表示二级汇总显示，即显示各客户销售额汇总数。

● 按钮【3】：表示三级汇总显示，即显示每个客户的销售额及汇总数。

	A	B	C	D	E	F	G	H
1	日期	销售网点	产品名称	单价	数量	金额	客户	销售员
8						6,212,000	大连商场 汇总	
16						2,901,240	当代商场 汇总	
23						5,825,640	湖南商场 汇总	
30						4,228,080	华联商场 汇总	
37						7,843,160	南方商场 汇总	
44						3,699,760	双安商场 汇总	
51						6,970,000	天山商场 汇总	
55						7,190,000	王府商场 汇总	
59						2,109,000	西单商场 汇总	
66						8,631,200	湘江商场 汇总	
73						3,279,920	欣欣商场 汇总	
80						4,762,080	雪莲商场 汇总	
87						3,967,920	友好商场 汇总	
88						67,620,000	总计	
89								
90								

图7-7 按客户分类汇总结果

此时，选择按钮【2】，则出现图 7－7 所示的按客户汇总结果，可以看出每个客户的销售额以及销售主要流向哪些客户。

3. 按销售额对客户进行排名

对汇总结果按金额进行排序，便可以得到按销售额对客户进行排名的结果。

4. 取消分类汇总

分类汇总表使用完毕，可再选择【数据】选项卡下的【分类汇总】命令，在出现对话框后选择“全部删除”按钮，则恢复原来的销售明细数据。

7.2.3　按销售员进行销售流向分析

（1）选择【数据】选项卡下的【排序】命令，对销售明细数据按销售员进行排序。

（2）选择【数据】选项卡下的【分类汇总】命令，对销售明细数据按销售员进行汇总。

（3）在汇总结果中：

- 选择按钮【1】：显示全体销售员总销售额。
- 选择按钮【2】：显示各销售员销售额汇总数。
- 选择按钮【3】：显示每个销售员的销售额及汇总数。

根据汇总结果，可以清晰地看到每个销售员为企业创造的营业收入，管理者可以根据其结果评价每个销售员的销售业绩。

7.2.4　按地区进行销售流向分析

（1）选择【数据】选项卡下的【排序】命令，对销售明细数据按销售网点进行排序。

（2）选择【数据】选项卡下的【分类汇总】命令，对销售明细数据按销售网点进行汇总。

（3）在汇总结果中：

- 选择按钮【1】：显示全体销售网点总销售额。
- 选择按钮【2】：显示各销售网点销售额汇总数。
- 选择按钮【3】：显示每个销售网点的销售额及汇总数。

根据汇总结果，可以清晰地看到每个销售网点为企业创造的营业收入。管理者可以了解哪些地区对公司的产品感兴趣，企业的产品主要流向哪些地区，同时根据其结果评价每个销售网点或分公司的销售业绩。

7.3　销售业绩分析模型的建立

当进入销售业绩分析模型时，一幅反映企业业绩的销售网点图展现在屏幕上，如图 7－8 所示。

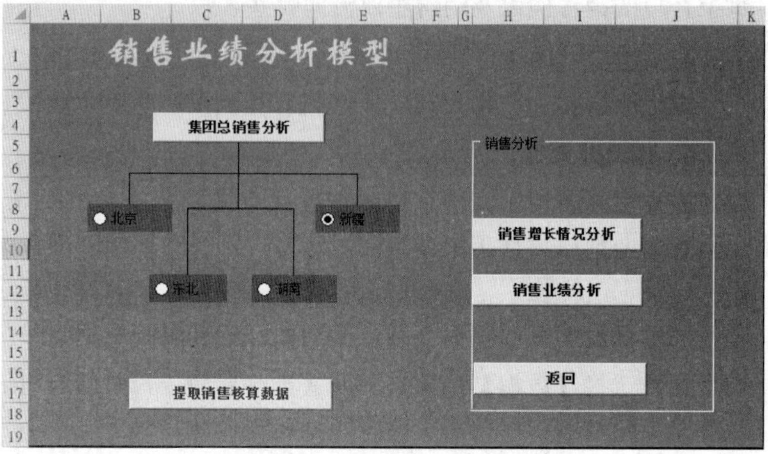

图 7－8　销售业绩分析模型

通过单击各销售网点或分公司的宏按钮，便可以及时准确地提供各销售网点或分公司不同时期和不同产品的销售情况分析表和分析图，单击【集团总销售分析】宏按钮，便可以得到集团或总公司不同时期和不同产品的销售情况分析表和分析图，图 7－9 展示了北京网点销售业绩分析图表。

单击【销售增长情况分析】宏按钮，便可以得到各销售网点以及企业总的销售增长变动情况——环比和定基比，帮助管理者进行产品销售增长情况的定量分析，如图 7－10 所示。

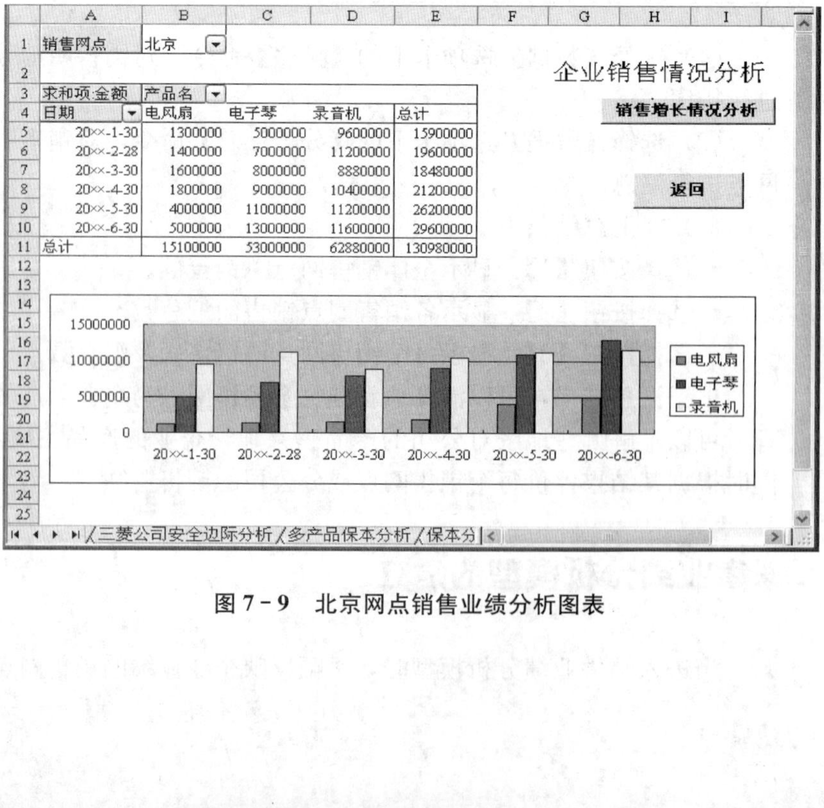

求和项:金额 日期	产品名 电风扇	电子琴	录音机	总计
20××-1-30	1300000	5000000	9600000	15900000
20××-2-28	1400000	7000000	11200000	19600000
20××-3-30	1600000	8000000	8880000	18480000
20××-4-30	1800000	9000000	10400000	21200000
20××-5-30	4000000	11000000	11200000	26200000
20××-6-30	5000000	13000000	11600000	29600000
总计	15100000	53000000	62880000	130980000

图 7－9　北京网点销售业绩分析图表

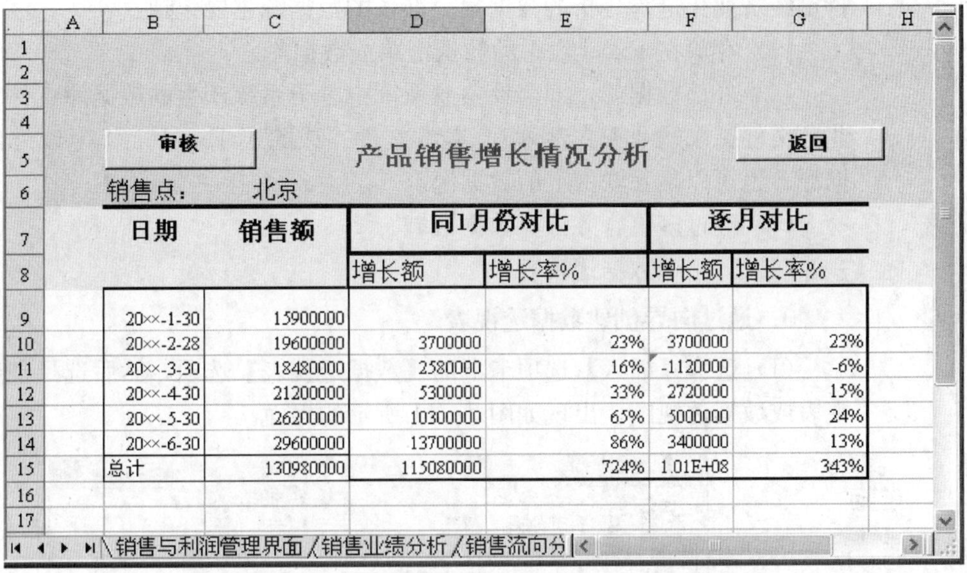

审核　返回

产品销售增长情况分析

销售点：　北京

日期	销售额	同1月份对比		逐月对比	
		增长额	增长率%	增长额	增长率%
20××-1-30	15900000				
20××-2-28	19600000	3700000	23%	3700000	23%
20××-3-30	18480000	2580000	16%	-1120000	-6%
20××-4-30	21200000	5300000	33%	2720000	15%
20××-5-30	26200000	10300000	65%	5000000	24%
20××-6-30	29600000	13700000	86%	3400000	13%
总计	130980000	115080000	724%	1.01E+08	343%

图 7 - 10　销售增长情况分析

通过该模型的使用，管理者可以动态地掌握企业销售信息，有效地进行销售业绩评价。下面讨论销售业绩分析模型的建立方法。

7.3.1　数据透视表——销售业绩分析模型中的主要技术和工具

数据透视表是一种对大量数据快速汇总和建立交叉分析表的数据分析技术和工具，可以有效、灵活地将各种以流水方式记录的数据，在重新组合与添加算法的过程中，快速进行各种目标的统计和分析。销售业绩分析模型对各销售网点或分公司的销售数据进行重新组合，按照管理需求进行统计和分析，数据透视表对建立销售业绩分析模型十分有用。下面我们先深入学习数据透视表的技术和工具，然后学习如何应用它建立销售业绩分析模型。

1. 建立数据透视表的条件

应用数据透视表技术和工具建立数据透视表应满足以下条件：

（1）完整的表体结构。完整的表体结构是指 Excel 表中的数据以流水方式记录，表头各字段内容应为文本型，而且不存在空白单元格。

（2）规范的列向数据。规范的列向数据是指同一列中的数据应具有相同的格式，各列中不允许存在空白单元格。

数据透视表的创建需经历三个阶段：准备数据源、创建数据透视表、建立透视关系。

2. 准备数据源

第一阶段的工作就是准备数据源，它是指为应用数据透视表技术和工具对特定经济业务进行分析的数据集。准备的数据源主要包括：

（1）存放在 Excel 表中的数据清单或数据库。

（2）外部数据源，即会计信息系统中各子系统产生的数据库文件（如销售业务文件、采购业务文件等），文本文件，或除了 Excel 工作簿以外的其他数据源，也可以是互联网上的数据源。

（3）经过多重合并计算数据区域。

（4）另一个数据透视表。

3. 通过向导创建数据透视表

（1）选择【插入】选项卡下的【数据透视表】选项，然后选择创建数据透视表或数据透视图，出现如图 7-11 所示的界面。

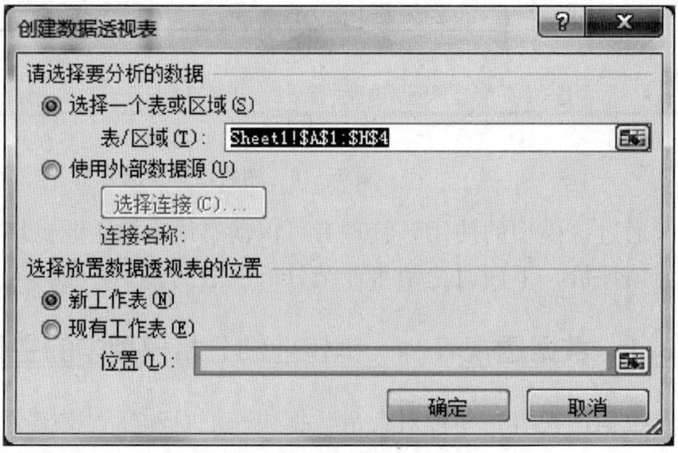

图 7-11　创建数据透视表对话框

（2）确定要建立数据透视表的数据源区域。针对电子表格类的文件，被选中数据区的地址将显示在【表/区域】框内。

（3）确定数据透视表显示位置。选择【新工作表】或【现有工作表】，最后点击确认。

4. 建立透视关系

完成数据透视表创建后，自动添加新工作表，并提供建立数据透视关系工作区、数据透视表所需的字段列表和工具栏。

（1）数据透视工作区。在新工作表中，数据透视技术和工具自动在左上角提供了新表重组的数据透视工作区。该区域包括：

"上表头"区（列字段），用于重组表时设置字段的列向分类依据。

"左表头"区（行字段），用于重组表时设置记录的横向分类依据。

"统计"区（值字段），用于重组表时设置交叉统计用字段。

"分页"区（报表筛选字段），用于分类显示透视统计结果。

另外，进入透视工作区后，系统将自动显示"数据透视表"工具栏。该工具栏顶部罗列了一组工具图标，底部则显示重新组合表格所需各表头的字段名称。

（2）在透视表中重组数据关系。根据管理需要将数据表单或数据库文件各字段分别拖到数据透视工作区的“上表头”区、“左表头”区、“统计”区、“分页”区，便可以得到多角度分析的数据透视表。透视表生成后，表格区产生一组由“字段”名形成的控制按钮，分别控制数据的三种透视关系。

7.3.2　建立销售业绩分析模型所需的数据透视表

建立销售业绩分析模型，首先要获取各分公司或销售网点的销售汇总数据。获取数据的方法仍是采用 Access 或数据透视表技术从外部数据源——账务处理子系统或销售子系统数据文件中获取销售数据，并将其返回 Excel 表中。

假设利用上述方法获取了公司下属的北京、东北、新疆、湖南等分公司1—6月各种产品的销售数据，并存放在 SALES 工作表中，如图 7－12 所示。

	A	B	C	D	E	F	G	H	
1	日期	销售网点	产品名	单价	数量	金额			
2	20××-1-30	北京	电风扇	100.00	13000	1,300,000.00			
3	20××-1-30	北京	电子琴	1,000.00	5000	5,000,000.00			
4	20××-1-30	北京	录音机	80.00	120000	9,600,000.00			
5	20××-1-30	东北	电风扇	100.00	18000	1,800,000.00			各钅
6	20××-1-30	东北	电子琴	1,000.00	2000	2,000,000.00			
7	20××-1-30	东北	录音机	80.00	124000	9,920,000.00			
8	20××-1-30	湖南	电风扇	100.00	15000	1,500,000.00			
9	20××-1-30	湖南	电子琴	1,000.00	4000	4,000,000.00			
10	20××-1-30	湖南	录音机	80.00	210000	16,800,000.00			
11	20××-1-30	新疆	电风扇	100.00	11000	1,100,000.00			
12	20××-1-30	新疆	电子琴	1,000.00	5000	5,000,000.00			
13	20××-1-30	新疆	录音机	80.00	120000	9,600,000.00			
14	20××-2-28	北京	电风扇	100.00	14000	1,400,000.00			
15	20××-2-28	北京	电子琴	1,000.00	7000	7,000,000.00			
16	20××-2-28	北京	录音机	80.00	140000	11,200,000.00			
17	20××-2-28	东北	电风扇	100.00	20000	2,000,000.00			
18	20××-2-28	东北	电子琴	1,000.00	3000	3,000,000.00			
19	20××-2-28	东北	录音机	80.00	154000	12,320,000.00			
20	20××-2-28	湖南	电风扇	100.00	16000	1,600,000.00			

图 7－12　销售数据

管理者需要对销售网点或分公司按日期和产品名，分别统计销售额，进行深入分析。

1. 建立数据透视表

在 SALES 工作表中，选择【插入】选项卡下的【数据透视表】命令，则可根据向导创建数据透视表。

2. 建立透视关系

完成数据透视表创建后，自动添加新工作表，并提供建立数据透视关系工作区、数据透视表所需的字段列表和数据透视表工具选项卡，右侧显示重新组合表格所需的字段名称，如图 7－13 所示。

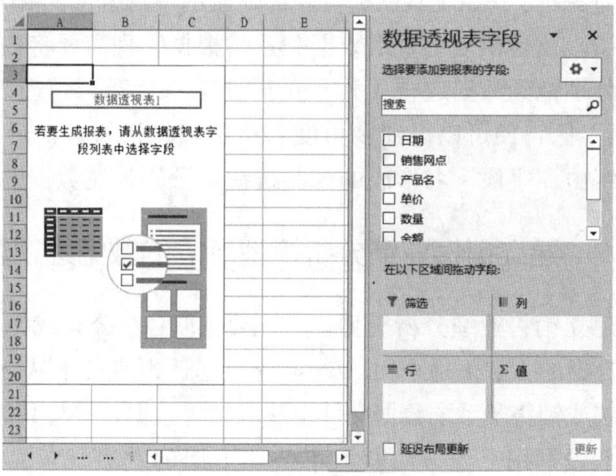

图 7－13　建立透视关系

根据管理者的要求：

● 将“销售网点”字段拖到下方“报表筛选”框，用于分销售网点或分分公司显示透视统计结果。

● 将“产品名”字段拖到下方“列标签”框，用作重组表时的列向分类依据。

● 将“日期”字段拖到下方“行标签”框，用作重组表时的横向分类依据。

● 将“金额”字段拖到下方“数值”框，用于重组表时设置交叉统计用字段。

此时生成可以从多角度分析的数据透视表。透视表生成后，表格区产生一组由“字段”名形成的控制按钮，分别控制数据的三种透视关系。

3. 透视分析

数据透视表一旦建立，使用非常灵活。

● 当需要了解不同销售网点的销售业绩时，单击【页控制】按钮，弹出【选择项】对话框，选择所需的销售网点（如北京）并按【确定】按钮，此时该销售网点的数据将展示在面前（见图 7－14）。

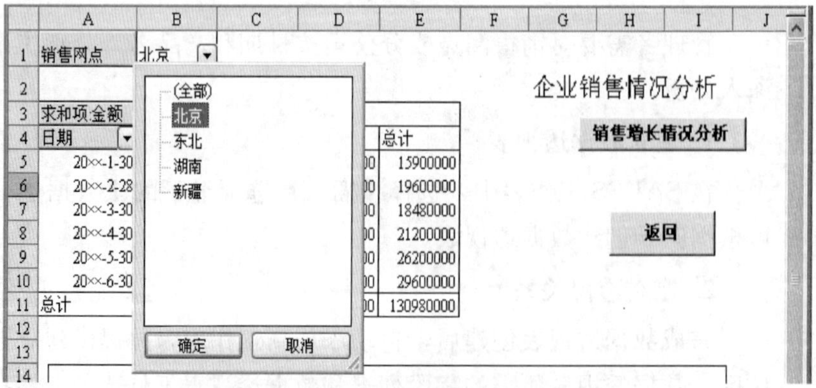

图 7－14　选择销售网点

● 当需要分析某个特殊的产品时，单击“产品名”上表区【控制】按钮，弹出【选择项】对话框，只选择一种特定的产品（如电视机）并按【确定】按钮，此时该产品的数据将展示在面前。

● 当需要了解某一特定日期的销售业绩时，单击“日期”左表区【控制】按钮，弹出【选择项】对话框，选择所需的日期并按【确定】按钮，此时该特殊日期的销售网点的数据将展示在面前。

● 当需要改变销售金额的汇总方式时，双击“求和项：金额”区域，弹出对话框，如图 7－15 所示。

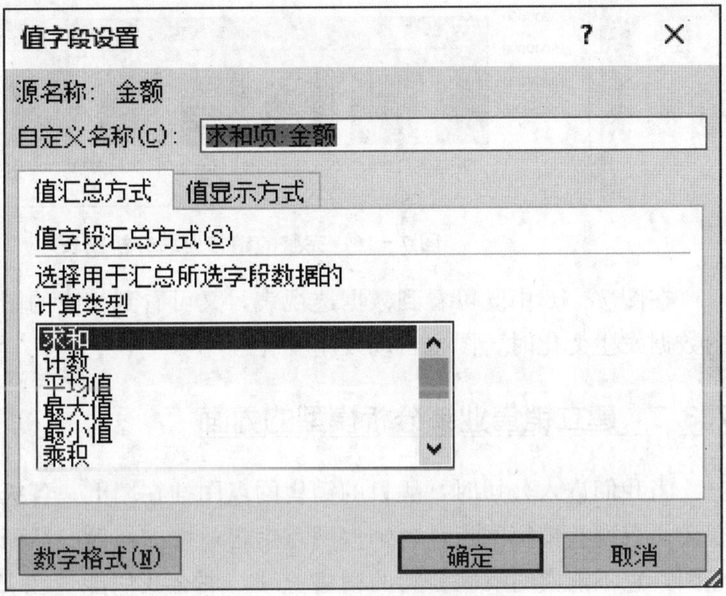

图 7－15　选择汇总方式

在汇总方式框中选择求和、计数、最大值、最小值等算法，并按【确定】按钮，此时 Excel 将按内置的数学模型进行汇总，并将新的数据透视表展示在面前。

4. 改变数据透视关系

当管理者的需求发生变化时，可以根据需要改变数据透视表内部的透视关系，重组表格结构。如将“产品名”“销售网点”“日期”等字段在透视表中的排列位置进行调换，重新组合透视表的纵、横排列关系，满足管理者从新的视角对销售业绩进行分析的需求。

5. 建立数据透视图

有了满足管理需求的数据透视表后，还需要将透视结果进行图形化显示与分析。此时使用【数据透视表】-【分析】工具栏中的【数据透视图】工具，便可以快速绘制出相关的图表，如图 7－16 所示。

	A	B	C	D	E	F	G	H	I
1	销售网点	新疆							
2									
3	求和项:金额	产品名							
4	日期	电风扇	电子琴	录音机	总计				
5	20xx/1/30	1100000	5000000	9600000	15700000				
6	20xx/2/28	1300000	6000000	10000000	17300000				
7	20xx/3/30	2000000	7000000	12480000	21480000				
8	20xx/4/30	3300000	8000000	13280000	24580000				
9	20xx/5/30	4000000	9000000	14160000	27160000				
10	20xx/6/30	5000000	10000000	14400000	29400000				
11	总计	16700000	45000000	73920000	135620000				

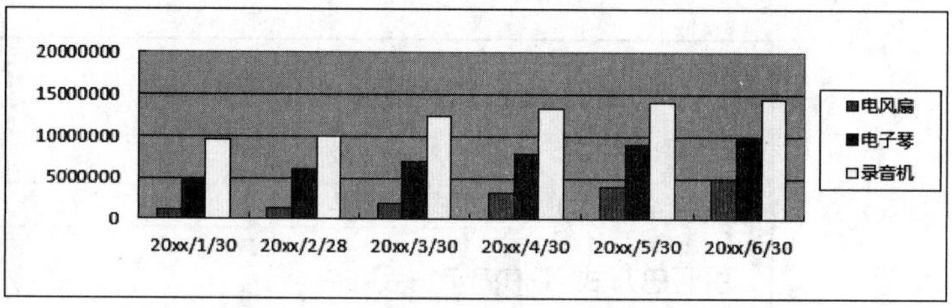

图 7-16　完整的销售业绩分析图表

在图 7-16 中既可看到数据透视表，又可看到相应的图，当数据透视表中的数据发生变化时，图也自动发生变化。

7.3.3　建立销售业绩分析模型的界面

当我们进入公司时，醒目的销售网点图挂在墙上，各级管理者可以据其了解公司有哪些销售网点，各销售网点销售业绩如何等。然而，这是静态销售网点图，它不能实时反映公司的销售业绩。那么我们能否在 Excel 中将枯燥的数据、图表变成生动的销售网点图，以方便管理者进行动态分析，及时准确地获得任一销售网点的业绩以及公司的总销售业绩呢？答案是可以。下面讨论解决方案。

1. 增加销售业绩分析模型界面的工作表

将鼠标放入工作表区域，单击右键插入一张新工作表。

2. 在新工作表中增加地图

选择【插入】选项卡下的【图片】命令，从目录中选择公司预先编制好的 BTM 地图文件（由扫描仪生成的文件、由数码相机生成的文件以及由公司自行设计的文件）。

3. 建立地图和销售业绩分析数据透视表的链接

（1）在地图中建立宏按钮。

- 选择【开发工具】选项卡下的【插入】-【表单控件】命令；
- 将窗体中的工具如“选项按钮”添加到地图中相应的位置。

（2）建立宏程序。有关建立宏程序的内容将在后面详细讨论，下面给出北京销售网点上宏按钮对应的一段宏程序：

```
Sub beijng ()
    Sheets ("Tsales") . Select
     ActiveSheet. PivotTables ("P _ sales") . PivotFields ("销售网
     点"). CurrentPage _= "北京"
End Sub
```

（3）将宏程序指定给相应的宏按钮。选择宏按钮，点击右键出现快捷菜单，从菜单中选择【指定宏】命令，将宏程序指定给相应的宏按钮。

通过以上几个步骤便建立了销售业绩分析模型界面和销售业绩分析数据透视表的链接。单击某销售网点的宏按钮，计算机自动执行宏程序，便进入某销售网点的销售业绩分析数据透视表模型；单击【销售增长情况分析】宏按钮，便进入某销售网点的销售增长情况分析模型。

7.3.4　更新数据

销售业绩分析数据透视表模型中的结果来源于 Excel 表中的基本销售数据，而 Excel 表中的基本销售数据又来源于外部数据。当外部销售数据变化或 Excel 表中的数据变化时，为保证透视结果能够跟踪最新数据，就需要使用数据更新功能。

（1）选择数据透视表或 Excel 基本数据表。

（2）选择【数据】选项卡下的【全部刷新】-【刷新】命令，数据透视表中的数据便自动更新。

7.4　销售预测模型设计

销售预测是指企业在一定的市场环境和一定的营销规划下，对某种产品在一定地理区域和一定时期内的销售量和营业收入做出预测和估量。销售预测十分重要，它是企业正确决策的基础，是编制企业财务计划的依据，是进行其他预测的前提。对销售预测的定量分析方法很多，本节结合 Excel 提供的回归分析 LINEST() 函数讨论建立趋势分析和因果分析模型的方法。

7.4.1　销售预测方法

1. 直线趋势法

直线趋势法是根据过去若干期间销售量的实际历史资料，确定可以反映销售量增减变化趋势的直线方程，即直线回归方程，并将此直线加以延伸，进而求出销售预测值的预测方法。

直线方程如下：

销售量$=a\times$时间$+b$

$Y=a\times X+b$

根据直线方程和一组 n 期历史销售量的实际历史资料，确定下列方程组：

$$\sum 销售量_i = n\times a + b\times \sum 时间_i$$

$$\sum 销售量_i \times 时间_i = a\times \sum 时间_i + b\times \sum 时间_i{}^2$$

根据以上方程组可以求出参数 a，b 和相关系数 R^2 的值，这样就得到了销售预测直线方程，并且可以根据相关系数判断该方程是否合理。若相关系数接近 1，说明时间和销售量之间呈线性关系，故可以用此方程进行趋势预测；否则，用该方程预测的结果将会不准确。

2. 曲线趋势法

曲线趋势法是根据过去若干期间销售量的实际历史资料，确定可以反映销售量增减变化曲线的方程，并将此曲线加以延伸，进而求出销售预测值的预测方法。

曲线方程如下：

$Y=a\times X+b\times X^2+c$

根据曲线方程和一组 n 期历史销售量的实际历史资料，可以求出参数 a，b，c 和 R^2 的值，这样就得到了销售预测的曲线方程并进行趋势预测。然而，在手工条件下，曲线方程的建立非常复杂，借助计算机该方程才得以广泛应用。

3. 因果分析法

因果分析是利用事物发展的因果关系来推测事物发展趋势的一种预测方法。产品销售一般和某些因素有关，只要找到与产品有关的因素以及它们之间的函数关系，就可以利用这种因果关系进行预测。在使用这种方法进行预测时，首先应根据因素之间的关系确立预测模型，然后根据预测模型进行预测。

7.4.2 预测函数

Excel 提供了多种预测函数，在此我们介绍回归分析 LINEST（）函数，用它可以进行直线回归分析、曲线分析和因果分析。

1. LINEST（）用于直线回归分析

（1）语法与功能。

语法：LINEST(known_y's，known_x's，const，stats)

功能：找出最适合数据的直线回归方程 $Y=aX+b$ 的系数与统计量，并返回该系数与统计量。

参数：

● known _ y's 代表一组因变量 Y_i：如果 known _ y's 数组是单一行，则 known _ x's 中的每一横行将被视为一个独立的自变量。如果 known _ y's 数组是单一列，则 known _ x's 中的每一竖列将被视为一个独立的自变量。

● known _ x's 代表一组自变量 X_i：如果 known _ x's 参数被省略了，则假设它是与 known _ y's 具有相同个数的数组（1，2，3，…）。这意味着当 known _ x's 省略时，视为"时间序列"来处理。

● const 为一个逻辑变量，指定是否强制常数项 b 为 0：如果 const 为 false，常数项 b 将被忽略，方程为 $Y=aX$。如果 const 为 true，或 const 被省略了，正常计算 b。

● stats 为一个逻辑变量，指定是否返回附加回归统计值：如果 stats 为 true，LINEST() 函数将返回如下的二维数组，如表 7-1 所示。

表 7-1

a 参数值	b 参数值
a 值估计标准差	b 值估计标准差
相关系数 R^2 值	Y 值估计标准差
统计量 F	自由度 $D.F$
回归平方和	估计值残值平方和

如果 stats 为 false 或省略，LINEST() 函数将返回参数 a 和 b。

要得到数组中的值，必须用我们前面学过的 INDEX() 函数将其取出。

(2) 举例。

[例 7-1]

a 参数是数组中第 1 行、第 1 列元素，因此，a 参数的计算公式为：

= INDEX(LINEST(Y 变量单元区域，X 变量单元区域，true，true)，1，1)

b 参数是数组中第 1 行、第 2 列元素，因此，b 参数的计算公式为：

= INDEX(LINEST(Y 变量单元区域，X 变量单元区域，true，true)，1，2)

R^2 参数是数组中第 3 行、第 1 列元素，因此，R^2 参数的计算公式为：

= INDEX(LINEST(Y 变量单元区域，X 变量单元区域，true，true)，3，1)

2. LINEST() 函数用于曲线分析和因果分析

LINEST() 函数既可以用于直线回归分析，也可以用于曲线分析和因果分析。因为它也能找出多元回归方程 $Y=a1X1+a2X2+\cdots+anXn+b$ 最适合预测数据的多元回归系数与统计量，并返回该系数与统计量。

对于曲线方程：

$Y=aX+bX^2+c$

把 X 设置为 $X1$，把 X^2 设置为 $X2$，经过变形曲线方程为：

$Y=aX1+bX2+c$

对于因果分析：

$X1$ 是第一个自变量，$X2$ 是第二个自变量，…，Xn 是第 n 个自变量，Y 是因变量，则因果分析的回归方程为：

$Y=a1X1+a2X2+\cdots+anXn+b$

曲线分析、因果分析都可以转化为多元回归问题，并能用LINEST()函数解决问题。

（1）用于多元回归分析的 LINEST() 函数语法及功能。

语法：LINEST(known _ y's，known _ x's，const，stats)

功能：找出多元回归方程 $Y=a1X1+a2X2+\cdots+anXn+b$ 最适合预测数据的多元回归系数与统计量，并返回该系数与统计量。

参数：

- known _ y's 代表一组因变量 Y_i：如果 known _ y's 数组是单一行，则 known _ x's 中的每一横行将被视为一个独立的自变量。
- known _ x's 是数组，包含多个自变量 X_i。
- const 是一个逻辑变量，指定是否强制 b 为 0：如果 const 为 true，或 const 被省略，正常计算 b。
- stats 为一个逻辑变量，指定是否返回附加回归统计值：如果 stats 为 true，LINEST() 函数将返回如下数组，如表 7-2 所示。

表 7-2

$a1$	$a2$	…	an	b
$SEa1$	$SEa2$	…	$SEan$	SEb
R^2	SEY			
F	$D.F$			
$SSreg$	$SSresid$			

表中，$a1$，$a2$，…，an 为 $X1$，$X2$，…，Xn 的自变量系数；b 代表常数系数；$SEa1$，$SEa2$，…，$SEan$ 为 $a1$，$a2$，…，an 的标准差；SEb 为常数项 b 的标准差；R^2 为相关系数；SEY 为 Y 的计数标准差；F 为统计值；$D.F$ 为自由度（$N-2$）；$SSreg$ 为回归平方和（已解释变异）；$SSresid$ 为残差平方和（未解释变异）。

如果要得到数组中的值，必须用前面学过的 INDEX（）函数将其取出。

（2）举例。

[例 7－2]

$a1$ 参数的计算公式为：

＝INDEX(LINEST(Y 变量单元区域，X 多变量单元区域，true，true)，1，1)

即从 LINEST() 函数返回的数组中取第 1 行第 1 列元素的值，即 $a1$ 参数的值。

$a2$ 参数的计算公式为：

＝INDEX（LINEST（Y 变量单元区域，X 多元变量单元区域，true，true)，1，2)

即从 LINEST() 函数返回的数组中取第 1 行第 2 列元素的值，即 $a2$ 参数的值。

an 参数的计算公式为：

＝INDEX(LINEST(Y 变量单元区域，X 多元变量单元区域，true，true)，1，n)

即从 LINEST() 函数返回的数组中取第 1 行第 n 列元素的值，即 an 参数的值。

b 参数的计算公式为：

＝INDEX(LINEST(Y 变量单元区域，X 多元变量单元区域，true，true)，1，n＋1)

即从 LINEST() 函数返回的数组中取第 1 行第 n＋1 列元素的值，即 b 参数的值。

R^2 参数的计算公式为：

＝INDEX(LINEST(Y 变量单元区域，X 多变量单元区域，true，true)，3，1)

即从 LINEST() 函数返回的数组中取第 3 行第 1 列元素的值，即 R^2 参数的值。

7.4.3　趋势分析与因果分析模型设计实例

1. 销售预测模型 1——直线回归分析模型设计

（1）建立历史资料。根据 SALES 工作表中的基本销售数据建立一个新的数据透视表，并将表名改为“销售预测”，如图 7－17 所示。

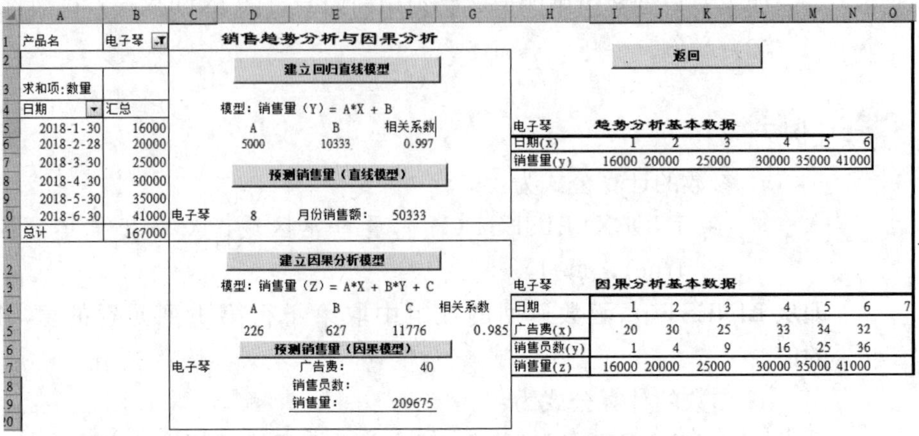

图 7－17　趋势分析与因果分析

根据数据透视表中的数据建立直线回归分析基本数据区：

用【公式】选项卡下的【定义名称】命令将销售量所在的单元区域 I7：N7 定义为“销售额范围_直线”。

（2）建立预测模型。企业过去若干期间销售量与时间的关系用下列直线回归方程描述：

销售量$(Y)=a\times$时间$(X)+b$

求出参数 a，b 和相关系数 R^2，就得到了销售预测直线方程。

用 INLEST() 函数定义三个参数。

a 参数（D6 单元）的计算公式为：

＝INDEX(LINEST(销售额范围_直线,true,true),1,1)

b 参数（E6 单元）的计算公式为：

＝INDEX(LINEST(销售额范围_直线,true,true),1,2)

R^2 参数（F6 单元）的计算公式为：

＝INDEX(LINEST(销售额范围_直线,true,true),3,1)

预测销售量（F10 单元）的计算公式为：

$=a\times$预计时间$+b$

（3）销售预测模型——直线回归分析模型的使用。

- 输入历史数据。由于模型中各单元间已建立链接，只要将企业各期的销售量输入或链接到“趋势分析基本数据”区域，将时间序列输入自变量区域，与该历史数据相对应的直线回归方程便建立完成，模型自动求出参数 a，b 和相关系数 R^2。
- 判断。企业财务管理人员可以根据相关系数 R^2 的值判断该方程是否合理，若相关系数接近 1，说明时间和销售量之间呈线性关系，故可以用此方程进行趋势预测；否则，用该方程预测的结果将会不准确。

● 趋势预测。在预计时间单元格输入未来的时间，则模型立即计算出预计的销售量。

2. 销售预测模型 2——因果分析模型实例

(1) 建立历史资料。销售量一般总与某些因素有关，如本例中销售量与单价和广告费用有关。因此，财务管理人员应该分析影响销售量的原因，并将企业过去若干期间与产品销售量有关的因素的实际历史资料输入“因果分析基本数据”区域，如图 7-17 所示。

● 用【公式】选项卡下的【定义名称】命令将销售量所在的单元区域定义为“销售额范围_因果”。

● 用【公式】选项卡下的【定义名称】命令将影响销售量的若干因素所在的单元区域（如若干期单价、广告费用区域）定义为“自变量范围_因果”。

(2) 建立预测模型。企业过去若干期间销售量与单价、广告费用的关系用下列多元回归方程描述：

销售量(Y)＝a1×单价(X1)＋a2×广告费用(X2)＋b

只要求出了参数 $a1$，$a2$，b 和相关系数 R^2，就得到了销售预测的因果模型。

用 INLEST() 函数定义四个参数。

● $a1$ 参数（D15 单元）的计算公式为：

＝INDEX(LINEST(销售额范围_因果,自变量范围_因果,true,true),1,1)

● $a2$ 参数（E15 单元）的计算公式为：

＝INDEX(LINEST(销售额范围_因果,自变量范围_因果,true,true),1,2)

● b 参数（F15 单元）的计算公式为：

＝INDEX(LINEST(销售额范围_因果,自变量范围_因果,true,true),1,3)

● R^2 参数（G15 单元）的计算公式为：

＝INDEX(LINEST(销售额范围_因果,自变量范围_因果,true,true),3,1)

因果分析预测销售量（F19 单元）的计算公式为：

＝a1＊$F$17＋a2＊$F$18＋b

$F$17：为因果分析输入的广告费。

$F$18：为因果分析输入的销售员人数。

(3) 销售预测模型——因果分析模型的使用。

● 输入历史数据。由于模型中各单元之间已建立关系，只要链接企业的历史数据或输入“因果分析基本数据”区域，各期的销售量便更新到因变量区域，而将广告费、销售员人数等因素输入自变量区域，与该历史数据相对应的因果分析回归方程便建立完成，即自动求出了参数 $a1$，$a2$，b 和相关系数 R^2。

● 判断。企业财务管理人员可以根据相关系数 R^2 的值判断该方程是否合理，若相关系数接近1，说明历史资料中单价和销售员人数与销售量之间存在因果关系，即广告费和销售员人数是影响销售量的主要因素；否则，需要重新寻找影响销售量的因素，再输入历史数据区域，观察其相关系数是否接近1。直到相关系数接近1，才算找到了影响销售量的真正因素以及因果分析方程，可以用此方程进行分析。

● 因果分析。在“广告费”单元格输入未来的广告费，在“销售员人数”单元格输入未来的销售员人数，则模型立即计算出相应的销售量。

7.5 利润管理——本-量-利分析模型的设计

在市场经济条件下，加强对利润的管理，对顺利实现财务管理目标，不断提高利润水平，具有十分重要的意义。为了实现目标，利润管理一般需要进行两方面的分析：(1) 盈亏临界点（或保本点）分析，研究利润为零的特殊经营状况的有关问题；(2) 各因素变动分析，研究利润不为零的一般经营状况的有关问题。本节着重讨论运用本-量-利分析的基本原理，建立计算机环境下利润管理模型（见图7-18）的基本方法。

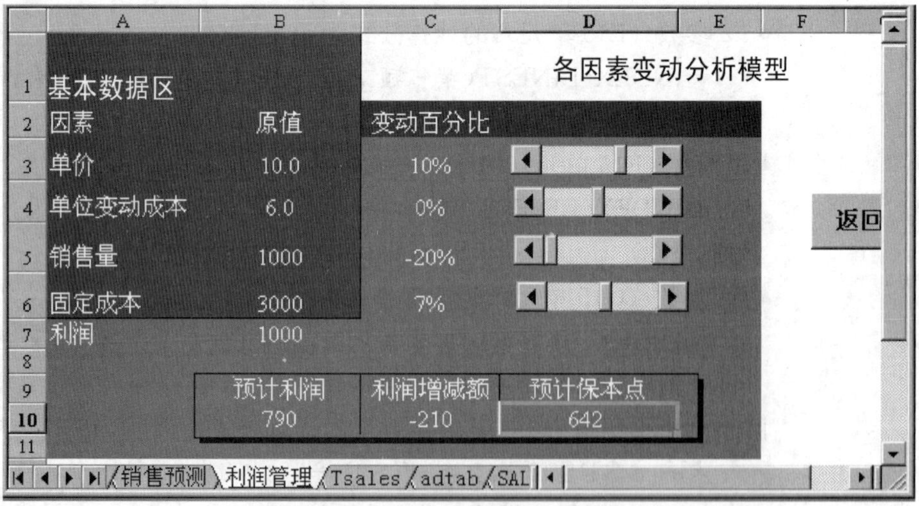

图7-18 利润管理模型

7.5.1 本-量-利分析的基本原理

本-量-利分析是研究成本、业务量和利润三者关系的一种重要方法，它可以帮助企业财务管理人员顺利地找到降低成本、增加利润的途径，帮助财务管理人员进行利润规划和管理。

本-量-利分析的基本方程式如下：

利润＝营业收入－总成本
＝营业收入－变动成本－固定成本
＝边际贡献－固定成本
＝（售价－单位变动成本）×销售量－固定成本
＝单位边际贡献×销售量－固定成本
＝边际贡献率×营业收入－固定成本

这些方程式中有 5 个相互联系的变量，给定其中 4 个，便可以求出另一个变量的值。本-量-利分析在企业财务管理中应用非常广泛，可以用于盈亏临界点分析、单因素变动对利润影响的分析、多因素变动对目标利润影响的分析等。

7.5.2　利润管理模型设计

1. 建立利润管理模型中的基本数据区

要进行盈亏临界分析和多因素变动分析，必须给出一些基本数据，如单价、单位变动成本、销售量、固定成本。因此，在模型中设置了一个基本数据区，允许财务管理人员输入数据。

2. 多因素变动分析区

多因素变动分析是指本-量-利发生变化时相互影响的定量分析，既要研究销量、成本、单价等单一因素发生变化对利润的影响程度，又要研究销量、成本、单价等多个因素同时发生变化对利润的影响程度。

在计算机环境下，我们可以运用前面讨论过的用户图形接口工具（滚动条、微调按钮等）建立利润管理模型中的多因素变动分析区，它能非常方便地进行多因素变动分析。下面我们讨论其建立方法。

（1）打开【开发工具】选项卡下的【插入】命令，【表单控件】工具栏就显示在屏幕上。

（2）为每个因素建立一个“滚动条控制项”。在多因素变动分析区中，为了使各因素在合理的范围内方便地变动，需要在各因素处建立一个“滚动条控制项”，财务管理人员通过使用滚动条控制项，可以按一定的变动百分比在合理的范围内改变各因素。

假设财务管理人员要求：各因素的变动百分比为－20％～20％；变动增减幅度为 1％。下面以建立单价“滚动条”按钮为例，说明建立的方法。

（3）给单价建立一个“滚动条”按钮。

- 单击【表单控件】工具栏中的“滚动条控制项”；

● 将鼠标移到 D3 单元，按住鼠标左键，拖拽鼠标到合适的尺寸，释放鼠标，此时形成一个矩形的“滚动条”按钮。

（4）给单价“滚动条”按钮设置参数。

● 将鼠标指针移到新建立的“滚动条控制项”，单击右按钮，出现快捷菜单，选择【设置控件格式】命令，出现【对象格式】对话框。

● 选择【控制】标签，设置“滚动条”按钮的控制值。

● 在【控制】标签各选项框中输入数值，并将其值链接到 D3 单元，即：

【当前值】框输入 10；

【最小值】框输入 0；

【最大值】框输入 40；

【步长】框输入 1；

【页步长】框输入 10；

【单元格链接】框输入 D3。

“滚动条”按钮的【单元格链接】框应该输入 C3，即应该链接到 C3 单元——变动百分比单元，但是各选择项不能输入小数或百分数，如果链接到 C3 单元，也得不到所需的百分数，因此，先将“滚动条”按钮的值存放到 D3 单元，然后将其与 C3 单元建立链接。

单击【确定】按钮完成“滚动条”按钮的建立。

（5）建立变动百分比与“滚动条”按钮的联系。D3 单元存放“滚动条”按钮的值（最大值＝40，最小值＝0）。为使 C3 单元与“滚动条”按钮建立联系，并使其值从－20％变化到＋20％：

● 选择 C3 单元；

● 输入公式：＝D3/100－20％；

● 单击百分比工具，将 C3 单元格式变为百分比格式。

这样，变动百分比与“滚动条”按钮建立了联系，并且值的变化范围为－20％～20％。

（6）试用“滚动条”按钮。每单击一次滚动栏两端的箭头，变动百分比 C3 单元中的数值以增量 1％变化。在滚动框与两端之间单击滚动条，变动百分比 C3 单元中的数值以“页改变”增量 10％变化。

其他因素的“滚动条”按钮也按此方法建立。

3. 建立计算公式

（1）盈亏临界点公式的建立。盈亏临界点是既没有利润也没有亏损时的销售量或销售额。也就是说，当销售量在此点时，企业的利润等于零。盈亏临界分析是本-量-利分析中一个非常重要的环节，企业在规划目标利润、控制利润完成情况、估计经营风险时都需要它。

$$\text{盈亏临界点销售量}=\frac{\text{固定成本}}{\text{单价}-\text{单位变动成本}}$$

考虑多因素变动影响，盈亏临界点销售量 D10 单元的公式为：

$$=\frac{固定成本\times(1+变动率\%)}{单价\times(1+变动率\%)-单位变动成本\times(1+变动率\%)}$$

（2）利润公式的建立。利润 B7 单元的公式为：

=(单价－单位变动成本)×销售量－固定成本

（3）预计利润公式的建立。预计利润 B10 单元的公式为：

=[单价×(1＋变动率%)－单位变动成本×(1＋变动率%)]×(销售量×(1＋变动率%)－固定成本×(1＋变动率%)

（4）利润增减额公式的建立。利润增减额 C10 单元的公式为：

=预计利润－利润

4. 多因素变动分析模型的使用

（1）改变单因素观察对利润的影响。外界因素发生变化，企业采取的任何行动都会使销量、单价等发生变化，并对利润产生影响。利用多因素变动分析模型分析各种因素变化对利润的影响，有利于财务管理人员进行决策。

[例 7-3]

企业拟采取更有效的广告方式，从而使销售量增加 10%，测定其对利润的影响。

在多因素变动分析模型中，财务管理人员连续单击单价的“滚动条”按钮，单价变动百分比的值不断改变，此时预计利润也自动变化，当单价变动百分比为 10%时，预计利润的值为 1 400 元，增加了 400 元，其变动百分比为 40%。这是广告开支的上限。如果此次广告宣传开支超过 400 元，就可能得不偿失。

[例 7-4]

企业拟实施一项技术培训计划，以提高工作效率，使单位变动成本降低 4%，测定其对利润的影响。

在多因素变动分析模型中，财务管理人员连续单击单位变动成本的“滚动条”按钮，单位变动成本变动百分比的值不断改变，此时预计利润也自动变化，当单位变动成本的变动百分比为－4%时，预计利润的值为 1 240 元，利润增加了 240 元，这是培训计划开支的上限。如果培训计划的开支不超过 240 元，则可以从当年新增利润中得到补偿，并可以长期受益；如果开支超过 240 元，则要慎重考虑这项计划是否真的有意义。

（2）改变多因素观察对利润的综合影响。由于外界因素变化或企业拟采取某项行动，使有关因素发生相互关联的影响，测定其引起的利润变动，以便选择决策方案。

[例 7-5]

某企业按国家规定普调工资，使单位变动成本增加 4%，固定成本增加 1%，这将会导致利润下降。为了抵消这种影响，企业采取两种措施：一是提高价格 5%，提高价格使销量减少 10%；二是降低价格 3%，降低价格则使销量增加 20%。试分析哪种措施好。

- 单击单位变动成本的“滚动条”按钮，使其变动百分比为 4%；
- 单击固定成本的“滚动条”按钮，使其变动百分比为 1%。

此时，可以观察到调整工资后不采取措施的利润为 730 元。

采取措施一：

- 单击单价的“滚动条”按钮，使其变动百分比为 5%；
- 单击销量的“滚动条”按钮，使其变动百分比为－10%。

此时，可以观察到调整工资并采取措施一后的利润为 804 元。

采取措施二：

- 单击单价的“滚动条”按钮，使其变动百分比为－3%；
- 单击销量的“滚动条”按钮，使其变动百分比为 20%。

此时，可以观察到调整工资并采取措施二后的利润为 1 122 元。

通过比较可知，应该采取第二种措施。

7.5.3 敏感性分析

上面的分析是以影响利润的诸因素为已知数，利润是待求的未知数开展的。但企业有时会碰到另一种相反的情况，利润是已知数，而其他因素是待求的未知数，即企业下达目标利润，财务管理人员对影响利润的销量、营业收入、成本等各因素进行分析和合理的安排，以实现目标利润。Excel 提供单变量求解工具能够帮助财务管理人员方便地完成目标利润的分析工作。本小节着重介绍单变量求解工具以及用单变量求解工具进行目标利润分析的方法。

1. 单变量求解工具

单变量求解工具具有根据结果倒推出原因的功能，即具有处理如果（if）需要得到结果，那么原因会是什么（what）这一问题的功能。单变量求解工具的使用，是通过【数据】选项卡下的【模拟分析】-【单变量求解】命令来实现的。

（1）单变量求解的使用。

- 选择包含公式的目标单元格。
- 选择【数据】选项卡下的【模拟分析】-【单变量求解】命令，出现【单变量求解】对话框，如图 7-19 所示。

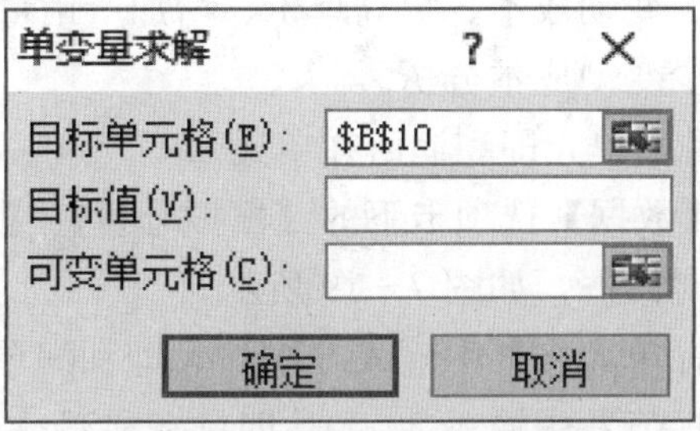

图 7-19　单变量求解对话框

【目标单元格】：输入目标单元格的引用位置或名字，这个单元格包含求出特定解的公式。

【目标值】：希望公式求出的数值。

【可变单元格】：将要被调整的单元引用位置或名字，可变单元格中的单元引用包含在目标单元格的公式中。

- 选择【确定】按钮，便开始求解，直至达到目标值为止。

（2）单变量求解原则。

- 可以在【可变单元格】或【目标单元格】中输入单元格的引用位置或名字。
- 【可变单元格】中的单元引用必须包含在【目标单元格】内的公式中。
- 可变单元不能包含公式。
- 在进行单变量求解时，屏幕上会出现【单变量求解状态】对话框。
- 若要中断操作，选择【暂停】按钮。
- 如果在选择【暂停】按钮之后，要单步执行，就选择【单步执行】按钮；如果选择【继续执行】按钮，就继续执行原来的操作。
- 当单变量求解完成时，Excel 会把结果显示在工作表以及【单变量求解状态】对话框内。选择【确定】按钮，把解出的数值存入工作表，选择【取消】按钮恢复为初始值。

2. 运用单变量求解工具进行目标利润分析

一般来说，企业为了实现目标利润，可以减少固定成本、减少变动成本、提高单价、增加产销量等。

下面以 cwgl07. xlsm 工作簿的“变动分析”工作表中的数据为例，说明运用单变量求解工具进行目标利润分析的方法。

[例 7-6]

已知利润单元的公式为：

=(单价－单位变动成本)×销量－固定成本

假设企业下达的目标利润为 2 000 元，希望财务管理人员分析如何减少固定成本、减少变动成本、提高单价、增加产销量才能实现目标利润。

（1）减少变动成本分析。

● 选择目标单元即利润所在单元 B7。

● 选择【数据】选项卡下的【模拟分析】-【单变量求解】命令，出现【单变量求解】对话框，如图 7-19 所示。

在【目标单元格】中输入 \$B\$7，即利润单元地址；

在【目标值】中输入 2 000，即目标利润；

在【可变单元格】中输入单位变动成本单元地址 \$B\$4。

● 选择【确定】按钮，进行单变量求解时，屏幕上会出现【单变量求解状态】对话框，如图 7-20 所示。

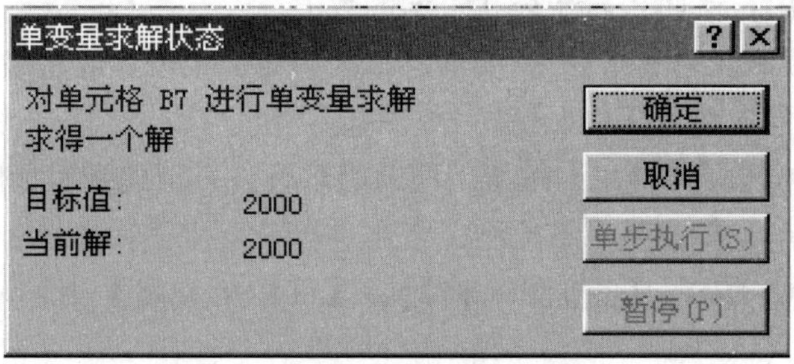

图 7-20 单变量求解状态对话框

求解结束时，目标单元——利润所在单元的值为 2 000 时，可变单元——单位变动成本所在单元的值应为 5.0。

● 选择【确定】按钮，则以计算结果代替原值。

● 选择【取消】按钮，则恢复原值。

利润单变量求解工具非常容易倒推出，当利润为 2 000 元时，单位变动成本应该降到 5 元。

（2）减少固定成本。

● 选择目标单元即利润所在单元 B7。

● 选择【数据】选项卡下的【模拟分析】-【单变量求解】命令，出现【单变量求解】对话框。

在【目标单元格】中输入 \$B\$7，即利润单元地址；

在【目标值】中输入 2 000，即目标利润；

在【可变单元格】中输入固定成本单元地址 \$B\$6。

● 选择【确定】按钮，进行单变量求解，最后自动得出：当利润为 2 000 元时，固定成本应该降到 2 000 元。

（3）提高单价。

● 选择目标单元即利润所在单元 B7。

● 选择【数据】选项卡下的【模拟分析】-【单变量求解】命令，出现【单变量求解】对话框。

在【目标单元格】中输入＄B＄7，即利润单元地址；

在【目标值】中输入 2 000，即目标利润；

在【可变单元格】中输入单价单元地址＄B＄3。

• 选择【确定】按钮，进行单变量求解，最后自动得出：当利润为 2 000 元时，单价应该提高到 11 元。

(4) 增加产销量。

• 选择目标单元即利润所在单元 B7。

• 选择【数据】选项卡下的【模拟分析】-【单变量求解】命令，出现【单变量求解】对话框。

在【目标单元格】中输入＄B＄7，即利润单元地址；

在【目标值】中输入 2 000，即目标利润；

在【可变单元格】中输入销售量单元地址＄B＄5。

• 选择【确定】按钮，进行单变量求解，最后自动得出：当利润为 2 000 元时，销售量应该提高到 1 250 个。

在现实经济生活中，影响利润的诸因素是相互关联的。为了提高产销量，往往需要增加固定成本，与此同时，为了把产品顺利地销售出去，有时又需要降低售价或增加广告费用等固定成本。因此，企业很少采取单项措施来提高利润，而大多采取综合措施以实现目标利润，这就需要反复运用单变量求解工具进行分析和反复平衡。

7.6　利润管理——经营决策案例分析

7.6.1　现实问题

A 公司获得了在中国独家代理 B 公司 H 产品的机会。H 产品是国际领先的“热超导技术”产品，曾获多项国际大奖，并取得了中华人民共和国专利权。

H 产品与同类产品相比有益健康，保护环境，自动控温，10 项指标均高于同类产品。

A 公司董事会要求财务部提出是否对该项目进行投资的决策方案书，即估算该项目在中国运营是盈利还是亏损，投资报酬率为多少。

7.6.2　解决问题的思路

对于这样一个复杂的经营决策问题，财务人员应如何提出有效的解决方案？

1. 宏观分析

进行SWOT分析等。

2. 微观分析

实际上，经营决策问题涉及采购、销售、生产等，需要根据各业务经理的理解和判断确定销售渠道、价格策略、销售量、生产成本等。财务经理需要与业务经理一起进行微观分析，即进行经营决策的综合分析：

- 投资额确定；
- 销售渠道分析；
- 销售量及结构分析预测；
- 价格体系分析；
- 费用预测；
- 盈利情况分析；
- 保本与目标利润分析；
- 投资回报分析；
- 特殊情况的敏感性分析。

通过分析和讨论，财务经理了解到有多少种渠道，即多少种销售量、多少种价格；有多少种变动成本、固定成本；哪些关键因素会影响利润的变化；等等。

3. 建模

财务经理领导财务部门员工建立数学模型，将其嵌入Excel建立计算机模型，为管理层进行动态讨论、分析和决策提供支持。

4. 管理层沟通与讨论

在经营决策模型的支持下，管理者提出不同的方案；财务人员利用模型动态改变关键要素，将结果动态呈现给管理者。管理层沟通和讨论结果，为科学决策提供支持。

5. 决策

在定量与定性分析的基础上，最终从多个方案中选择一个，作为经营决策的最终方案。

7.6.3 经营决策模型的构建方法

1. 确立销售渠道

要回答该项目是盈利还是亏损，首先要回答有多少种渠道进行销售。这是确定销售量的基础。这个问题财务经理无法直接回答，需要与销售经理一起讨论。经过讨论，财务经理得知，公司可能有四种销售渠道：商场超市、经销商、直销、团购。对应的销售量有四类：x_1，x_2，x_3，x_4。

2. 分析预测销售量及结构

由于公司的销售资源有限，在不同的时期销售能力不同，因此各个渠道的销售量是多少必须经过与销售经理的讨论和预测才能确定（见表 7-3)。

表 7-3

渠道	占总销售量的比例
商场超市	?
经销商	?
直销	?
团购	?

虽然财务人员无法知道各个渠道的销售占总销售额的比例，但知道 i 渠道销售量占总销售量的比例是一个变量，在不同时期根据销售策略而定。

3. 确定价格体系（p）

根据市场调查和分析，由销售经理和财务经理共同讨论各个渠道的价格（见表 7-4)。

表 7-4

渠道	商场超市	经销商	直销	团购
进价				
售价	p_1	p_2	p_3	p_4
销售权重	$x_1/x_{总}$	$x_2/x_{总}$	$x_3/x_{总}$	$x_4/x_{总}$

4. 确认固定成本（a）

固定成本是指其总额在一定期间和一定业务量范围内，不受业务量变动的影响而保持固定不变的成本。

财务经理并不知晓固定成本的种类，经过与业务经理沟通，才能确定到底有多少种固定成本。例如，通过与主管销售的经理讨论后得知：无论是否有销售，商场要求公司必须支付固定的进场费和商场展台费用。财务经理通过与业务经理的沟通得知各种固定成本 a_1，a_2，a_3，…，a_n。

5. 确认变动成本（b）

变动成本是指在一定期间和一定业务量范围内其总额随着业务量的变动而成正比例变动的成本。财务经理并不知道有哪些变动成本，与主管商场销售的经理沟通后才得知各种变动成本：进货成本、商场提成、业务代表销售提成等。另外，销售经理根据自己的销售经验得知，一般在商场销售产品时，商场需要提成，即按照销售量提成，但销售提成比例不是固定的，它随着销售量的增加而减小。

通过讨论，财务经理得知各种变动成本：b_1，b_2，b_3，…，b_n。其中，商场提成＝商场销售额×商场提成比例；商场提成比例为0.1%～0.7%，随业务量变化。

6. 建立总利润模型与计算机模型

总利润＝商场超市利润＋经销商利润＋直销利润＋团购利润

商场超市利润＝商场超市销售价格×商场超市销售量

－各种变动成本－各种固定成本

商场超市销售价格＝p_1（价格下线≤p_1≤价格上限）

商场超市销售量＝总销售量×商场超市销售权重（0≤权重≤上限）

商场提成＝商场超市销售量×提成比例（0≤提成比例≤0.7%）

…………

建立计算机模型时将无法确定的量（如价格、提成比例等）用滚动条表示，以便动态调整，如图7－21所示。

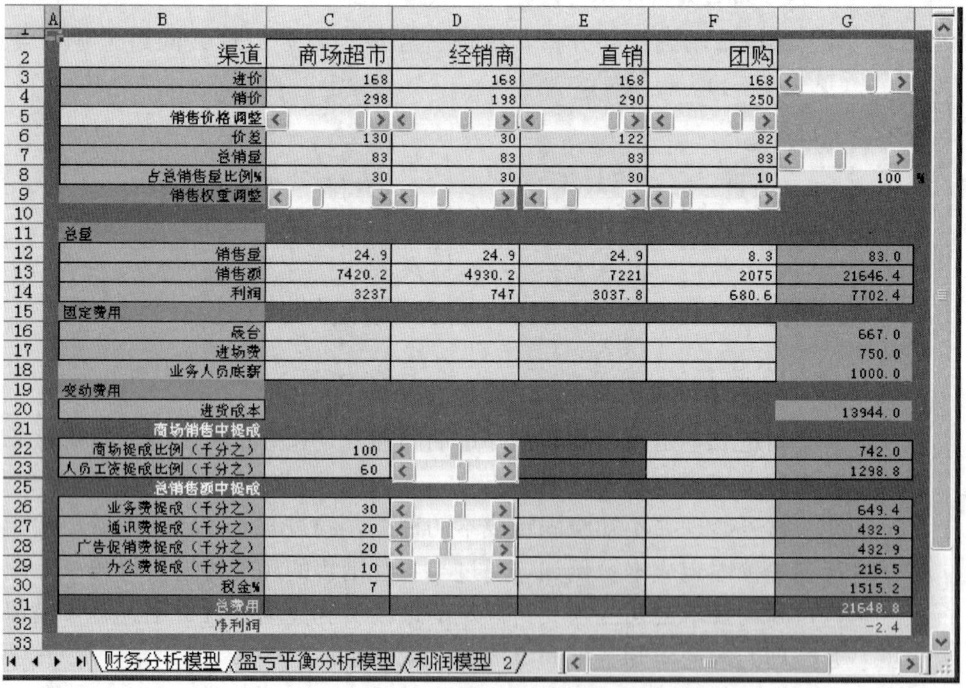

图7－21　多渠道销售的经营决策模型

7.6.4　动态分析与决策

不同时期公司的市场开拓能力不同，市场占有率不同，销售量不同。为了便于分析和决策，管理层将销售过程分为三个阶段进行讨论：

1. 初进入市场阶段

各个销售经理根据自己的销售经验和预测，得出以下结论：各经销商先不开发，销售量为 0，而以商场超市、直销以及团购为主。大家对其他销售渠道的权重进行了讨论：

● 预测总销售量为 30 单位，商场超市、直销、团购的权重分别为 40%，30%，30%。此时销售量 x_1，x_2，x_3，x_4 就被确认下来，调整模型中的销售量，利润则动态产生。

● 负责商场超市的销售经理认为：由于销售量小，商场的提成比例要求比较高，通过讨论并给出较符合实际情况的提成比例，此时动态调整提成比例的滚动条，利润动态改变。

● 人事部经理在上述前提下对人员工资提成比例进行测算，并提出合理的比例，此时动态调整相应的滚动条，利润动态改变。

● 业务经理和财务经理在上述前提下对业务费、通信费、办公费、税金的费用比例进行了讨论，并给出较一致的提成比例，此时动态调整相应的滚动条，利润动态改变。

● 企划部经理在上述前提下，对广告促销费进行了预测和讨论，并给出了一定的比例，此时动态调整相应的滚动条，利润动态改变。

各个专业线上的经理根据其管理经验进行合理调整后，动态得到第一阶段亏损或者盈利的结论。

2. 发展阶段

随着新产品上市销售，总销售量逐步扩大，预计 3 个月后销售量达 200 单位，同时逐步开发了各县市的经销商。各个经理根据其经验一一提出合理的参数，财务经理利用动态模型，实时得到第二阶段的盈亏结果。

3. 成熟阶段

随着市场的进一步开发，销售趋于正常，并逐步稳定达到正常数量。

应用动态模型调整各种提成比例和费用比例、销售量权重等数据，符合正常经营阶段的实际情况。该阶段的盈亏结果在经理们定性和定量相结合的讨论中实时得到。公司管理团队会根据宏观和微观分析结果做出科学的决策。

本章小结

本章我们学习了应用数据透视表建立销售业绩分析模型的方法；应用排序、筛选、分类汇总等工具建立销售流向分析模型的方法；运用直线回归函数、多元回归函数进行销售预测的方法；运用单变量求解工具进行目标利润分析的方法。下面对上述技术和工具进行总结。

一、数据透视表

（1）建立数据透视表。选择【插入】选项卡下的【数据透视表】命令，出现数据透视表，引导管理者建立数据透视表。

（2）建立透视关系。完成数据透视表创建后，自动添加新工作表，并提供建立数据透视关系工作区、数据透视表所需的字段列表和【数据透视表工具】选项卡，该选项卡分析和设计两类命令图标。根据管理需要将各字段拖到数据透视表相应的区域内。此时生成可以从多角度分析的数据透视表。透视表生成后，表格区产生一组由“字段”名形成的控制按钮，分别控制数据的三种透视关系。

（3）更新数据。选择数据透视表或Excel基本数据表，选择【数据】选项卡下的【全部刷新】命令，数据透视表中的数据便自动更新。

二、数据分析工具

（1）排序工具。选择【数据】选项卡下的【排序】命令，出现【排序】对话框，在【主要关键字】选项下选择排序的关键字，按【确定】按钮，则系统自动进行排序。

（2）筛选工具。选择【数据】选项卡下的【筛选】命令，系统自动产生筛选控制按钮。

（3）分类汇总。选择【数据】选项卡下的【分类汇总】命令，出现【分类汇总】对话框，在【分类字段】选项下选择分类用的字段；在【汇总方式】选项下选择汇总计算公式；在【选定汇总项】选项下选择需要汇总计算的数据字段项目；按【确定】按钮，汇总结果显示在屏幕上。

三、预测函数

函数	**含义**
LINEST()	返回直线回归方程（$y=ax+b$）参数数组 返回多元回归方程（$y=a1X1+a2X2+\cdots+anXn+b$）参数数组

四、单变量求解工具

（1）单变量求解工具的使用方法。

- 选择【数据】选项卡下的【模拟分析】-【单变量求解】命令，出现【单变量求解】对话框。
- 在对话框的下列控制项中输入内容：

【目标单元格】输入目标单元格的引用位置或名字，这个单元格包含要求给出特定解的公式；

【目标值】输入希望公式求出的数值；

【可变单元格】输入单元格的引用位置或名字，这个单元格包含的是想调整的变量。

- 选择【确定】按钮，开始求解，直至达到目标值。

(2) 单变量求解工具能解决的问题。单变量求解工具能解决由果求因的问题（what-if 问题），即如果结果是这样，那么其中的一个原因会是什么？因此，如果指定目标单元格的数值，只希望调整另一原因单元格的数值，就可以使用【数据】选项卡下的【模拟分析】-【单变量求解】命令。

习 题

1. 运用 LINEST() 函数进行销售预测。

2. 运用单变量求解工具进行盈亏临界点分析、目标利润分析。

3. 海亚公司是一家生产家电设备的大型企业，该公司的甲设备尤为畅销，2017年销售量为100 000件，单位售价为750元/件，单位变动成本为300元/件，固定成本总额为25 000 000元。

要求：

(1) 建立 Excel 本-量-利分析模型，计算公司边际贡献和边际贡献率；

(2) 分别计算用销售数量表示的安全边际和安全边际率，用营业收入表示的安全边际和安全边际率；

(3) 现假设单位变动成本降低10%，其他因素不变，计算此时的盈亏临界点；

(4) 现假设固定成本上升50%，其他因素不变，计算此时的盈亏临界点；

(5) 现假设单位售价上升20%，其他因素不变，计算此时的盈亏临界点；

(6) 利用上述模型分析单位变动成本下降10%，单位售价上升20%，固定成本上升50%时盈亏临界点的销售数量和销售金额。

4. 建立或获取包括各部门销售收入、销售成本、销售税金、财务费用、管理费用以及利润的分析表，应用排序、筛选、分类汇总等数据工具（见表7-5）。

表7-5 分析表

日期	部门	销售收入	销售成本	销售税金	财务费用	管理费用	利润

(1) 按部门和利润进行排序，生成部门利润排名表；

(2) 按部门进行汇总，生成部门销售信息汇总表；

(3) 利用筛选功能挑选销售收入和利润为某一特定值的部门名单。

5. 小组讨论。

某公司开发了一种新的高科技产品，销售价格为每台3 000元。

(1) 公司发生的主要费用包括：

1) 人工费用（见表7-6）。

表 7-6　　某公司人工费用

	主管	技术	辅助
人数	2	8	4
每人月人工费用			
年人工费用			
饭补：每人 200 元/月			
医保：每人 200 元/月			
合计			

说明：可以根据不同公司的具体情况改变数据。

2）管理费用（见表 7-7）。

表 7-7　　某公司管理费用

项目	每年总额
房屋租赁费用	38 400 元
广告费用	48 000 元
事务所代记账费用	4 800 元
电话费用	6 000 元
其他费用	102 800 元
合计	200 000 元
生产成本	
基本生产成本	1 000 元/台
辅助生产成本	100 元/台

（2）要求：建立动态盈亏分析模型并进行动态决策。

1）该企业总经理预测的年销售额底线为 100 万元，请分析该企业亏损还是盈利（见表 7-8）。

表 7-8

项目	金额	各种费用占总成本的比重
销售数量		
营业收入		
基本生产成本		
辅助生产成本		
人员费用		
管理费用		
成本费用合计		
利润（营业收入－成本费用合计）		

2）如果亏损，在销售额不变的条件下，总经理拟通过调整人员工资的策略达到盈亏平衡，请给出人员工资的调整方案。

3）如果亏损，在人员工资不变的条件下，总经理拟通过扩大销售量的策略达到盈亏平衡，请给出销售量的调整方案。

4）销售提成方案讨论（见表 7-9）。为了鼓励销售人员的销售积极性，总经理拟制定销售提成方案。请根据经验给出销售提成方案（总经理预测销售额底线为 100 万元），并测算出销售额在 100 万～150 万元、151 万～200 万元、201 万～ 300 万元的销售提成额和提成后的利润。阐述哪种提成方案对公司最有利。

表 7-9

方案	销售提成额	提成后的利润
提成方案 1（要求说明提成方案的意义）	?	?
提成方案 2	?	?
提成方案 3	?	?

第 8 章

财务计划模型

学习目标

财务计划是企业生产经营计划的重要组成部分。在企业战略计划指导下，根据企业已确定的经营宗旨、经营范围、经营目标以及对经营环境和政策的估量，在总结预估企业生产和销售的具体作业计划方案的基础上，才能制定相应的财务计划。在手工环境中，编制整个财务计划是一项十分复杂、耗时又费钱的工作，但是，财务计划的内容又是企业长期计划或年度计划的核心，是最终目标的具体体现，也是必须进行的工作。随着计算机技术的普及，企业财务管理人员借助这一先进工具建立财务计划模型，许多过去认为困难的问题现在都可迎刃而解。本章主要讨论建立财务计划模型的方法、单变量求解、方案管理等工具在财务计划编制中的应用以及其他预测方法和函数的使用。学完本章后应该掌握：

- 编制财务计划的一般程序
- 财务计划模型的设计方法和应用
- 改变财务计划与政策的反馈分析方法
- 方案管理器与调整财务计划方案分析
- 预计财务报表的其他方法

8.1 编制财务计划的一般程序

8.1.1 手工编制财务计划的一般程序

在手工环境中，对于不同的企业，其财务计划编制的具体程序会有所不同，但其一般程序大体可以用图 8-1 表示。

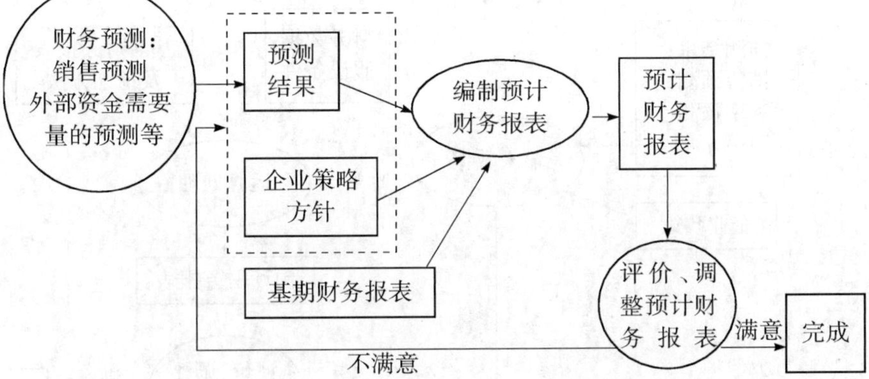

图 8－1　手工编制财务计划的一般程序

1. 财务预测

财务计划是对未来活动的筹划，一方面要分析过去的财务活动，另一方面要预测将来的发展趋势。制定的计划是否成功在很大程度上依赖于预测工作是否周密正确。财务计划的制定，其首要环节在于做好预测工作。财务预测包括销售预测、外部资金需要量预测等。

2. 编制预计财务报表

根据近期财务报表（基期财务报表）、预测结果以及企业策略方针，编制企业的预计财务报表，即预计资产负债表、利润表、现金流量表等，以此估计企业未来的财务状况和预计利润完成情况。

3. 评价、调整预计财务报表

预计财务计划制定后，需要进行评审。认为满意，财务计划就编制完成；认为不满意，则应该调整预测结果、企业政策，重复这一程序，直到满意为止。但是，在手工环境中，无论是编制财务报表，还是调整或改变计划的依据，都是十分复杂、耗时、费事的工作，为了调整一个数据，往往需要重新计算多个数据。

8.1.2　计算机编制财务计划的一般程序

目前，国内外企业普遍使用计算机管理，很多企业根据其特点建立了财务计划模型，每次编制财务计划，只需将预测结果、财务活动条件、企业财务政策等，输入财务计划模型，计算机则自动迅速地给出财务计划方案。

不同企业的财务计划模型会有所不同，但其一般程序大体可以用图 8－2 表示。

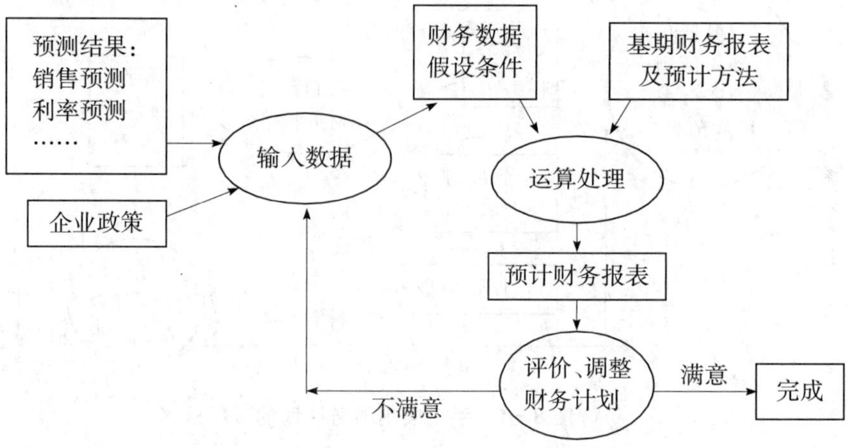

图8－2 计算机编制财务计划的一般程序

1. 输入数据

在计算机财务计划模型中，编制计划的第一步就是输入财务计划所需的基本数据，主要有：

（1）预测数据。预测结果直接影响财务计划的编制，而预测工作一般由相应的预测系统完成。在此，只需将预测数据输入模型作为编制计划的依据，如销售预测得到的营业收入、销售增长率，利率预测得到的银行贷款利率等。

（2）企业政策。企业政策直接影响着财务计划的编制，如每股收益的最低增长要求、负债与资产的最高比率、股利分配政策等，因此，需要将有关政策数据输入模型。

2. 运算处理

编制预计财务报表的方法有多种，如销售百分比法、线性回归法、曲线回归法、专项预测法等，财务管理人员事先按照某种方法，在计算机财务计划模型中建立预计财务报表模式。一旦将基本数据输入模型，计算机将根据基本数据、基期财务报表以及模型中的预计财务报表模式，自动、准确、快速地进行运算，并以预计财务报表的形式表示整个企业的财务计划方案。财务管理人员的工作只是观察、分析、研究产生的财务计划方案。

3. 评价、调整财务计划

预计财务计划制定后，需要进行评审。认为满意，财务计划就编制完成；认为不满意，则应该改变假设条件、财务政策并重新调整预计结果，直到满意为止。另外，企业的经营环境不断变化，当制定计划所依据的经济条件、政策发生变化时，也需要调整、改变计划所依赖的依据。

建立计算机财务计划模型的最大优点是能够使财务管理人员非常方便地改变计划条件和特定财务政策，能够掌握并及时得到不同假设条件和不同政策下产生的结果。

8.1.3　财务计划模型

将计算机技术和财务计划的编制方法相结合建立财务计划模型是本章讨论的重点。计算机财务计划模型能够帮助管理者在计算机环境中，在企业战略计划的指导下，根据已确定的经营宗旨、经营范围、经营目标以及对经营环境和政策的估量，在总结预估企业生产和销售的具体作业计划方案的基础上，制定相应的财务计划。

财务计划模型主界面如图 8－3 所示。

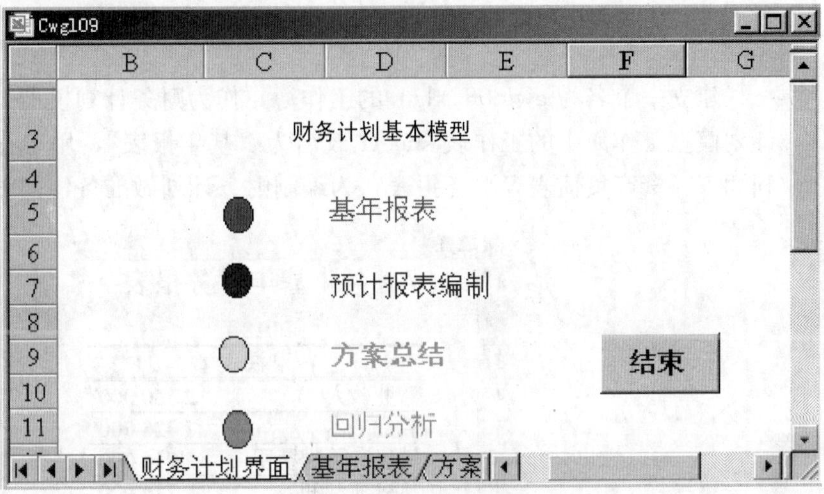

图 8－3　财务计划模型主界面

1. 基年报表

当管理者点击基年报表左侧的图标时，财务计划模型将显示该公司基年资产负债表和利润表。

2. 预计报表编制

当管理者点击预计报表编制左侧的图标时，计算机将根据给出的企业假设条件和财务政策自动编制预计资产负债表和预计利润表。

3. 方案总结

当管理者点击方案总结左侧的图标时，计算机将给出由不同假设条件和财务政策下的多种结果（一种假设条件和财务政策及其结果对应一个方案）组成的方案总结。

4. 回归分析

当管理者点击回归分析左侧的图标时，计算机将给出直线回归分析和多元回归分析的实例。

8.2 财务计划模型的设计方法

财务计划模型给财务管理人员编制财务计划带来了很大的便利。在计算机环境中如何建立财务计划模型呢？如果一个企业已经掌握了财务活动规律，历史数据比较完整，财务计划编制程序就会大为简化。下面以一个比较简单的AA企业财务计划模型为例，讨论在Excel环境中建立财务计划模型的方法。

8.2.1 财务计划模型工作簿和基期财务报表

建立一个名为cwgl08.xlsm的工作簿，作为财务计划模型工作簿。将财务计划模型工作簿中的工作表sheet1改名为“基年报表”，用于存放企业基年的利润表、资产负债表等财务报表，为编制财务计划做准备，如图8-4所示。

	C	D
1	AA企业基年财务报表	
2	2018年	
3	利润表	
4	营业收入	2 160 000
5	营业成本	1 728 000
6	销售和管理费用	216 000
7	息税前利润	216 000
8	利息费用	36 000
9	税前利润	180 000
10	所得税	90 000
11	净利润	90 000
12		
13		
14	资产负债表	
15	流动资产	400 000
16	固定资产	800 000
17	资产合计	1,200 000
18	应付账款	190 000
19	其他应付款	10 000
20	流动负债	200 000
21	长期借款	400 000
22	所有者权益	600 000
23	权益合计	1,200 000

图8-4 基年财务报表

8.2.2 建立计划条件

AA企业在编制财务计划时，首先进行销售量等的预测，得到营业收入增长率，对基年的财务报表进行研究和分析，按销售百分比法预计财务报表，提出假设条件，并制定财务政策。

（1）经过预测，企业的营业收入预计在原来的基础上增长 30%。

（2）新的年度中可以发行普通股。

（3）从利润表看：

• 销售量的增加会直接影响营业成本，营业成本占营业收入的比例为 0.80。

• 销售量的增加会直接使销售和管理费用增加，销售和管理费用占营业收入的比例为 0.10。

（4）从资产负债表看：

• 如果销售量增加，固定资产也会增加，固定资产占营业收入的比例为 0.37。

• 如果销售量增加，流动资产也会增加，流动资产占营业收入的比例为 0.20。

• 随着销售量的增加，购买原材料的数量会增加，则应付账款也增加，应付账款占营业收入的比例为 0.09。

但有些负债不会因销售量的增加而增加，如其他应付款等。

（5）资产负债表必须保持平衡，增加的资产必须来源于某种方式所筹集的资金。企业外部资金需要量按以下公式计算：

$$\text{外部资金需要量 } EF=\left(\frac{A}{REV_0}-\frac{B}{REV_0}\right)\times G\times REV_0 - B'\times M\times(1+G)\times REV_0$$

式中，A——基年资产总额；

B——基年自筹资金额；

REV_0——基年营业收入；

G——销售增长率；

B'——基年留存收益占净收益比率；

M——基年销售净利率。

（6）企业外部资金的筹集。企业采用的财务政策是：50%借款筹资，50%股票筹资。

（7）对于留存收益和股利支付率，企业的财务政策是：留存收益比例为 40%，股利支付比例为 60%。

将财务计划模型工作簿（cwgl08.xlsm）中的工作表 sheet2 改名为“预测报表”，选择一区域专门存放企业财务计划所需的假设条件和财务政策。根据企业的具体情况，在该表中建立 AA 企业假设条件与财务政策框架，并将相应的数据输入该表中。计划条件如图 8－5 所示。

	A	B
1	AA企业假设条件和财务政策	
2		
3	30.0%	销售增长率
4	0.80	营业成本占营业收入的比例
5	0.10	销售和管理费用占营业收入的比例
6	0.09	长期利率
7	0.25	所得税税率
8	0.20	流动资产占营业收入的比例
9	0.09	应付账款占营业收入的比例
10	0.37	固定资产投资占营业收入的比例
11		
12	0.40	留存收益比例
13	0.60	股利占净收益的比例
14	253,200	外部资金需要量
15	50%	借款比率

图8-5　计划条件

8.2.3　按销售百分比法建立预计财务报表

AA企业目前的状况是：第一，报表中各要素与销售紧密联系；第二，目前资产负债表中的各项水平对当前的销售来讲都是最佳水平。

因此，AA企业按销售百分比法预计财务报表，即进行财务预测的依据是基年财务报表数据按比例推测。

1. 预计利润表

营业收入REV＝基期营业收入×(1＋销售增长率)

营业成本CGS＝营业成本占营业收入的比例×REV

销售和管理费用FEE＝销售和管理费用占营业收入的比例×REV

利息费用INT＝利率×长期负债

所得税TAX＝所得税税率×(REV－CGS－FEE－INT)

净收益NET＝REV－CGS－FEE－INT－TAX

2. 预计资产负债表

流动资产CA＝流动资产占营业收入的比例×REV

固定资产FA＝固定资产占营业收入的比例×REV

应付账款AP＝应付账款占营业收入的比例×REV

其他应付款 OAP＝基期其他应付款（与营业收入无确定关系）

长期借款 LL＝基期长期借款＋外部资金需要量×借款比例

所有者权益 WE＝基期股权＋净收益－股利＋股票筹资

＝基期股权＋净收益－股利占净收益的比例×净收益

＋外部资金需要量×(1－借款比例)

在“预测报表”工作表中选择一区域，按上述给定的模式，建立企业的预计资产负债表、预计利润表框架（即定义基期财务报表、计划条件和预计报表之间的勾稽关系）后，其预计结果将自动产生，如图 8－6 所示。

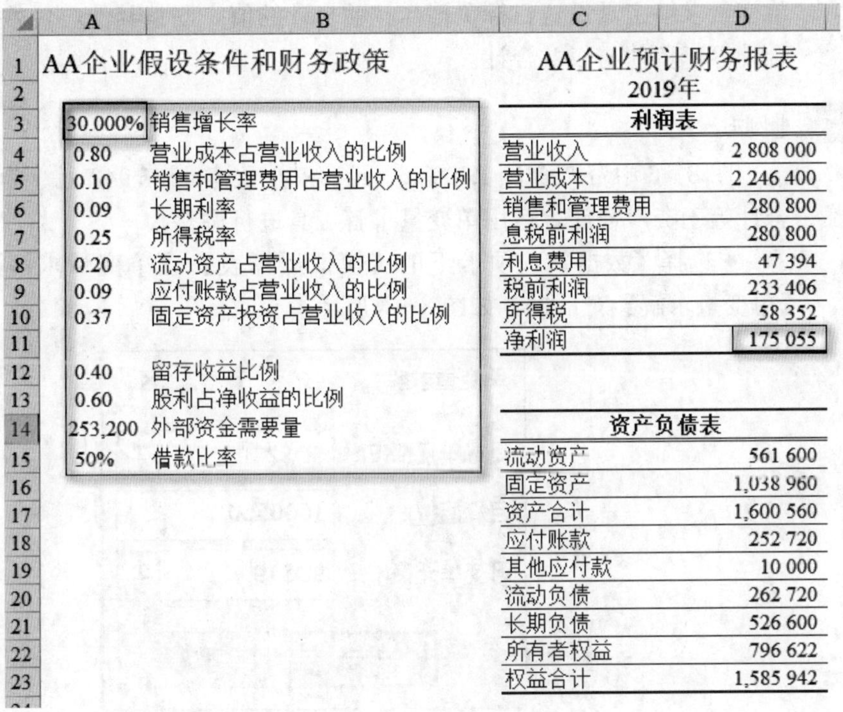

AA企业假设条件和财务政策

30.000%	销售增长率
0.80	营业成本占营业收入的比例
0.10	销售和管理费用占营业收入的比例
0.09	长期利率
0.25	所得税率
0.20	流动资产占营业收入的比例
0.09	应付账款占营业收入的比例
0.37	固定资产投资占营业收入的比例
0.40	留存收益比例
0.60	股利占净收益的比例
253,200	外部资金需要量
50%	借款比率

AA企业预计财务报表
2019年

利润表	
营业收入	2 808 000
营业成本	2 246 400
销售和管理费用	280 800
息税前利润	280 800
利息费用	47 394
税前利润	233 406
所得税	58 352
净利润	175 055

资产负债表	
流动资产	561 600
固定资产	1,038 960
资产合计	1,600 560
应付账款	252 720
其他应付款	10 000
流动负债	262 720
长期负债	526 600
所有者权益	796 622
权益合计	1,585 942

图 8－6　预计财务报表

8.2.4　调整预计财务报表

图 8－6 是预计资产负债表和利润表，我们发现资产不等于负债与权益的合计，因此通过不断调整资产负债表使其趋于平衡。调整时把那部分误差金额归到报表本身的不确定因素中。

1. 逐步测试法调整财务报表

逐步测试法调整财务报表是指连续调整报表中的不确定因素（如调整其他应付款等），不断缩小差异，通过上述方法调整两三次，可以得到比较准确的财务报表。

[例8-1]

图8-6中资产合计1 600 560元，权益合计1 585 942元，需要调整。为使权益合计等于资产合计，不断调整“其他应付款”的值，当调整到24 618元时，资产合计等于权益合计。

2. 应用单变量求解工具调整财务报表

前面讨论过，单变量求解工具是Excel提供的一种分析工具，它可以根据结果分析原因，即采用逆推的方法迅速得到精确的结果。由于“其他应付款”的值决定着流动负债的值，流动负债又决定着权益合计的值，因此，可以使用单变量求解工具设置目标负债与权益合计的值，调整其他应付款的值，使资产合计等于负债与权益合计。

[例8-2]

图8-6中资产合计1 600 560元，权益合计1 585 942元。为使权益与负债合计等于资产合计，运用单变量求解工具进行调整。

● 选择【数据】选项卡下的【模拟运算表】-【单变量求解】命令，出现【单变量求解】对话框，如图8-7所示。

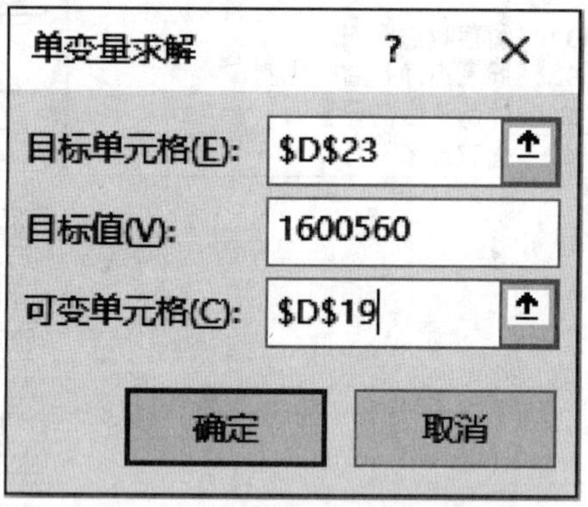

图8-7 单变量求解对话框

● 在【目标单元格】框中输入权益合计的单元地址$D$23。

● 在【目标值】框中输入权益合计单元的期望值1 600 560。

● 在【可变单元格】框中输入需要调整的单元地址，现在需要调整不确定因素“其他应付款”，因此，在该框中输入“其他应付款”单元地址$D$19。

● 按【确定】按钮，计算机自动调整，并迅速求出“其他应付款”的值为24 618元时，资产合计等于负债与权益合计。

实际上，财务报表中不确定因素有很多，如流动资产中的现金并不随着销售量的增加成比例增加，即现金为不确定因素。本例为了简化和便于说明财务计划的编制方法，只设一个不确定因素，如果从实际出发，应该尽量细化资产负债表项目。

8.3　改变财务计划与政策的反馈分析方法

建立计算机财务计划模型的最大优点是能够使财务管理人员非常方便地改变计划条件和特定财务政策，并能及时得到不同假设条件和政策产生的结果。财务计划模型的建立，使财务计划的编制简化了，但并不等于企业的财务管理人员就无事可做。相反，财务管理人员应该把更多的时间用在分析、判断和评价财务计划上。财务管理人员可以反复改变假设条件，诸如销售增长率、成本关系、利率等；也可以改变财务政策，如股利分配政策、外部筹资组合等，这样就可以对比不同假设条件和不同政策条件所产生的结果。此时财务管理人员必须对不同的结果进行解释，分析和判断不同的结果，最后得到合理、最优的财务计划。本节讨论改变假设条件和财务政策的分析方法，以及运用单变量求解工具帮助财务管理人员及时、准确地得到所需的结果。

8.3.1　改变财务计划与政策的基本方法之一——逐步测试法

逐步测试法是指逐步改变假设条件、财务政策，观测预计财务报表的变化。通过多次调整，以得到比较满意的结果。

由于建立了计算机财务管理模型，假设条件、财务政策和预计财务报表间建立了动态数据链接，当假设条件、财务政策改变时，预计财务报表将会自动改变。通过不断地观察结果，不断地调整假设条件、财务政策，直至得到满意的结果。

[例 8-3]

由预计财务报表可知，销售增长率为 30%时，预计的净利润为 175 055 元。由于竞争，企业要求提高销售增长率，使预计的净利润达到 180 000 元。如图 8-8 所示，采用逐步测试法不断改变销售增长率 A3 单元的值，观察净利润 D10 单元的值，直至得到需要的净利润。

- 改变销售增长率为 31%，即在 A3 单元输入 31%；
- 观察预计净利润 D11 单元的值为 176 349；
- 改变销售增长率为 32%；
- 观察预计净利润 D11 单元的值为 177 644；
- 改变销售增长率为 33%；
- 观察预计净利润 D11 单元的值为 178 938；
- 改变销售增长率为 33.820%；
- 观察预计净利润 D11 单元的值为 180 000。

	A	B	C	D
1	AA企业假设条件和财务政策		AA企业预计财务报表	
2			2019年	
3	33.820%	销售增长率	利润表	
4	0.80	营业成本占营业收入的比例	营业收入	2,890,511
5	0.10	销售和管理费用占营业收入的比例	营业成本	2,312,409
6	0.09	长期利率	销售和管理费用	289,051
7	0.25	所得税率	息税前利润	289,051
8	0.20	流动资产占营业收入的比例	利息费用	49,051
9	0.09	应付账款占营业收入的比例	税前利润	240,000
10	0.37	固定资产投资占营业收入的比例	所得税	60,000
11			净利润	180,000
12	0.40	留存收益比例		
13	0.60	股利占净收益的比例		
14	290,024	外部资金需要量	资产负债表	
15	50%	借款比率	流动资产	578,102
16			固定资产	1,069,489
17			资产合计	1,647,591
18			应付账款	260,146
19			其他应付款	25,421
20			流动负债	285,567
21			长期负债	545,012
22			所有者权益	817,012
23			权益合计	1,647,591

图 8-8　测试图

经过反复测算得到所需的结果，即当销售增长率为 33.820%时，预计净利润 D11 单元的值为 180 000 元。

8.3.2　运用单变量求解工具改变财务计划与政策——逆推法

逆推法是指根据结果倒推出原因，即如果（if）需要得到结果，那么原因会是什么（what）。

Excel 的单变量求解工具具有这种功能，即可解决为达到目标结果——预计净利润，倒推出销售增长率的问题。由于销售增长率与净利润之间的联系包含在多个公式中，即销售增长率决定着预计营业收入，营业收入又决定着营业成本、销售和管理费用，它们和利息又决定着净利润，因此，可以通过逆推的方法设置目标净利润的值，调整销售增长率的值，使净利润达到所需的结果。

[例 8-4]

由预计财务报表可知，销售增长率为 30%时，预计的净利润为 175 055 元。由于竞争，企业要求测算：要使目标值——预计净利润达到 180 000 元，销售增长率应该为多少？采用单变量求解工具，选择净利润收益目标单元 D11，逆推出销售增长率 A3 单元的值。

- 选择【数据】选项卡下的【模拟分析】-【单变量求解】命令，出现【单变量求解】对话框，如图 8-9 所示。

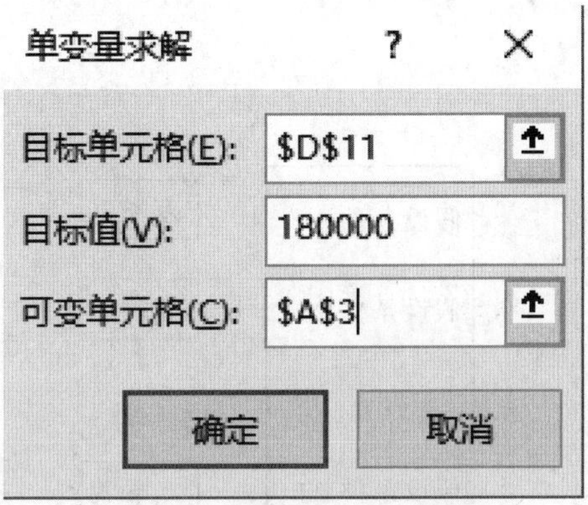

图 8-9　单变量求解对话框

• 在【目标单元格】框中输入净利润单元地址＄D＄11。

• 在【目标值】框中输入净利润单元期望的值 180 000。

• 在【可变单元格】框中输入需要调整的单元地址——销售增长率单元地址＄A＄3。

• 按【确定】按钮，计算机自动调整，并迅速求出销售增长率为 33.820％时，预计净利润为 180 000 元。

8.4　方案管理器与调整财务计划方案分析

采用逐步测试法和逆推法，在每次改变假设条件和财务政策时，就可以方便、快速地得到不同假设条件下和不同政策条件下的结果。如果想将不同的结果保存在一张工作表中，并进行对比，用上述方法则难以办到。因此，Excel 提供了一种管理假设分析方案的工具——方案管理器，此工具可以根据用户输入的多组假设条件和财务政策，自动产生相应的多种结果，并将输入值和结果作为方案的摘要报告保存。本节着重讨论 Excel 的方案管理器工具，及用此工具调整财务计划中假设条件和财务政策的方法。

8.4.1　方案管理器工具概述

方案管理器工具是 Excel 为财务管理人员提供的一种分析工具。方案管理器可以管理多个方案，每个方案允许财务管理人员建立一组（最多 23 个）假设条件，并根据这些假设条件自动产生相应的多种结果作为方案摘要报告保存。通过查看方案摘要报告，可以看到假设条件对模型目标值的影响。方案管理器的处理过程如图 8-10 所示。

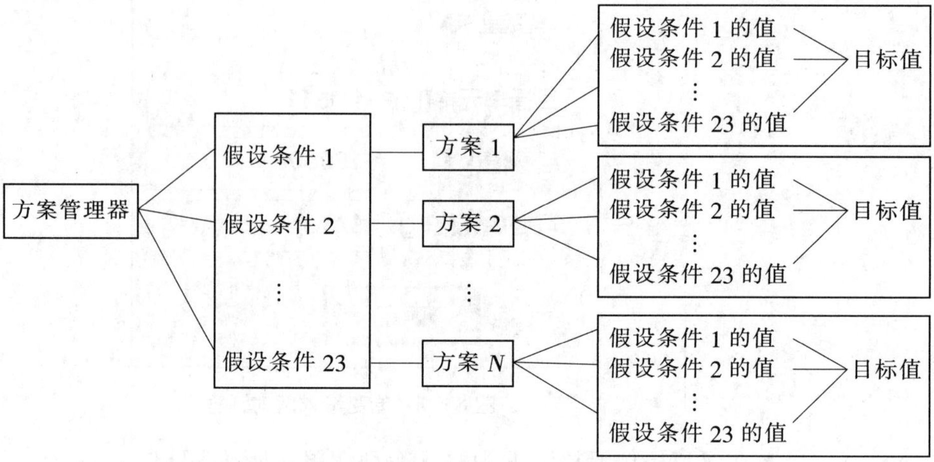

图 8－10　方案管理器的处理过程图

1. 使用方案管理器

选择【数据】选项卡下的【模拟分析】-【方案管理器】命令，便会出现【方案管理器】对话框，如图 8－11 所示。

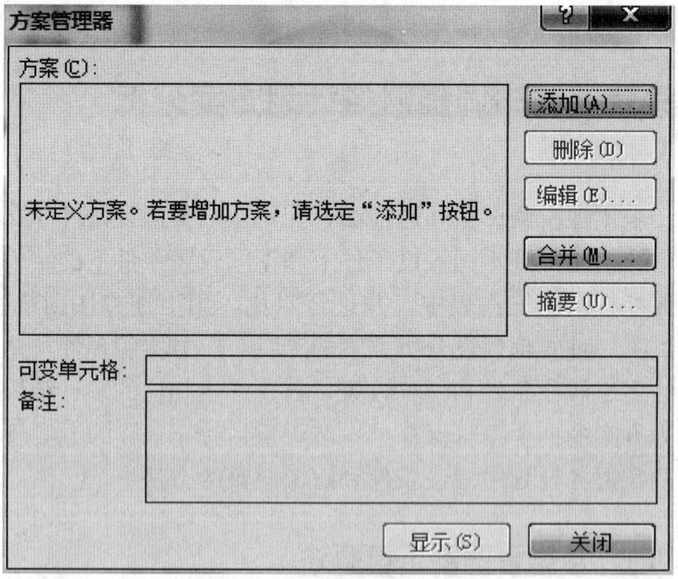

图 8－11　方案管理器对话框

2. 增加方案

- 单击【方案管理器】对话框中的【添加】按钮，出现【增加方案】对话框。
- 在【方案名】框中输入方案的名字。
- 在【可变单元格】框中输入假设条件所在的单元地址或引用。若要选择多个不相邻的单元区域，在选定单元格或单元区域的同时，按住 Ctrl 键。每一个方案可以设置一组不同的可变单元（即可以设置多个假设条件）。

● 单击【确定】按钮，出现【方案变量】对话框，在【方案变量值】对话框的【可变单元格】框中输入各方案的值。

3. 显示方案

在【方案管理器】对话框中，选定想使用的方案名字，单击【方案管理器】对话框中的【显示】按钮，选定方案的输入值就会出现在工作表的可变单元，工作表会重新计算以反映新的结果。

4. 修改方案

在【方案管理器】对话框中，选择需要修改的方案，单击【方案管理器】对话框中的【编辑】按钮，出现【编辑方案】对话框，此时，可以根据需要改变可变单元的地址和数值。

5. 删除方案

在【方案管理器】对话框中，选择需要删除的方案，单击【方案管理器】对话框中的【删除】按钮，此时，所选方案被删除。

6. 合并方案

在【方案管理器】对话框中，单击【合并】按钮，出现【合并方案】对话框。在【工作簿】框内选择工作簿名字，并在【工作表】框内，选择含有要合并的方案的工作表名字。单击【确定】按钮，所有在源工作表中定义的方案都被复制到活动工作表中。

7. 建立方案摘要报告

在【方案管理器】对话框中，选择【摘要】按钮，出现【方案摘要】对话框，选择方案报告形式。此时，在【结果单元格】框中，输入结果单元格的引用位置或名字，以便在报告中显示这些单元格。如果输入一个以上的单元引用，应该用逗号隔开。

当输入完成后，单击【确定】按钮，Excel 会自动在本工作簿中的另一张工作表上建立报告，并把该工作表命名为“方案摘要”。

8.4.2　运用方案管理器进行外部资金需要量预测分析

企业财务计划模型中，外部资金需要量的预测与销售增长率、留存收益占净利润比例密切相关。现在企业想同时改变财务计划模型中的两个计划条件（销售增长率、基年留存收益占净利润比例），并给出三个假设方案：

A 方案：销售增长率 30%

　　　　留存收益占净利润比例 40%

B 方案：销售增长率 33%

留存收益占净利润比例 50％

C 方案：销售增长率 35％

留存收益占净利润比例 60％

财务管理人员需要分析以上三组不同的假设方案对外部资金需要量的影响，并给出三组方案的综合比较报告。

对于这样的问题，如果用逐步测试法或逆推法都显得比较困难。因此，财务管理人员决定采用方案管理器工具进行分析，解决上述问题。其步骤为：

● 选择“预计报表”工作表中的财务计划区域。

● 选择【方案管理器】工具。选择【数据】选项卡下的【模拟分析】-【方案管理器】命令，便会出现【方案管理器】对话框，如图 8－11 所示。

1. 增加方案

单击【方案管理器】对话框中的【添加】按钮，出现【添加方案】对话框，如图 8－12 所示。

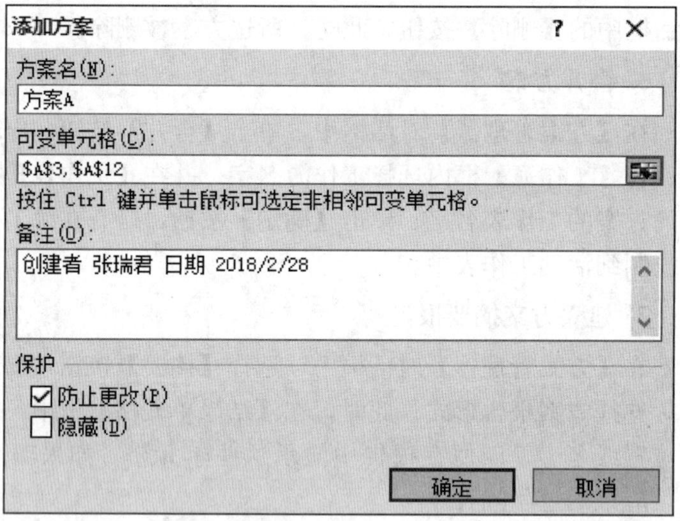

图 8－12　添加方案对话框

（1）增加方案 A。在图 8－12 中：

【方案名】框中输入“方案 A”。

【可变单元格】框中输入“＄A＄3，＄A＄12”，即销售增长率单元地址和留存收益比例单元地址。

单击【确定】按钮，出现【方案变量值】对话框，如图 8－13 所示。

【销售增长率】框中输入 0.3。

【留存收益比例】框中输入 0.4。

（2）增加方案 B。

在图 8－11 中，单击【添加】按钮，出现图 8－12 所示的对话框。

【方案名】框中输入“方案 B”。

【可变单元格】框中输入“$A$3，$A$12”，即销售增长率单元地址和留存收益比例单元地址。

单击【确定】按钮，出现【方案变量值】对话框，如图 8-13 所示。

【销售增长率】框中输入 0.33。

【留存收益比例】框中输入 0.5。

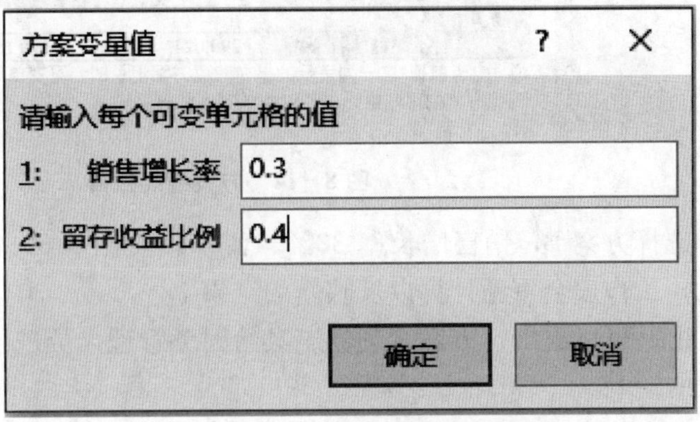

图 8-13　方案变量值对话框

(3) 增加方案 C。

在图 8-11 中，单击【添加】按钮，出现图 8-12 所示的对话框。

【方案名】框中输入“方案 C”。

【可变单元格】框中输入“$A$3，$A$12”，即销售增长率单元地址和留存收益比例单元地址。

单击【确定】按钮，出现【方案变量值】对话框，如图 8-13 所示。

【销售增长率】框中输入 0.35。

【留存收益比例】框中输入 0.6。

2. 建立摘要报告

- 在图 8-11【方案管理器】对话框中，选择【摘要】按钮，出现【方案摘要】对话框。
- 在【结果单元格】框中输入“$A$14”，即“外部资金需要量”目标单元名字。
- 单击【确定】按钮，Excel 会自动在本工作簿中的另一张工作表上建立方案摘要报告，如图 8-14 所示。

3. 显示方案

在【方案管理器】对话框中（见图 8-11），选定方案 A，单击【方案管理器】对话框中的【显示】按钮。

选择方案 A，销售增长率 30%、留存收益比例 40%出现在工作表的可变单元，工作表会重新计算以反映新的结果。

方案摘要					
		当前值:	方案A	方案B	方案C
可变单元格:					
	销售增长率	33.820%	30.000%	33.000%	35.000%
	留存收益比例	0.40	0.40	0.50	0.60
结果单元格:					
	外部资金需要量	290,024	253,200	270,150	277,100

说明:"当前值"这一列表示的是在建立方案汇总时，可变单元格的值。
每组方案的可变单元格均以灰色底纹突出显示。

图 8－14　方案摘要报告

选择方案 B，销售增长率 33%、留存收益比例 50%出现在工作表的可变单元，工作表会重新计算以反映新的结果。

由此可以看出，方案管理器工具给财务管理人员进行财务计划分析带来了很大的便利。

8.5　预计财务报表的其他方法

前面我们设计的财务计划模型是以销售百分比法为依据，建立预计财务报表模式，它是一种在预计财务报表各要素时最简单、最常用的方法。这种方法建立在两个假设的基础上：一是假设报表中各要素与销售密切相关；二是目前资产负债表中各项要素的水平对当前的销售来讲都是最佳水平。但是在有些情况下，这种假设会失去其真实性。因此，在财务计划中，人们又提出了多种其他预计财务报表的方法，如线性回归法、多元回归法、趋势分析法、指数回归法等。本节将结合 Excel 预测函数对其他几种方法进行讨论。

8.5.1　线性回归法

1. 直线回归预测模型

线性回归法以过去一系列时期的财务状况为依据，观察因变量与各自变量之间的相关关系，运用回归分析方法，测定其直线回归方程，并根据此方程预测未来。

$$Y_i = aX_i + b$$

$$报表要素 = a \times 销售量 + b$$

在手工条件下可以用最小平方法求出直线回归方程中的系数 a，b 和相关系数 R^2。

在 Excel 中可以利用 LINEST() 函数求出直线回归方程中的系数 a，b 和相关系数 R^2。

［例 8－5］

a 参数是数组中第 1 行、第 1 列元素，因此，a 参数的计算公式为：

＝INDEX(LINEST(Y 变量单元区域,X 变量单元区域,true,true),1,1)

b 参数是数组中第 1 行、第 2 列元素，因此，b 参数的计算公式为：

＝INDEX(LINEST(Y 变量单元区域,X 变量单元区域,true,true),1,2)

$R^2$① 参数是数组中第 3 行、第 1 列元素，因此，R^2 参数的计算公式为：

b＝INDEX(LINEST(Y 变量单元区域,X 变量单元区域,true,true),3,1)

2. 直线回归预测模型实例

(1) BB 企业历年财务数据。BB 企业过去 10 年的营业收入、应收账款、存货、固定资产净值等的财务数据如表 8－1 所示。

表 8－1　**BB 企业财务数据**　单位：万元

年份	营业收入	应收账款	存货	固定资产净值
01	1 750	330	440	780
02	2 000	380	480	830
03	2 150	440	530	860
04	1 850	350	570	790
05	2 350	430	600	900
06	2 650	450	650	980
07	3 000	520	720	1 060
08	2 800	470	700	1 010
09	3 500	610	750	1 180
10	4 200	710	900	1 350

(2) 建立各报表要素随销售额变化的直线回归方程分析模型。选择【文件】菜单中的【打开】命令，打开 cwgl08.xlsm 工作簿，选择"回归分析"工作表，将 BB 企业的财务数据存入表中，并建立相应的直线回归分析模型。

3. 应收账款直线回归方程的建立方法

应收账款直线回归方程为：

应收账款＝a×营业收入＋b

为了建模方便，将营业收入单元区域命名为"营业收入"，将应收账款单

① 在计算机公式中 R^2 用 R^2 表示。

元区域命名为“应收账款”，应用 LINEST() 函数和 INDEX() 函数建立各参数如下：

a 参数的计算公式为：

=INDEX(LINEST(应收账款,营业收入,true,true),1,1)

b 参数的计算公式为：

=INDEX(LINEST(应收账款,营业收入,true,true),1,2)

R^2 参数的计算公式为：

=INDEX(LINEST(应收账款,营业收入,true,true),3,1)

计算参数 *a*，*b*，R^2，则得到应收账款预测直线回归方程，在第 10 行输入公式：=$A$6*营业收入+$B$6。

可以预测不同营业收入所对应的应收账款预测值，如图 8-15 所示。

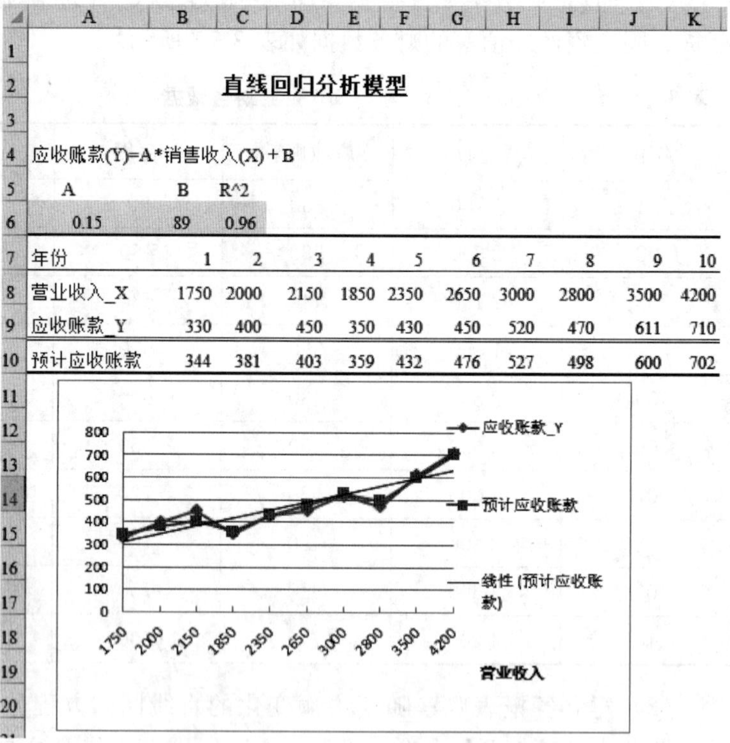

直线回归分析模型

应收账款(Y)=A*销售收入(X)+B

A	B	R^2
0.15	89	0.96

年份	1	2	3	4	5	6	7	8	9	10
营业收入_X	1750	2000	2150	1850	2350	2650	3000	2800	3500	4200
应收账款_Y	330	400	450	350	430	450	520	470	611	710
预计应收账款	344	381	403	359	432	476	527	498	600	702

图 8-15　直线回归预测模型实例

通过观察相关系数 R^2 可知，相关系数接近 1，说明应收账款和营业收入之间有线性关系，故可以用此方程进行预测。

根据应收账款与营业收入的历史数据和预测数据，可以绘制出分析图。

4. 其他报表要素直线回归方程的建立

存货直线回归方程为：

存货=*a*×营业收入+*b*

a 参数的计算公式为：

=INDEX(LINEST(存货,营业收入,true,true),1,1)

b 参数的计算公式为：

=INDEX(LINEST(存货,营业收入,true,true),1,2)

R^2 参数的计算公式为：

=INDEX(LINEST(存货,营业收入,true,true),3,1)

固定资产直线回归方程为：

固定资产 $=a\times$ 营业收入 $+b$

a 参数的计算公式为：

=INDEX(LINEST(固定资产,营业收入,true,true),1,1)

b 参数的计算公式为：

=INDEX(LINEST(固定资产,营业收入,true,true),1,2)

R^2 参数的计算公式为：

=INDEX(LINEST(固定资产,营业收入,true,true),3,1)

8.5.2 多元回归法

如果一个报表要素与营业收入之间的关系不是线性的，即直线回归方程的相关系数不接近 1，说明该报表要素除了受营业收入影响外，还受其他因素影响。如存货和营业收入之间不是直线回归关系，它可以是销售总额和不同产品销售额的函数。在这种情况下，建立多元回归分析模型进行预测可以得到较精确的预测数。

假设 BB 企业过去 6 年的存货同总营业收入和 A 产品的营业收入有关，那么存货的多元回归方程分析模型为：

存货 $=a_1\times$ 总营业收入 $+a_2\times$ A 产品营业收入 $+b$

即 $Y=a_1\times X_1+a_2\times X_2+b$

应用 LINEST() 函数和 INDEX() 函数建立各参数的计算公式如下：

a_1 参数的计算公式为：

=INDEX(LINEST(存货,总营业收入,A 产品营业收入,true,true),1,1)

a_2 参数的计算公式为：

=INDEX(LINEST(存货,总营业收入,A 产品营业收入,true,true),1,2)

b 参数的计算公式为：

=INDEX(LINEST(存货,总营业收入,A 产品营业收入,true,true),1,3)

R^2 参数的计算公式为：

=INDEX(LINEST(存货,总营业收入,A产品营业收入,true,true),3,1)

计算参数 a_1，a_2，b，R^2，则得到存货多元回归预测方程：

存货 $= a_1 \times$ 总营业收入 $+ a_2 \times$ A产品营业收入 $+ b$

根据存货多元回归预测方程，可以预测在不同总营业收入和A产品营业收入的条件下存货的未来值。

8.5.3 趋势分析法

Excel还提供了TREND() 函数，用此函数也可以进行趋势分析。下面对TREND() 函数进行讨论。

语法：TREND(known _ y's，known _ x's，new _ x's，const)

功能：使用最小平方法找出最适合已知数组 known _ y's 及 known _ y's（自变量）的直线回归模型，然后代入指定的 new _ x's 数组，求出 Y 的估计值。

参数：

- known _ y's 代表因变量，为必要参数：如果 known _ y's 数组是单独一列，则 known _ x's 数组中的每一列将被解释为一个独立的自变量。如果 known _ y's 数组是单独一行，则 known _ x's 数组中的每一行将被解释为一个独立的自变量。
- known _ x's 数组可能含有多组自变量。如果只用到一组自变量，known _ y's 参数数组与 known _ x's 可以是任何类型的范围，只要两者的维数相同即可。
- new _ x's 数组代表新的多组自变量。如果 new _ x's 与 known _ x's 参数同时被省略，则假设两者都是与 known _ y's 一样具有相同个数的数组{1，2，3，…}，即为“时间序列分析”。
- const 为一逻辑值，指明是否强制将常数项 b 设置为0：如果 const 为 false，常数项 b 将被设置为0；如果 const 为 true 或被省略，常数项 b 将依计算而得。

8.5.4 指数回归分析法

在有些情况下，财务报表各因素与营业收入之间存在指数关系。Excel提供了指数回归函数，可以帮助财务管理人员进行指数回归分析。

1. 指数回归函数 LOGEST ()

指数回归方程：$y = cb^x a^x$

语法：LOGEST(known _ y's，known _ x's，const，stats)

功能：找出最适合 known _ y's 及 known _ x's 数据的指数回归模式，并返回描述该模式的系数与统计量水平数组。

参数：

- known _ y's 代表因变量，为必要参数。如果 known _ y's 数组是单独一行，LOGEST() 函数会将 known _ x's 中的每一行解释为一个独立的自变量。如果 known _ y's 数组是单独一列，LOGEST() 函数会将 known _ x's 中的每一列解释为一个独立的自变量。

● known _ x's 代表自变量，可省略，但省略时，假设它是与 known _ y's 具有相同个数的数组 {1，2，3，…}，即“时间序列分析”。known _ x's 数组可含有多组自变量。如果只用一组自变量，则 known _ y's 与 known _ x's 可以是任何类型的范围，只要两者的维数相同即可。

● 如果 const 为 true，或被省略，常数项 *b* 将依计算而得。

● 如果 stats 为 false，或被省略，LOGEST() 函数将只返回系数 {*a*1，*a*2，…，*an*} 及 *y* 轴截距 *b*。如果 stats 为 true，LOGEST() 函数将返回指数回归模式统计值。

由 LOGEST() 函数所求得的与回归模式有关的统计值，其数组的位置与 LINEST() 函数一致，具体参考 LINEST() 函数。

2. 指数回归函数 GROWTH ()

语法：GROWTH(known _ y's，known _ x's，new _ x's，const)

功能：找出最适合已知 known _ y's 及 known _ x's 的指数回归模式，然后代入指定的 new _ x's 数组，求出 *y* 的估计值。

说明：如果 known _ y's 是单一列，则 known _ x's 与 new _ x's 必须含有相同的列数。GROWTH() 函数会将 known _ y's 中的每一列解释为一个独立的自变量。

如果 known _ y's 是单一行，则 known _ x's 与 new _ x's 必须含有相同的行数。GROWTH() 函数会将 known _ x's 中的每一行解释为一个独立的自变量。

如果 known _ x's 只含有一组自变量，则 known _ y's 与 known _ x's 可以是任何类型的范围，只要两者的维数相同即可。

如果 known _ x's 与 new _ x's 参数同时被省略，则假设两者都是与 known _ y's元素个数相同的数组 {1，2，3，…}。

如果 known _ y's 中含有任何零值或负值数据，GROWTH() 函数会返回错误值“＃NUM!”。

如果 const 为 false，常数项 *b* 将被设置为 1。

如果 const 为 true，或被省略，常数项 *b* 将依计算而得。

本章小结

本章我们学习了一个重要的分析工具——方案管理器以及多种预测函数。下面对所学的工具和函数进行总结。

一、方案管理器工具

功能：方案管理器工具是Excel为财务管理人员提供的一种分析工具。方案管理器可以管理多个方案，每个方案允许财务管理人员建立一组（最多23个）假设条件，并根据这些假设条件自动产生相应的多种结果作为方案摘要报告保存，通过查看方案摘要报告，便可以看到假设条件对模型目标值的影响。

使用：选择【数据】选项卡下的【模拟分析】-【方案管理器】命令。

二、函数

函数	含义
LINEST()	返回直线回归方程($Y=aX+b$)参数数组
	返回多元回归方程($Y=a_1X_1+a_2X_2+\cdots+b$)参数数组
GROWTH()	返回指数回归($y=cb^{x}a^{x}$)的估计值
TREND()	返回直线、多元回归方程的估计值

习　题

1. 上机练习使用 LINEST() 函数、GROWTH() 函数、TREND() 函数等。

2. 新天地公司过去10年的营业收入、销售和管理费用、应收账款、存货、固定资产的数据如表8-2所示。

表8-2　　单位：万元

年份	营业收入	销售和管理费用	应收账款	存货	固定资产
01	20 000	3 700	3 800	4 800	8 300
02	21 500	3 800	4 400	5 300	8 600
03	18 500	3 600	3 500	5 700	7 900
04	23 500	3 900	4 300	6 000	9 100
05	26 500	4 200	4 500	6 600	9 800
06	30 000	4 500	5 200	7 200	10 600
07	28 000	4 300	4 700	7 000	10 100
08	35 000	4 600	6 100	7 100	11 800
09	42 000	4 900	7 100	9 000	13 500
10	50 000	5 000	8 500	10 000	15 000

要求：根据历史资料建立以下直线回归方程，并绘制分析图。

销售和管理费用$=a\times$营业收入$+b$

应收账款$=a_1\times$营业收入$+b_1$

存货＝a_2×营业收入＋b_2

固定资产＝a_3×营业收入＋b_3

3. BB公司20×4年财务报表如表8-3和表8-4所示。

表8-3　利润表

20×4年　　单位：万元

营业收入	50 000
营业成本	40 000
销售和管理费用	5 200
息税前利润	4 800
财务费用	800
税前利润	4 000
所得税费用	1 000
税后利润	3 000
分配股利	1 400
未分配利润	1 600

表8-4　资产负债表

20×4年12月31日　　单位：万元

货币资金	1 000	应付账款	4 000
应收账款	8 200	应付票据（8%）	800
存货	10 300	应付工资及税金	2 500
流动资产合计	19 500	流动负债合计	7 300
		应付债券（10%）	7 000
		普通股	15 000
固定资产净值	15 200	未分配利润	5 400
资产总计	34 700	负债和权益合计	34 700

假设：

（1）董事会要求BB公司编制5年的财务计划，年销售增长率分别定为：20×5年50%，20×6年和20×7年25%，20×8年和20×9年15%。

（2）每股股利年增长率为10%。

（3）股票价格在以后的5年中每年增长20%。

（4）所得税税率为25%。

（5）流动比率不得低于2.5，负债比率不得超过50%。

（6）该公司于每年1月1日筹集资金。

（7）新的短期负债成本为10%，新的长期负债成本为12%。

（8）流通在外普通股为10 000 000股，每股价格为25元。

此外，BB公司经过预测后得到各报表要素与营业收入的关系如表8-5

所示。

表 8-5　　单位：万元

财务报表要素	与销售额的关系
营业成本	0.8×营业收入
销售和管理费用	27.0+0.05×营业收入
货币资金	0.02×营业收入
应收账款	6.7+0.15×营业收入
存货	22.8+0.16×营业收入
固定资产	37.2+0.23×营业收入
应付账款	0.08×营业收入
应付工资及税金	0.05×营业收入

要求：

(1) 编制该公司 20×5 年预计利润表和资产负债表。

(2) 20×5—20×9 年该公司每年各需要多少外部筹资？在维持所给的流动比率和负债比率的前提下，该公司如何满足其资金需求？

(3) 使用外部筹资对公司的净资产利润率有什么影响？

(4) 如果公司管理人员预计销售增长率可能结果为：第 2 年、第 3 年的增长率为 35%，第 4 年、第 5 年的增长率为 20%。这种变化将如何影响未来 5 年的外部筹资需求？

(5) 现假设公司的流动比率由原来的 2.5 变为现在的 1.5，这将如何影响公司的筹资结构？对资产报酬率和净资产报酬率有何影响？

(6) 公司的财务管理人员正考虑以每年 25%的水平增加股利，这对公司的财务比率有何影响？

4. 海亚公司 20×7 年的营业收入为 7 200 万元，除应付票据、应付债券和股本外，资产负债表中其他各项与营业收入的关系如下：

货币资金	4%
应收账款	25%
存货	30%
固定资产	50%
应付账款	15%
其他应付款	5%
毛利	5%

所得税税率为 25%，股利分配率为 60%。20×6 年 12 月 31 日账面的未分配利润是 4 180 万元，普通股和抵押债券如下：

(1) 建立销售预测模型，并完成下列资产负债表（单位：万元）：

货币资金	________	应付账款	________
应收账款	________	应付票据	6 840

存货	______	其他应付款	______
流动资产合计	______	流动负债合计	______
固定资产	______	应付债券	10 000
		股本	______
		未分配利润	______
资产总计	______	负债及权益总计	______

(2) 现假设 20×7 年公司除固定资产外，其他资产均是满负荷营运，如果该公司的固定资产被充分利用，则 20×7 年固定资产与营业收入的比率应该为 40%。根据上述模型，试分析在不增加固定资产的条件下，公司 20×8 年的营业收入比 20×7 年可以增加多少？

(3) 现假设公司 20×8 年的营业收入比 20×7 年增加了 20%，试用上述模型分析该公司需要多少外部资金？

(4) 假设应收账款和存货的行业平均营业收入百分比分别为 20%和 25%，20×8 年公司想达到该水平，试用上述模型分析其对 20×8 年公司净资产报酬率的影响。

第 9 章

计算机财务管理系统的建立

学习目标

到目前为止，我们学习了设计各种财务管理模型的方法，并且建立了各种财务管理模型。然而，每个财务管理模型都是分散地存放在相应工作簿的工作表中的，财务管理人员需要使用该模型进行分析时，必须选择包含模型的工作簿所在的目录、选择目录中的文件（工作簿名字）打开工作簿，然后再选择具体管理模型所在的工作表等，即每次使用模型都必须重复烦琐的操作步骤。为了减少不必要的操作，以及让更多不太熟悉 Excel 的财务管理人员和企业管理者都能非常方便地使用已经设计好的模型，就需要应用宏技术和各种工具，将设计好的模型有机地组合起来，建立一个面向管理者的计算机财务管理系统。学完本章后应该掌握：

- 宏语言基本概念
- 录制简单的宏程序和编写宏程序
- 财务管理模型界面的设计方法
- 自定义选项卡的设计方法
- 控制应用系统自动启动的方法

9.1 宏语言概述

当管理者打开 Excel 时，财务管理系统就自动地显示在屏幕上，如图 9-1 所示。

管理者通过系统中的菜单选择命令进入相应的管理模型，如选择【营运资本管理模型】命令，便自动进入营运资本管理模型。

进入相应的模型后，该模型包括的主要内容清晰地展现在管理者面前，如图 9-2 所示。

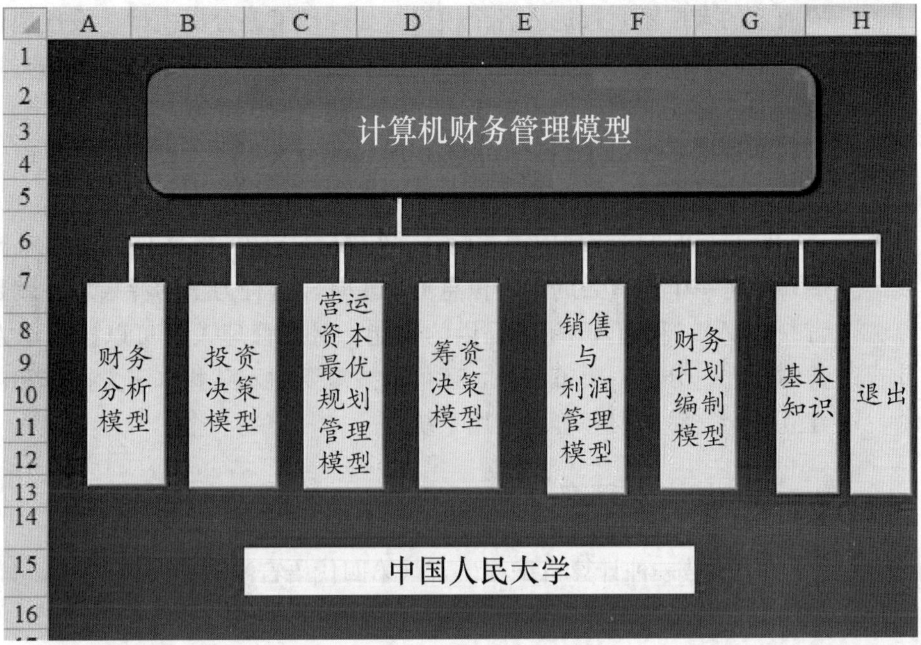

图 9－1　财务管理系统

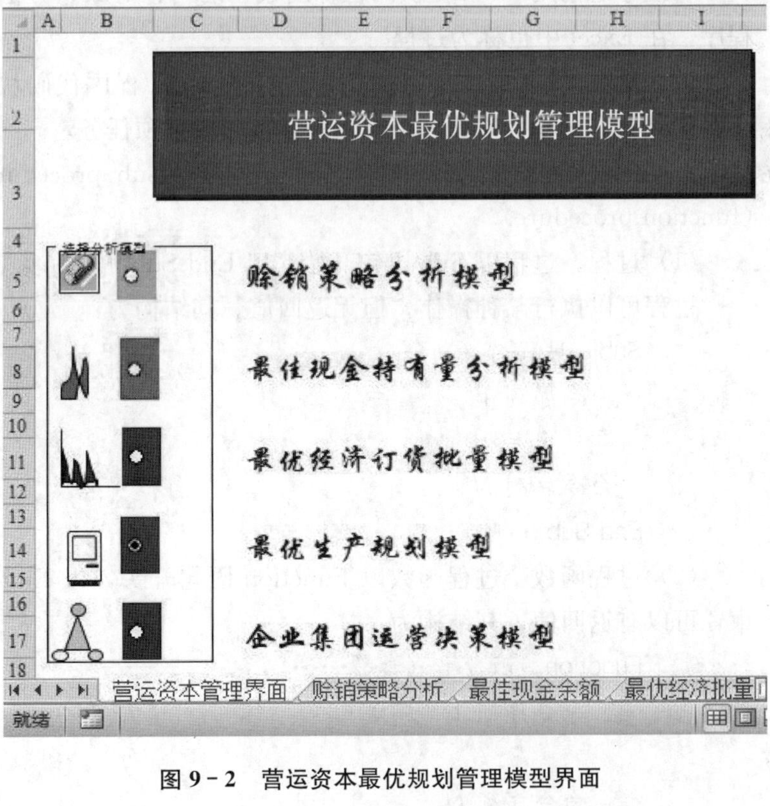

图 9－2　营运资本最优规划管理模型界面

管理者通过该界面一目了然地看到该工作簿中包含哪些模型，并通过驱动界面上的宏按钮直接进入各个模型（如赊销策略分析模型、最佳现金持有量分析模型、最优经济订货批量分析模型等），进行各种管理、分析、决策工作。当管理工作完成后，又可点击返回宏按钮返回主界面。

本章主要学习录制简单的宏程序和编写宏程序、设计用户界面、设计系统菜单，以及建立一个完整的财务管理系统的技术和方法。

Excel可以广泛地应用于财务、行政、金融、经济、统计和审计等众多领域，它是一个强有力的经济信息分析工具。这种力量的源泉之一就是它的宏语言（VBA)。利用VBA所提供的功能，财务管理人员可以按自动方式执行日常的管理、分析、决策任务，还可以按需要加入某些自定义操作和功能，直至建立一个完整的财务管理应用系统。

9.1.1 建立宏程序

VBA是一种计算机编程语言（第四代语言），用它提供的语句、命令可以编写包含若干指令序列的宏程序，以指挥Excel进行相应的工作。

1. 宏程序的概念

宏程序是指用VBA提供的各种函数、语句、对象、方法和属性等编写的程序，在Excel中也称为过程。

过程是在VBA模块中的一个可执行的VBA程序代码块，过程由程序代码序列组成，这些代码序列组合在一起可完成某项任务。

VBA中的过程可分为两类——子过程（sub procedure）与过程函数(function procedure)。

(1) 过程。过程以Sub语句开始，以End Sub语句结束。

过程可以执行某种操作，但无返回值。其结构为：

```
Sub  过程名 ()
  命令序列 1
      ⋮
  命令序列 N
End Sub
```

(2) 过程函数。过程函数以Function语句开头，以End Function语句结束，可以有返回值。其结构为：

```
Function  函数名（参数……)
    命令序列 1
        ⋮
    命令序列 N
End Function
```

2. 建立宏程序的方法

宏程序存放在 Excel 工作簿的宏表中，建立宏程序的方法有两种：

（1）选择【开发工具】选项卡下的【Visual Basic】命令，便进入 Visual Basic 编辑器界面。选择【插入】菜单中【模块】命令，Excel 就会在工作簿中增加宏模块 1，此时可以输入和编辑宏程序。

（2）选择【开发工具】选项卡下的【录制宏】命令，Excel 就会自动录制简单的宏程序。有关录制新宏的方法将在后面讨论。

9.1.2　宏程序结构与宏程序举例

宏程序是程序语言的一种，包括以下程序结构：

- 顺序（sequential）。
- 条件（condition）或分支（branching）。
- 循环（loop）。

（1）顺序结构。在正常状况下，宏程序的执行是以“顺序”方式进行的，即由上而下逐一执行。

[例 9－1]

编写一宏程序。

过程名：PRO1

功能：在 cwgl09. xlsm 工作簿中的“SALES”工作表中：

- B1 单元赋报表的标题“中财公司销售情况分析表”；
- B2 单元赋日期“20××年 12 月”；
- 在 A3，B3，C3，D3，E3 单元依次输入：“部门”“实际销售额”“保本销售额”“盈亏状况”“销项税”；
- 在 A4，B4，C4 单元依次输入：“计算机部”“100”“80”。

编制的宏程序如下：

```
Sub PRO1 ()
    Range ("B1"). Select
        ActiveCell. FormulaR1C1 = "中财公司销售情况分析表"
        Range("B2"). Select
        ActiveCell. FormulaR1C1 = "20××年 12 月"
        Range("A3"). Select
        ActiveCell. FormulaR1C1 = "部门"
        Range("B3"). Select
        ActiveCell. FormulaR1C1 = "实际销售额"
        Range("C3"). Select
```

```
            ActiveCell. FormulaR1C1="保本销售额"
            Range("D3"). Select
            ActiveCell. FormulaR1C1="盈亏状况"
            Range("E3"). Select
            ActiveCell. FormulaR1C1="销项税"
            Range("A4"). Select
            ActiveCell. FormulaR1C1="计算机部"
            Range("B4"). value=100
            Range("C4"). value=80
End Sub
```

[例9-2]

编写一自定义函数。

函数名：tax

功能：根据实际销售额计算销项税的函数。

编写的函数如下：

```
Function tax (sales)
        tax=sales×0.16
End Function
```

[例9-3]

编写一宏程序。

过程名：PRO2

功能：应用自定义函数tax计算“SALES”工作表中计算机部的销项税，并将结果自动填入相应的单元。

编写的宏程序如下：

```
Sub PRO2()
    Range("E4"). Value=tax(Range("B4"). Value)
End Sub
```

（2）分支结构。有时需要对某些条件进行测试，然后根据测试的结果进行不同的操作，就要使用分支结构。

语法1：

```
If (condition) Then (statements)
```

功能：如果条件（condition）成立，那么执行语句来完成各项工作。

注意：在单行的If…Then语句中不使用End If语句。

语法2：

```
If (condition) Then
```

```
    (statements1)
  Else
    (statements2)
  End If
```

功能：如果条件（condition）成立，那么 VBA 执行语句序列 1（statements1）；否则 VBA 执行语句序列 2（statements2）。

注意：在上述语法 2 的语句中可以使用多个 End If，即 If 语句套 If 语句。但是这样会使程序代码显得呆板。在这种情况下，应该使用 Select Case 语句。

[例 9-4]

编写一宏程序。

过程名：PRO3

功能：如果实际销售额大于等于保本点销售额，在屏幕上输出“胜利完成任务”，并在盈亏状态单元赋“盈利”；否则在屏幕上输出“继续努力”，并在盈亏状态单元赋“危险”。

编写的宏程序如下：

```
Sub PRO3()
    If  Range("B4"). Value>Range("C4"). Value Then
      MsgBox"胜利完成任务"
      Range("D4"). Select
      ActiveCell. FormulaR1C1="盈利"
    Else
      MsgBox"继续努力"
      Range("D4"). Select
      ActiveCell. FormulaR1C1="危险"
    End If
End Sub
```

语法3：

```
Select  Case(test expression)
          Case (expressionlist1)
               (statements)
            Case (expressionlist2)
                 (statements)
End Select
```

功能：Select Case 语句使用 test expression 为测试表达式，VBA 将这个表达式的值与每个 Case 中的 expressionlist 的值进行比较。如果与某个值相匹配，VBA就执行相应的语句。

[例9-5]

编写一宏程序：

过程名：PRO4

功能：如果实际销售额大于等于保本点销售额，在屏幕上输出“盈利!”，并在盈亏状态单元赋“盈利”；如果实际销售额等于保本点销售额，在屏幕上输出“保本!”，并在盈亏状况单元赋“保本”；如果实际销售额小于保本销售额，在屏幕上输出“亏损!”，并在盈亏状态单元赋“亏损”。

编制的程序如下：

```
Sub PRO4()
    Dim sx As Double,bx As Double
    sx=Range("B4"). Value
    bx=Range("C4"). Value
    Select Case sx
        Case Is<bx
            MsgBox"亏损!"
            Range("D4"). Select
            ActiveCell. FormulaR1C1="亏损"
        Case Is=bx
            MsgBox"保本!"
            Range("D4"). Select
            ActiveCell. FormulaR1C1="保本"
        Case Is>bx
            MsgBox"盈利!"
            Range("D4"). Select
            ActiveCell. FormulaR1C1="盈利"
    End Select
End Sub
```

（3）循环结构。

语法1：

```
Do While(condition)
    (statements)
Loop
```

功能：当条件（condition）成立时，VBA重复地执行语句序列（statements），直到条件不成立，跳出循环。

[例 9-6]

编写一宏程序。

过程名：PRO5

功能：在财务管理人员不输入结束信息命令之前，一直进行数据整理，直到输入结束信息 F 后，退出本过程。

编写的程序如下：

```
Sub  PRO5()
    flag=vbYes
    Do While flag=vbYes
        processUserData      调用过程整理成本数据
        respone=MsgBox("继续整理成本数据吗?【T/F】",YesNo)
    Loop
End Sub
```

语法 2：

```
For counter=start To end 【Step increment】
    (statements)
Next 【counter】
```

功能：将初值赋给计数器 counter。当初值 start 没有到达终值 end 时，VBA 自动循环执行循环体中的 statements，每执行一次循环，计数器加 1 或增加指定的步长 step increment；当计数器到达终值时，跳出循环。

[例 9-7]

编写一宏程序。

过程名：PRO6

功能：根据销售量的变化，计算相应的利润。如果利润大于 0，输出“盈利!”，否则输出“亏损!”。

假设销售量从 200 变动到 300，每次增加 10，单位变动成本、单价、固定成本等所在单元都已定义了名字。

编写的程序如下：

```
Sub  PRO6 ()
    For 销售量=200 To 300 Step 10
        利润=(单价-单位变动成本)*销售量-固定成本
        If 利润>=0 Then
          MsgBox "盈利!"
        Else
          MsgBox "亏损!"
```

```
        End If
        Next
    End Sub
```

语法3：

```
    For Each (element) In (group)
        (statements)
    Next (element)
```

［例9-8］

编写一宏程序。

过程名：PRO7

功能：关闭所有打开的工作簿。

编写的程序如下：

```
    Sub PRO7()
        For Each Book in Workbooks()
            Book.Close
        Next Book
    End Sub
```

通过上述宏程序可以看出，对于学习过其他编程语言的财务管理人员来说，编写宏程序并不困难，只需要学习和掌握 VBA 提供的各种语句、对象的方法和属性等，就可以很快地编出宏程序。对于没有学习过其他编程语言或对宏语言不熟悉的财务管理人员来说，编写程序较困难，但可以利用 Excel 提供的宏记录器，自动记录在 Excel 中进行的各种操作，并自动生成宏程序。这样，财务管理人员就可以利用宏程序自动完成各种操作，也可以通过阅读这些宏程序，不断学习宏程序的编写方法。

值得注意的是，宏记录器编写的程序都是比较简单的顺序结构的程序，如果需要比较复杂的结构如分支、循环等结构的程序，财务管理人员则要对宏记录器记录的程序进行修改。

9.1.3 宏记录器的使用

Excel 提供的宏记录器可以帮助财务管理人员记录其所做的各种操作，当操作结束时，关闭宏记录器，宏程序便保存在宏表中。宏程序记录下来之后，可以通过以下方法执行宏程序：在【开发工具】选项卡下选择【宏】命令；将它指定给某个菜单项，通过选择菜单执行宏；将它指定给宏按钮，通过驱动按钮执行宏。

1. 记录宏的方法和步骤

（1）选择【开发工具】选项卡下的【录制宏】命令，弹出【录制宏】对话框，如图 9-3 所示。

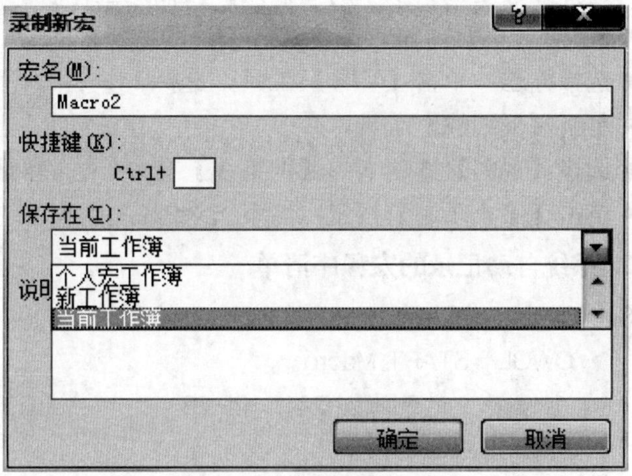

图 9-3　录制宏对话框

（2）在【宏名】框中输入宏程序的名字，宏程序的名字可以包括字母、数字和下划线，但它必须以字母或中文字开头，名字中不能包括空格或标点符号。

（3）在【保存在】框中指定存放宏的位置。要使某个宏程序在使用 Excel 时有效，可将宏程序放在 XLStart 文件夹的"个人宏工作簿"中；否则选择"新工作簿"或"当前工作簿"，将宏程序保存在相应的工作簿中。

（4）在【说明】框中，输入要录制宏的有关说明信息。

（5）选择【确定】按钮，此时【停止录制】按钮出现在屏幕上。

（6）财务管理人员可以进行各种操作，如选定单元格、输入标题、设置表格等。

（7）单击【停止录制】按钮或选择【开发工具】选项卡的【停止命令】，结束宏录制。

2. 记录宏实例

[例 9-9]

打开工作簿 cwgl09. xlsm，用录制新宏的方式记录以下工作：

插入一张工作表；在 C3 单元输入标题"财务管理系统"；将该标题的字号设置为 14；并在该标题下加下划线；取消网格线。

录制的新宏程序名为"CWGL _ START"。

录制宏的过程：

- 选择【开发工具】选项卡下的【录制宏】命令；
- 在【宏名】框中输入宏程序的名字"CWGL _ START"；

- 在【保存在】框中指定存放宏的位置——“当前工作簿”中；
- 在“说明”框中，输入录制宏的有关说明信息；
- 选择【确定】按钮，此时【停止录制】按钮出现在屏幕上；
- 选择【开始】菜单中的【插入】-【插入工作表】命令；
- 选择C3单元，输入标题“财务管理系统”；
- 选择标题，单击【字号】工具，选择14；
- 单击【下划线】工具；
- 选择【视图】选项卡的【网格线】命令，去除网格线；
- 单击【停止录制】按钮，结束宏录制。

3. 系统自动记录的宏程序清单

```
Sub CWGL_START()
    'CWGL_START Macro
    '张瑞君  记录的宏 2018-2-28
    Sheets. Add
    Range ("C3") . Select
    ActiveCell. FormulaR1C1= "财务管理系统"
    With ActiveCell. Characters(Start: =1, Length: =6) . Font
    . Name= "宋体"
    . FontStyle= "常规"
    . Size=14
    . Strikethrough=False
    . Superscript=False
    . Subscript=False
    . OutlineFont=False
    . Shadow=False
    . Underline=xlUnderlineStyleNone
    . ColorIndex=xlAutomatic
  End With
  Range ("C3: D3") . Select
  Selection. Font. Underline=xlUnderlineStyleSingle
  ActiveWindow. DisplayGridlines=False
End Sub
```

9.1.4 执行宏程序

宏程序编写或记录下来后，可在任何时间执行这个宏。此时，Excel执行宏程序中的全部命令，自动完成财务管理人员需要做的工作。执行宏的方法有以下两种：

1. 通过菜单执行宏程序

（1）选择要操作的工作表，如 SALES。

（2）在【开发工具】选项卡下选择【宏】命令，弹出【宏】对话框，如图 9－4 所示。

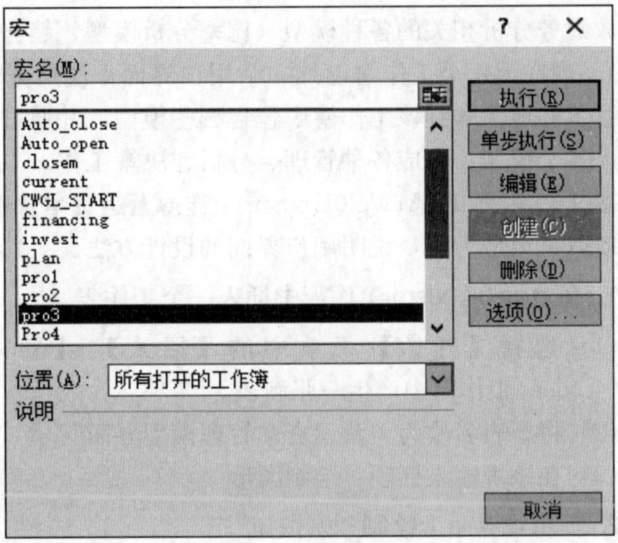

图 9－4　运行宏

（3）在【宏名】框中选择宏程序，如选择 PRO3。

（4）选择【执行】按钮，计算机自动执行该宏程序，其结果如图 9－5 所示。

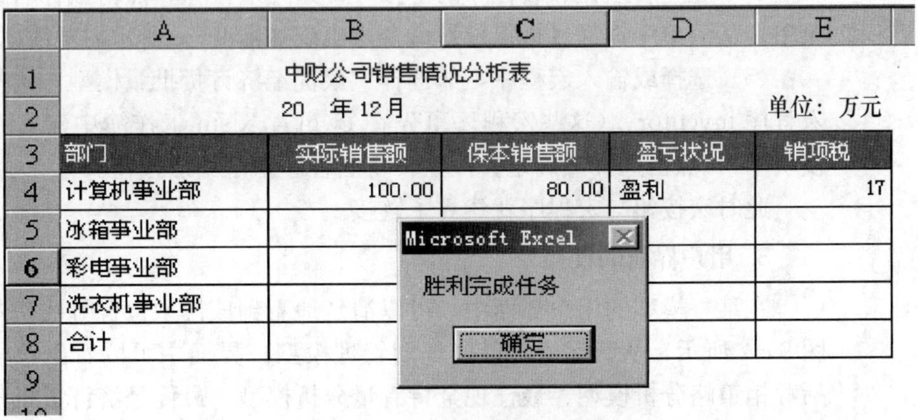

图 9－5　自动执行宏结果

2. 宏按钮执行宏程序

除了选择菜单项执行宏程序的方法外，还可以建立宏按钮，通过驱动宏按钮执行宏程序。

9.2 财务管理模型界面的设计方法

前面各章中，我们设计了若干模型，并将同一类模型存放在一个工作簿中，该工作簿的若干张工作表中存放着该类不同问题的模型，如 cwgl03 工作簿存放财务分析相关的各种模型（比率分析模型、趋势分析模型、杜邦分析模型等）。现在为每个工作簿设计一个用户界面，使财务管理人员通过该界面就能一目了然地了解到该工作簿中包含哪些模型，并通过驱动界面上的宏按钮直接进入各个模型，完成各种管理、分析、决策工作。

图 9-2 所示的是 cwgl04.xlsm 工作簿营运资本管理模型用户界面的实例。下面就以该模型为例，说明用户界面的设计方法。

1. 在 cwgl04.xlsm 工作簿中插入一个工作表

（1）选择【开始】菜单中的【插入】-【插入工作表】命令，在 cwgl04.xlsm 工作簿中产生一张新表。

（2）将新表名改为“营运资本管理模型界面”。

（3）在该表输入标题、绘制图形。

2. 在用户界面上绘制“宏按钮”

（1）单击【开发工具】选项卡下的【插入】-【表单控件】命令按钮。

（2）选择放置按钮的位置，拖动鼠标至所需的尺寸。

（3）定义宏按钮的名字，如输入“最优经济订货批量模型”。

（4）建立宏按钮和宏程序的链接，即选择宏按钮，点击鼠标右键出现快捷菜单。从菜单中选择【指定宏】命令，出现如图 9-6 所示的对话框。

（5）选择或输入宏程序，如选择“最优经济订货批量模型”宏按钮对应的宏程序 inventory（这些宏程序事先在 cwgl04.xlsm 工作簿中建立并存放在宏模块中），点击选择【确定】按钮，将宏程序指定给宏按钮。

此时宏按钮与宏程序就建立了链接。

3. 用户界面的使用

在某一模型的用户界面中，可以清楚地看到该模型包含哪些基本模型。如图 9-2 所示，从营运资本最优规划管理模型户界面中可以看出该模型主要包括赊销策略分析模型、最佳现金持有量分析模型、最优经济订货批量分析模型等。财务管理人员需要进行某项管理工作，通过点击宏按钮便可以进入相应的分析模型进行分析和管理工作；当完成分析和管理工作时，点击【结束】按钮自动返回财务管理模型的用户界面或主界面。

前两节我们讨论了宏语言和宏程序的编制、宏按钮用户界面的建立，以及将宏程序指定给宏按钮的方法。现在我们可以返回去对前面设计和建立的各种

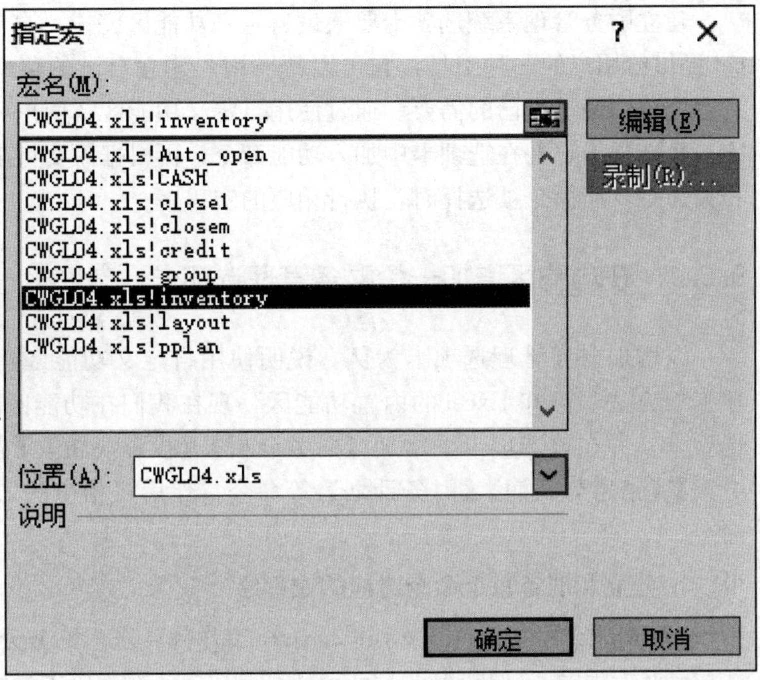

图 9－6　指定宏对话框

模型进行改进，即尽可能地在每个模型中建立完成某种任务的宏程序（如流动比率分析宏程序、编制报表宏程序、数据采集宏程序等），并将其与相应的宏程序链接；在每个工作簿中都建立相应的用户界面（财务分析模型界面、投资决策模型界面等）。这样，财务管理人员就可以通过驱动各类模型界面上的宏按钮进入该工作簿中的各个分析模型，在每个工作表分析模型中又通过驱动宏按钮完成各种管理、分析、决策工作。宏技术的使用可以大大减少重复的工作，减少出错的可能。财务管理人员使用宏按钮控制对工作表完成各种操作，就像使用遥控器一样简单、直观、安全。

9.3　财务管理系统选项卡的设计方法

我们已经建立了多个包含各种管理、分析、决策的模型，分别存放在多个工作簿中，管理人员要使用各类模型，还必须知道该类模型所在工作簿的名字（如 cwgl05.xlsm 是投资决策模型所在的工作簿的名字），根据名字打开相应的工作簿。现在将这些模型汇总到功能区，财务管理人员可以清楚地了解财务管理系统结构，并通过选择菜单上的命令，自动打开包含某类模型的工作簿，进行管理、分析、决策工作。下面讨论设计财务管理系统自定义选项卡的方法。

建立财务管理系统选项卡要通过自定义功能区完成。自定义功能区是Excel提供给用户的一种工具，它可以帮助用户建立自己的菜单，并对这些菜单进行修改以满足自己的需要。通过使用自定义功能区，用户可以在功能区中加入一个选项卡，并在选项卡中加入功能命令；再根据需要将某个宏程序指定给相关命令，当命令被选择时，执行相应的宏程序。

9.3.1 在功能区增加一个财务管理选项卡

以增加财务管理选项卡为例，说明使用自定义功能区建立用户自定义选项卡的方法。已知Excel的内置功能区，现在我们在功能区增加【财务管理】选项卡，并在该选项卡下增加【财务分析】【投资决策】【营运资本】【筹资决策】【销售与利润】【财务计划】等命令，然后将相应的宏程序指定给这些命令。

1. 建立和准备每个命令对应的宏程序

analysis宏程序：打开cwgl03. xlsm工作簿，进入财务分析模型。

cash宏程序：打开cwgl04. xlsm工作簿，进入营运资本最优规划管理模型。

invest宏程序：打开cwgl05. xlsm工作簿，进入投资决策模型。

financing宏程序：打开cwgl06. xlsm工作簿，进入筹资决策模型。

sale _ profit宏程序：打开cwgl07. xlsm工作簿，进入销售与利润管理模型。

plan宏程序：打开cwgl08. xlsm工作簿，进入财务计划编制模型。

其中analysis宏举例如下：

```
Sub analysis()
        Workbooks. OpenFilename：=“C：\ cwgl \ cwgl03. xlsm”,
        UpdateLinks：=0
        Sheets（“财务报表分析界面”）. Select
End Sub
```

2. 建立财务管理选项卡

（1）打开工作簿，进入用户界面。

（2）执行【文件】-【选项】命令，打开Excel【选项】对话框。单击【自定义功能区】，打开【自定义功能区】对话框，在【自定义功能区】对话框右侧【主选项卡】下执行【新建选项卡】命令，并将“新选项卡”重命名为“财务管理”。如图9-7所示。

（3）在建选项卡的同时，系统同时新建了一个组，将新建组重命名为“财务管理”或者删除其名称。如果需要多个组，可以点击“新建组”命令增加“组”。

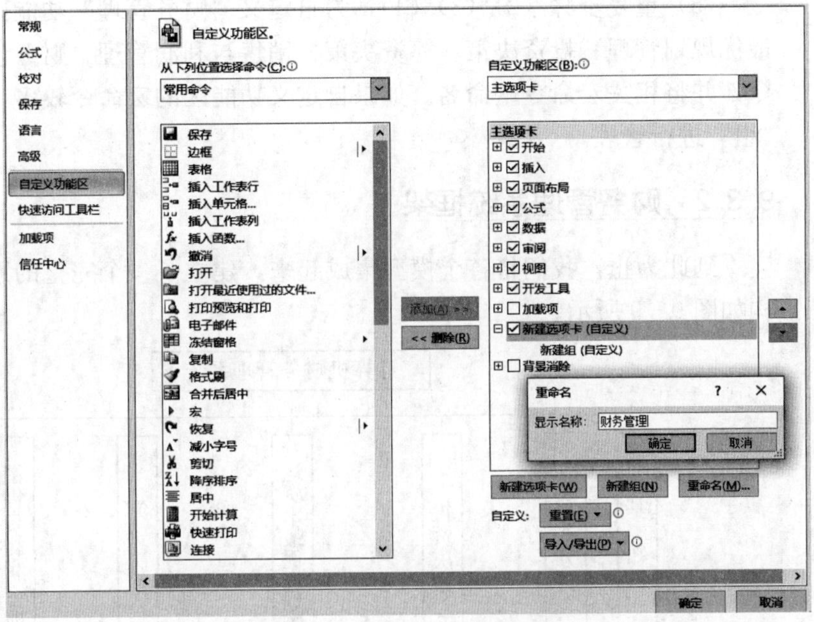

图 9-7　新建选项卡对话框

（4）从【自定义功能】区对话框左侧的下拉框中选择【宏】命令，将已经编写好的宏程序添加至自定义的“选项卡—组”。以“财务分析”为例，从左侧【宏】命令选择“analysis”将其添加至右侧“自定义”组下，并将“analysis”宏命令的标签重命名为“财务分析”，如图 9-8 所示。

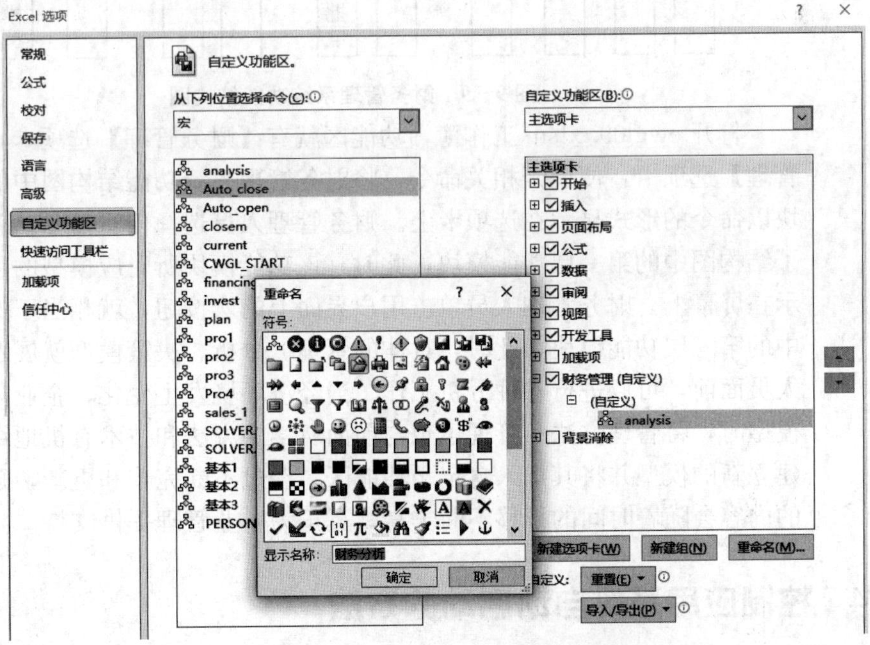

图 9-8　自定义功能区关联宏命令

（5）重复步骤（2）（3）（4），为自定义“财务管理”功能区添加营运资本最优规划管理、投资决策、筹资决策、销售与利润管理、财务计划编制等宏命令，并将相关宏命令重命名。如果自定义功能区的宏命令较多，可以建立多个“组”进行管理。

9.3.2 财务管理系统框架

到此为止，我们将各个模型集成起来，建立了一个完整的系统，其功能结构如图 9－9 所示。

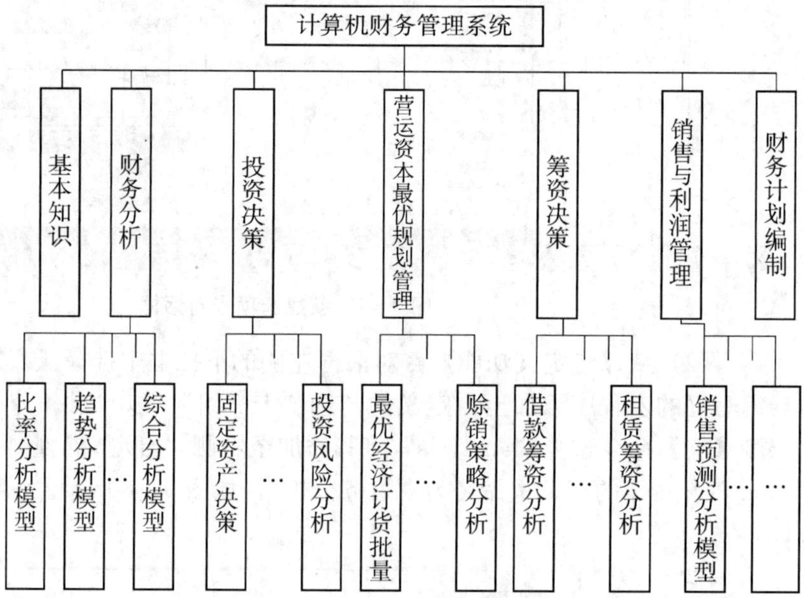

图 9－9　财务管理系统功能结构图

打开 cwgl09. xlsm 工作簿，功能区就有【财务管理】选项卡，选择【财务管理】选项卡，便展开相关命令，将财务管理系统功能结构图中的主要功能模块以命令的形式显示在选项卡上。财务管理人员选择任意命令，就相当于选择了结构图中的第一层功能模块，此时，该功能模块所对应模型的用户界面便展示在屏幕上。财务管理人员单击用户界面上的宏按钮，就相当于选择了结构图中的第三层功能模块，此时，具体的管理、分析、决策模型就展示在财务管理人员面前，可以进行各种分析工作。当经济环境发生变化，企业需要增加新的模型时，将管理方法和管理思想与前面所学的方法和技术有机地结合起来，再建立新的模型并将其加入自定义功能区。经过不断完善和更新，财务管理系统的内容会随着时间的推移不断丰富，真正为企业管理提供支持。

9.4 控制应用系统自动启动的方法

本节将讨论自动启动宏程序、自动打开工作簿以及启动应用系统的方法。

9.4.1　建立自动启动宏程序的方法

当打开或关闭某个工作簿时，希望自动执行该工作簿中的某个宏程序或过程，如打开 cwgl09.xlsm 工作簿时，希望自动执行一个宏程序，显示财务管理系统主界面，关闭工作簿时需要自动执行一个宏程序，显示“谢谢使用财务管理系统，再见!”这就需要建立名为“Auto _ Open”或“Auto _ Close”的宏程序。自动宏程序与一般宏程序的区别是通过宏过程名来识别的。

1. 建立一个当工作簿打开时自动执行的宏程序

[例 9－10]

在 cwgl09.xlsm 工作簿中建立一个自动执行的宏程序，功能是：显示“欢迎您使用财务管理系统”，并自动显示财务管理系统主界面。

建立的宏程序如下：

```
Sub Auto _ Open()
    MsgBox(“欢迎您使用财务管理系统”)
    sheets(“财务管理系统界面”). Select
End Sub
```

当打开 cwgl10.xlsm 工作簿时，屏幕如图 9－10 所示：

图 9－10　打开工作簿时的程序

单击【确定】按钮，便显示财务管理系统主界面。

此时，财务管理人员可以选择【财务管理】菜单，进入各模型。

2. 建立一个关闭工作簿时自动执行的宏程序

[例 9－11]

在 cwgl09.xlsm 工作簿中建立一个当工作簿关闭时自动执行的宏程序，显示“谢谢使用财务管理系统，再见”。

建立宏程序如下：

```
Sub Auto _ Close()
    MsgBox(“谢谢使用财务管理系统，再见”)
End Sub
```

当关闭 cwgl09. xlsm 工作簿时，屏幕如图 9－11 所示：

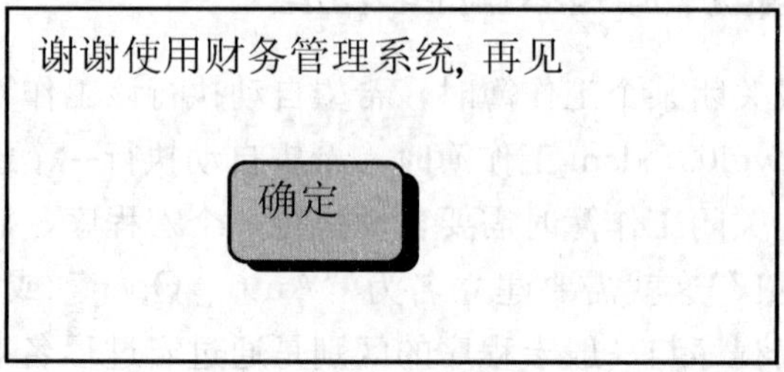

图 9－11　关闭工作簿时的程序

单击【确定】按钮，结束。

9.4.2　利用启动目录自动打开工作簿

希望启动 Excel 后，自动进入“计算机财务管理系统”，即自动打开 cwgl09. xlsm 工作簿。可以通过修改 Excel 选项实现这一需求。

运行【文件】菜单中的【选项】命令，打开 Excel【选项】对话框。选择【高级】选项，在【常规】类别下，将需要自动打开的文件路径写入“启动时打开此目录中的所有文件”文本框，如图 9－12 所示。

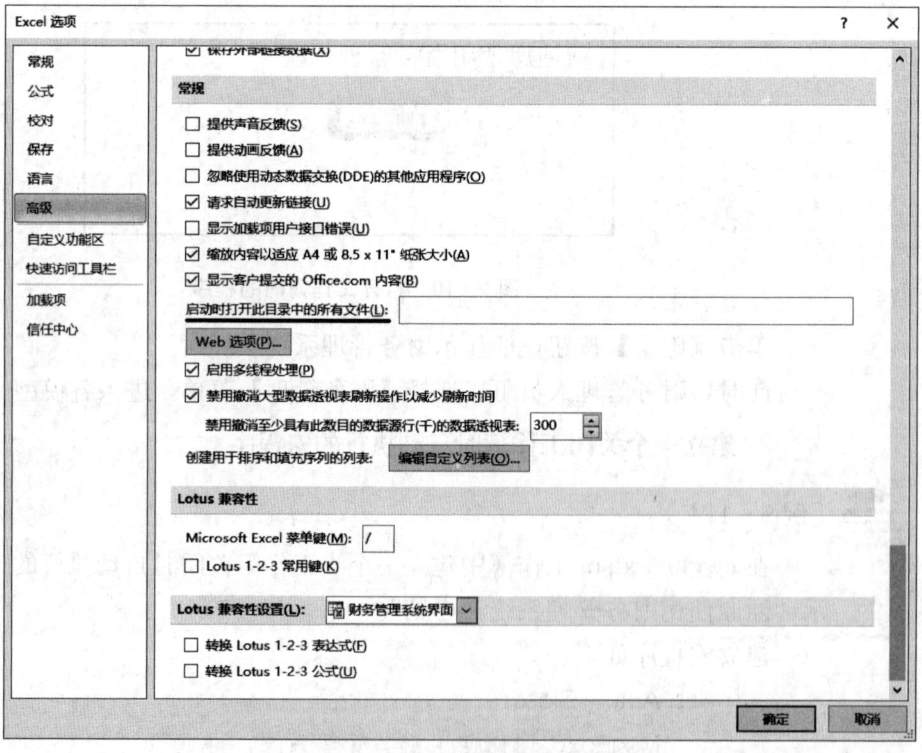

图 9－12　自动启动文件

[例 9 - 12]

将包含“计算机财务管理系统”界面的 cwgl09. xlsm 工作簿制作为自动启动工作簿。

方法：打开 Excel【高级选项】对话框，在“启动时打开此目录中的所有文件”文本框中写入“cwgl09. xlsm”文件的完整路径，则启动 Excel 时，自动打开 cwgl09. xlsm 工作簿并执行该工作簿中的“AutoOpen ()”宏程序，此时显示：“欢迎您使用财务管理系统”。

选择【确定】按钮后，自动进入“计算机财务管理系统”主界面。

本章小结

本章主要学习了编制宏程序的基本方法，以及建立一个完整的用户系统的方法，即建立用户界面、建立宏按钮、建立用户菜单、建立自动执行过程、建立自动启动工作簿的方法，以及将宏程序指定给宏按钮、菜单项（命令）等的方法。为财务管理人员进一步建立和完善本企业的财务管理系统提供帮助。

命令	功能或操作
【开发工具】选项卡下的【录制宏】命令	记录宏程序
【开发工具】选项卡下的【宏】命令	执行宏程序
Excel【选项】-【自定义功能区】	建立新菜单

习　题

1. 熟悉和掌握开发工具及绘图工具栏中的工具，并上机练习用这些工具编制宏按钮和各种图形。

2. 编写或记录宏程序，功能为：

（1）建立资产负债表：包括表标题、表头栏目、表体。

（2）将表标题字变为斜体，并加下划线。

3. 在工作表中建立一个宏按钮，将建立资产负债表的宏程序指定给该宏按钮，并给宏按钮起名为“编制资产负债表”。

4. 练习设置自动启动工作簿的过程。

教师教学服务说明

中国人民大学出版社财会出版分社以出版经典、高品质的会计、财务管理、审计等领域各层次教材为宗旨。

为了更好地为一线教师服务，近年来财会出版分社着力建设了一批数字化、立体化的网络教学资源。教师可以通过以下方式获得免费下载教学资源的权限：

在中国人民大学出版社网站 www.crup.com.cn 进行注册，注册后进入“会员中心”，在左侧点击“我的教师认证”，填写相关信息，提交后等待审核。我们将在一个工作日内为您开通相关资源的下载权限。

如您急需教学资源或需要其他帮助，请在工作时间与我们联络：

中国人民大学出版社　财会出版分社

联系电话：010-62515987，62511076

电子邮箱：ckcbfs@crup.com.cn

通讯地址：北京市海淀区中关村大街甲 59 号文化大厦 1501 室（100872）